Für Edith und Stephanie

Karl Gabl
„Ich habe die Wolken von oben und unten gesehen"

„Ich habe die Wolken von oben und unten gesehen"

DIE BERGE. DAS WETTER. MEIN LEBEN.

Tyrolia-Verlag · Innsbruck-Wien

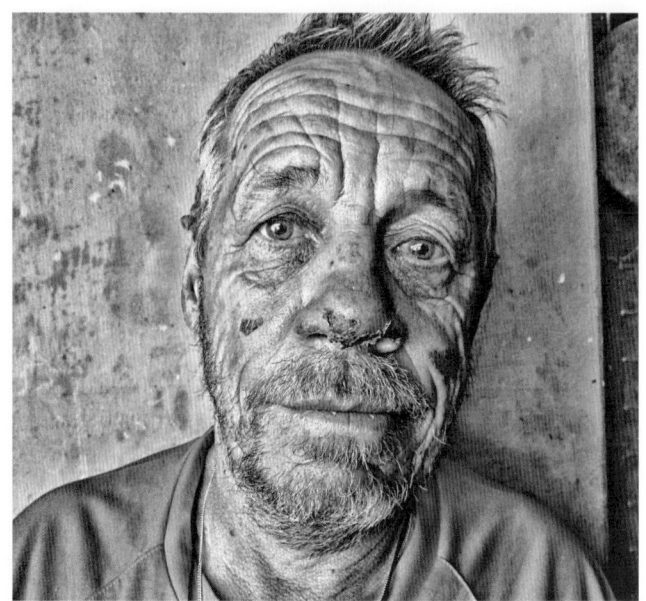
Berge hinterlassen Spuren: Nach der Expedition auf den Putha Hiunchuli (7246 Meter) im Oktober 2012

VORWORT

Als der Everest-Pionier George Leigh Mallory einmal gefragt wurde, weshalb er auf Berge steige, soll er geantwortet haben: „Weil sie da sind." Weshalb ich dieses Buch geschrieben habe? Die Antwort ist ganz einfach: Weil ich darum gebeten wurde. Und ich muss zugeben, ich habe mich lange Zeit davor gedrückt. Nicht nur, weil mir das Ansinnen, meine Memoiren zu verfassen, vor Augen führte, dass mein Cursor auf der Zeitleiste des Lebens schon weit nach rechts gerückt ist. Vor allem war mir bewusst, dass wer sich an sein Leben zurückerinnert, nicht nur an die schönen Momente denken kann. So hat auch der Rückblick auf die 70 Jahre meines Lebens frappierende Ähnlichkeit mit einem spannenden, nicht endenden Bergwetterbericht, der Perioden mit Hochs und Tiefs, mit strahlendem Sonnenschein, mit dichtem Nebel, aber auch mit Schneesturm, Gewittern und Naturkatastrophen beschreibt.

Was bleibt, sind dann aber doch die schönen Stunden. Ich habe sie vor allem entdeckt, als ich mein umfangreiches fotografisches Archiv in Augenschein nahm. Denn es sind ja insbesondere diese Ereignisse, die wir für später festhalten. Für die Retrospektive kramte ich in Tausenden von Fotos. Ich wühlte mich durch Kartons voller Papierbilder, durchforstete Kleinbild- und Mittelformatdias und Ordner mit digitalen Aufnahmen. Die Bilder erinnerten mich an große Abenteuer und berührende Momente. Wochenlang standen auf dem Esstisch und auf dem Fußboden, auf dem Sideboard und dem Couchtisch die grauen Dia-Boxen. Wie die Türme der Sella-Gruppe wuchsen sie in die Höhe. Mal wirkten sie auf mich bedrohlich, weil ich es vor langer Zeit verabsäumt hatte, die Boxen zu beschriften, mal empfand ich unermessliche Mühe, die Dias abzuarbeiten, und das andere Mal hatte ich große Lust auf dieses besondere Abenteuer, das mich natürlich in die Berge führte.

Zwar verbinden viele mit meinem Namen vor allem die Wetterberatung von Bergsteigern. In aller Bescheidenheit möchte ich aber doch behaupten, dass es eine Zeit gab, in der ich ganz passabel unterwegs war: In den Nordwänden von Königsspitze und Ortler und auch in der Ostwand des Monte Rosa. Auch den Peutereygrat am Mont Blanc habe ich gemacht. Im Fels der Dolomiten die Agnèrkante, Routen an der Tofana di Rozes, die „Lacedelli/

Ghedina" in der Scotoni-Westwand, die Nordwand der Großen Zinne, die „Gelbe Kante" und die „Egger/Sauschek" an der Kleinen Zinne; im heimischen Karwendel den Hechenbergpfeiler, die meisten klassischen Routen in der Martinswand und auch die Laliderer-Nordwand. Viele dieser Routen kletterte ich zu einer Zeit, als beim Abseilen noch die Dülfer-Methode das Nonplusultra war. Mit einigen bis zum heutigen Zeitpunkt nicht wiederholten Erstbegehungen habe ich lokale Bergsteigergeschichte geschrieben. Mit unserer Skiexpedition zum Noshaq stellten wir sogar den Höhenweltrekord für Skibergsteiger auf. Mittlerweile habe ich fast fünfzig Gipfel über 5000 Meter Höhe bestiegen, zahlreiche Sechstausender und drei Siebentausender. Auf 17 Vulkanen bin ich gestanden, darunter auf dem höchsten aktiven Vulkan der Erde, dem Ojos del Salado (6893 m) in Chile. Und dass ich es im fortgeschrittenen Alter von 66 Jahren noch auf einen Siebentausender geschafft habe, erfüllt mich doch mit einer gewissen Zufriedenheit.

Wer 70 Jahre in zwei Buchdeckel packen will, der kann nur unvollständig bleiben. Meine Memoiren sind deshalb keine taxative Aufzählung aller meiner Taten und auch keine Chronik meiner Missetaten. Sie können dem Leser nur einige für mich wichtige Momente am Berg, im Beruf und mit der Familie näherbringen.

Zwar dachte ich zunächst, mein Leben würde nie und nimmer ein ganzes Buch füllen können. Nachdem ich mir aber die ersten Zeichen mühevoll abgerungen hatte, bestand die Schwierigkeit am Ende darin, mich zu beschränken. Ich konnte deshalb nicht alle Wegbegleiter namentlich erwähnen und genauso wenig all jene, die mir heute wichtige Stützen und liebe Freunde sind. Sie mögen mir das verzeihen.

Danken möchte ich an dieser Stelle Anette Köhler und Margret Haider, die meinen Text mit großer Umsicht und mich zur rechten Zeit auch mit dem nötigen Nachdruck begleitet haben. Ich danke allen Bergsteigern, die zu diesem Buch einen Beitrag beigesteuert haben. Über die Jahre sind sie mir sehr ans Herz gewachsen und zu Freunden geworden. Und schließlich möchte ich auch meiner Frau Stephanie danken, ohne deren Unterstützung ich mir dieses Projekt nie und nimmer zugetraut hätte.

Karl Gabl
Sankt Anton, 26. Juli 2016 – am Fest der heiligen Anna

INHALT

Der „Piargers Karl" 9
In der Stella Matutina 17
Bergleidenschaft 27
Skigeschichten 35
Spiel und Ernst: Meine Zeit bei Fußball, Musikkapelle und Bergrettung 43
Ein Weltrekord auf 7492 Meter Höhe 53
Wolfgang Nairz: Vor dem Sturm am Elbrus 67
Neue Wege in Südamerika 69
Thomas Klimmer: Touren in Fels und Eis 77
Im Lawinenstrich 79
Bergpraxis 85
Ernst Vogt: Das „Rucksackradio" 99
Im Dienste der Sicherheit am Berg 101
Gegen den weißen Tod 121
Thomas Huber: Vier perfekte Tage am Ogre 129
Alexander Huber: Free solo am Grand Capucin 131
Wetterwissen 133
Stephan Siegrist: Die halbe Miete 137
Familienwege 139
Simone Moro: Im Vertrauen 149
Die Arlberger Baruntse-Expedition 152
Alix von Melle: Sturm am Dhaulagiri 157
In Richtung Achttausender 160
Ralf Dujmovits: Ohne Erfrierungen 169
Schienen durch St. Anton: Wie es zur Bahnverlegung kam 171
Axel Naglich: Nicht ohne Charlys Handynummer 179
Von Goldmedaillen, Warnsystemen und Wetter-Radarstationen 181
Tamara Lunger: Das unsichtbare Teammitglied 191
Wetterfenster in Sicht – Expeditionsberatungen 193
Gerlinde Kaltenbrunner: Noch eine Chance am K2 201
Ungewöhnliche Prognosen 203

Heinz Zak: Ein langer Weg mit Charly 209
Weitere Expeditionen an hohen Bergen 211
Hansjörg Auer: Die Richtung, aus der das Wetter kommt 217
Touren in Afrika 219
Ines Papert: Ein Grundkurs in Wetterprognose 231
Mit 66 Jahren 233

DER „PIARGERS KARL"

Bei meiner Geburt im Dezember 1946 war der Zweite Weltkrieg gerade eineinhalb Jahre vorüber. Mein Vater Karl, von Beruf Malermeister, hatte den Krieg als Soldat der Wehrmacht hauptsächlich an der Eismeerfront in der Nähe von Murmansk verbracht, am einzigen eisfreien Hafen nördlich von Finnland. Meine Mutter Marianne ängstigte sich und zitterte, ob mein Vater wieder aus dem Krieg nach Hause kommen würde. Meine Schwester Erika, die im September 1939 geboren wurde, und mein Bruder Sigi, der im April 1944 zur Welt gekommen war, mussten ihre ersten Lebensjahre ohne Vater auskommen. Ich hatte es da besser.

Die Zeit nach dem Krieg war von Entbehrungen geprägt. Die Leica, die sich mein Vater während des Kriegs gekauft hatte, tauschte er nach seiner Rückkehr aus Russland gegen eine Ziege ein, um täglich frische Milch für die Familie zu haben. Das ist auch der Grund, weshalb es keine Fotos von mir als Baby gibt. Alles, was ich über meine ersten Wochen und Monate sagen kann, weiß ich aus den Erzählungen meiner Mutter. Etwa, dass Weihnachten 1946 sich alles um mich scharte, den „Piargers Karl" – „Piargers" ist unser Hausname, der wohl von den Vorfahren herrührt, die von Tannberg, also von der anderen Seite des Arlbergs, stammten. Der Piargers Karl lag also Weihnachten 1946 in seinem Bett und die Nachbarn kamen mit Geschenken, um das „Christkindl" mit den blonden Haaren und den blauen Augen zu bestaunen. So erzählte es meine Mutter.

Obwohl ich ein Nachkriegskind bin, sind meine ersten eigenen Erinnerungen aus meiner Kindheit die Erzählungen vom Krieg. Fast jeder Kunde meines Vaters, der den elterlichen Malerbetrieb als Ältester übernommen hatte, erzählte von seinen Erlebnissen an diversen Kriegsschauplätzen im hohen Norden, in Russland oder auf dem Balkan. Ich hörte auch manchmal etwas von den Partisanen dort, vor denen sich alle fürchteten. Mir machten die Erzählungen, die ich als Kind belauschte, fürchterliche Angst. Das führte so weit, dass ich höllische Angst hatte, wenn eine Eisenbahn, deren Strecke direkt an unserem Haus verlief, vorbeifuhr. Noch heute sehe ich die Räder des Zuges vor mir, wie sie sich um die Achse drehen, und noch immer steigt bei dem Gedanken daran latente Angst in mir hoch. Als ich den ersten Düsenjäger durch das Stanzertal donnern sah und hörte, lief ich schreiend ins Haus und verkroch mich. Woher sollte ich als Kind wissen, dass das nicht der Vorbote eines weiteren Krieges war?

Natürlich waren mir auch die Besatzungssoldaten nicht geheuer. Noch gut erinnere ich mich an eines der Wintermanöver. Bei großer Kälte in weiße Mäntel gehüllt, führten uns französische Soldaten auf der anderen Talseite, in der Wolfsgrube, ihre Präsenz deutlich vor Augen. Meine Mutter machte ihnen viele Kannen Tee und ich schaute zu, wie die Franzosen ihre kalten Hände an den dampfenden Tassen wärmten. Zum ersten Mal sah ich auch „Neger". So hieß das damals. Und besonders stolz war ich, als mir ein schwarzer Soldat Bonbons schenkte.

Meine Eltern Marianne und Karl Gabl

Neben den Nachkriegserzählungen habe ich eine weitere dramatische Erinnerung aus meiner Kindheit. In unserem Radio, einem alten Röhrenempfänger mit massiver Holzverkleidung und Stoffbespannung über dem Lautsprecher, wurde Anfang Februar 1953 über die Flutkatastrophe in Holland berichtet. Durch einen Orkan war das Wasser gegen Deiche gedrückt worden, woraufhin diese zerbarsten. Fast 2000 Menschen ertranken damals in den Fluten. Gespannt saß ich vor dem Radio und hörte die Berichte über die unfassbare Katastrophe. Vielleicht hat dieses Ereignis mich unbewusst zur Meteorologie gebracht. Letztlich war es aber wohl mehr ein Artikel über den Innsbrucker Meteorologen und Glaziologen Herfried Hoinkes, der das Internationale Geophysikalische Jahr 1956 in der Antarktis verbrachte. Die Aussicht, möglicherweise ebenfalls einmal am Südpol zu sein, lockte mich mehr, als ein Jus-Studium oder die Ausbildung zum Steuerberater, die sich mein Vater hätte für mich vorstellen können.

Der Beginn meiner Bildungskarriere verlief recht holprig. Ich verbrachte gerade einmal zwei Tage im Kindergarten in St. Anton, dann entschloss ich mich, fortan wieder zu Hause zu bleiben. Der erste Grund war die überaus gestrenge geistliche Schwester in ihrem Ordenskleid, die mich nicht das tun lassen wollte, was mir gefiel. Der zweite war wahrscheinlich die Tätigkeit meiner Eltern. Meine fleißige Mutter, die ohne weitere Hilfe für ihre drei Kinder, ihren Mann und die elf Gesellen des Malerbetriebes kochte und – ohne Waschmaschine – wusch, hatte keine Zeit, mich jeweils eine halbe Stunde zum Kindergarten auf die andere Seite des Dorfes zu begleiten und dort wieder abzuholen. Vielleicht war es ihr bei all der Arbeit von früh bis spät ganz recht, dass ich kein gesteigertes Interesse am Kindergarten zeigte. Mein Vater war ab 7 Uhr im Betrieb, sodass meine Weigerung auch bei ihm auf fruchtbaren Boden fiel.

In dieser Zeit muss es auch gewesen sein, dass mir unser Arzt, Doktor Santeler, der Hausarzt der ganzen Einwohnerschaft von St. Anton, einen Milchzahn reißen musste. Dass mir das als kleinen Buben keine große Freude bereitete, kann ich mir in Anbetracht meiner noch heute vorhandenen Aversion gegen Zahnarztbesuche gut vorstellen. Ich soll mich schon damals nicht nur mit Händen und Füßen gewehrt haben, aus Erzählungen meiner Mutter weiß ich, dass ich den Doktor bei dieser Gelegenheit in den Finger gebissen haben soll. So schmerzhaft kann es aber nicht gewesen sein, denn ich blieb sein Patient.

Konnte ich den Kindergarten noch vermeiden, gab es bei der Schule keine Ausreden mehr. Ich hatte aber auch da Glück. Aufgrund meines Geburtstages am 21. Dezember hätte ich schon als Fünfjähriger, im Herbst 1952, eingeschult werden müssen. Wegen meiner schmächtigen Körpergröße – die St. Antoner sagen dazu „Greggaler" – wurde ich aber wieder nach Hause geschickt. Ein Jahr später gab es aber kein Entrinnen mehr.

Dass meine Eltern mich am ersten Schultag nicht in die Volksschule begleiteten, machte mir nichts aus. Selbstbewusst betrat ich nach dem Gottesdienst eines der Klassenzimmer, und fast alle Eltern und Erstklässler folgten mir. Dass es leider die falsche Klasse war, stellte sich erst hinterher heraus. Das fing schon einmal gut an.

An die Schule und den Unterricht in den ersten Klassen habe ich wenige Erinnerungen, viele aber an den Schulweg mit meinem Nachbarn und Mitschüler Walter Strolz. Nur selten kam es vor, dass wir über die wenig befahrene, langweilige Hauptstraße ins Dorf gingen. Es gab viel mehr

Beim Indianerspielen unterhalb meines Elternhauses. V. l.: Karl Wolfram, Karl Gabl, ein heute nicht mehr erinnerlicher Spielkamerad, Robert Alber

Spannendes auf der Sunnawiesa, im Gassli oder in der Au zu entdecken. Eines Tages im Winter nach einem starken Schneefall – wir hatten auch am Nachmittag Schule – gingen wir über das abgelegene, bei Schneelage nicht begangene Gassli nach Hause. Hinter dem Gasthaus Krone hüpften wir von einem niederen Schuppen in den tiefen, nassen und kompakten Neuschnee. Plötzlich blieb ich stecken. Alle Bemühungen, meine kleinen Füße freizubekommen, nützten nichts. Auch Walter konnte mir nicht helfen. Mit dem Versprechen, meinen Bruder Sigi mit einer Schaufel zu mir zu schicken, ging er weiter. Ganz offensichtlich hatte Walter auf dem weiteren Nachhauseweg zu meinem Leidwesen aber wieder etwas Interessantes entdeckt und mich vergessen. Als es dunkel wurde und meine Mutter mich vermisste, ging sie hinüber zu den „Nazalers", so lautete der Hausname der Familie Strolz, um sich nach mir zu erkundigen. Da erinnerte sich auch Walter wieder an mich. Mein Bruder Sigi kam mir zu Hilfe und fand mich durchgefroren mit vielen Tränen auf den Wangen vor. Weil auf Walter aber bis auf diese Ausnahme Verlass war und bis zum heutigen Tag ist, war ich ihm nicht böse. Und noch immer lachen wir viel, wenn er diese Geschichte in einer gemütlichen Runde zum Besten gibt.

Aus Mangel an Trikots trugen die Nassereiner mit T-Shirts, die Dörfler mit nacktem Oberkörper ihre Fußballspiele aus: Mit Schiedsrichter Karl Cordin in der Mitte. V. l.: Gebhard Strolz, Karl Wolfram, Elmar Schulter, Karl Cordin, Walter Strolz, Karl Gabl, Reinhold Falch, Benno Mussak, hinten versteckt Harald Rofner, Walter Wasle, Martin Hauser, Gerd Doff-Sotta

Walter wusste um meine Blauäugigkeit. Einmal riet er mir bei tiefen Minusgraden, meine Zunge an das Rohr des Schulbrunnens zu halten. Ich tat, wie mir der gute Freund geraten. Daraufhin klebte ich aber für längere Zeit am gefrorenen Rohr fest, bis es, erwärmt von der Zunge, mich wieder freigab. Auch dieser Vorfall schweißte Walter und mich noch mehr zusammen. Ich habe in ihm einen wunderbaren Freund gefunden, mit dem ich später dann auch viel beim Klettern und auf Skitouren unterwegs war. Noch heute schätze ich seinen intelligenten und trockenen Humor.

Nicht weit weg in der Nachbarschaft wohnte die Familie Schmidt-Chiari in einem großen Haus mit riesigem Garten. Constantin, den wir Tino nannten, der jüngste der Kinder, ging mit meinem Bruder Sigi in die Volksschule. Oft spielten wir mit Tino im Haus der Familie. Mit seinen älteren Geschwistern Monika, die später Architektur studierte, und mit Guido, von uns – wegen seines zweiten Vornamens – Niko gerufen, dem späteren Generaldirektor der Creditanstalt in Wien, hatten wir weniger Kontakt. Tinos Großmutter war die Gräfin und Freifrau Chiari, von der wir unseren ersten

Hund, den Nilo, bekamen. Nilo war ein Mischling, dessen Wurzeln wir nicht genau nachvollziehen konnten.

Wir hatten gehört, dass Tinos Vater in Wien ein „hohes Tier" – so bezeichnete man ranghohe Persönlichkeiten – gewesen sei. Als Fünfjähriger interessierte mich das aber nicht weiter. Erst später realisierte ich, dass er vor dem Einmarsch Hitlers im Jahr 1938 Außenminister in der Regierung von Kanzler Kurt Schuschnigg war. Nach dem Zweiten Weltkrieg stand Tinos Vater über viele Jahre Semperit, dem renommierten österreichischen Reifenerzeuger, als Generaldirektor vor. Mit ihm bin ich zum ersten Mal in einem Auto mitgefahren. Geplant war ein Ausflug zum Tramser Weiher, einem idyllischen Badesee oberhalb von Landeck. Bis Wiesberg kamen wir auf der kurvenreichen Strecke gut voran. Vielleicht war es der Anblick der die Trisanna in einem hohen Bogen überspannenden Eisenbahnbrücke, der mich blass werden ließ. Ich musste mich jedenfalls übergeben. Anstatt eines erwarteten Donnerwetters wurde ich aber liebevoll betreut und die Rückstände wurden rasch beseitigt. Dann setzten wir unsere Fahrt nach Landeck fort. Bis heute wird mir im Fond eines Autos, aber auch in den hinteren Sitzreihen eines Busses übel.

Der zwei Jahre ältere Tino war aber nicht nur unser Spielkamerad, er war auch Sponsor. Das kam so: Neben verschiedenen damals üblichen Spielen im Freien erinnere ich mich an das Spiel „Pfui Zeit erleas", ein Versteckspiel, bei dem man sich unbemerkt vom Suchenden abklatschen, also erlösen, musste. Neben den Spielen organisierte ich Laufrennen, die vom Reselehof über St. Jakob, Rafalt und das Pitzi wieder zum Reselehof zurückführten; es war eine Strecke von über zwei Kilometern. Gerne rannten alle um die Wette, weil es Preise zu gewinnen gab. Eine kleine Schokolade, Bonbons, uraltes Skiwachs, das ich auf dem Dachboden gefunden hatte, und manchmal eben auch ein paar Schillinge von Tino als Hauptpreis. Karle Cordin, der spätere Skirennläufer, ein Abfahrer von Weltklasse, machte mit, genauso wie der dritte Karl in Nasserein, Karl Wolfram, der so wie Karle etwa ein Jahr jünger war als ich. Jedes Rennen habe ich gewonnen. Und die von Tino gestifteten Preise waren neben meinem Ersparten Grundlage für den Kauf meines ersten Eispickels.

Wir waren aber nicht immer lieb mit Tino. Beim Indianerspiel kam uns der Gedanke, Tino an einen Marterpfahl zu fesseln. Als Pfahl verwendeten wir den Holzpfosten einer Wäscheaufhängung, dazu ein dünnes Seil, das wir in Kreisen unter ausgerissenen Grashalmen versteckten. Indianertänze aufführend, baten wir Tino in den Kreis vor unserem Marterpfahl, und

Mein Elternhaus in Nasserein. Das Kellergewölbe stammt aus der Zeit um 1480, die Stube aus dem Jahr 1680.

ehe Tino es bemerkte, griff Walter die Schnur unter dem Gras und stülpte sie über die Schienbeine von Tino. Sofort begannen wir nun, die Schnur in Händen, so oft um den Pfahl zu laufen, bis Tino bis zur Brust gefesselt war. Es war aber keine martialische Aktion, Tino lachte, wir lachten, und alles war wieder gut.

Auf unserem Haus in St. Anton haben wir ein Bezugsrecht für Holz, üblicherweise wenige Kubikmeter Brennholz, bei Umbauarbeiten am Haus sind es einige Kubikmeter Bauholz. Oft durften Sigi, mein um zwei Jahre älterer Bruder, und ich unseren Vater zu Arbeiten „ins Holz" begleiten. Eines Tages wurden wir zu einem Holzschlag über dem Rifaplan mitgenommen. In den Hängen waren aber die kleinen Bäche und die feucht-moosigen Stellen vereist. Die vom Vater ins Tal zu transportierenden Baumstämme kamen auf den vereisten Stellen in Fahrt. Sie rutschten nicht nur, sondern sausten, sich überschlagend und in Stücke zerbrechend, ins Tal. Sigi und ich konnten uns vor Lachen kaum halten, da kaum ein Baum unversehrt seine Drift beendete. Aber Vaters Gesicht verfinsterte sich von Baumstamm zu Baumstamm. Er hatte gerade wertvolles Bauholz in Brennholz umgewandelt.

Meine Schwester Erika versuchte manchmal, etwas strenger zu mir zu sein. Zu recht, denn meine Eltern ließen mir, dem damals Jüngsten, so ziemlich alles durchgehen. Meine Schwester Eva kam erst zehn Jahre später zur Welt. Mit Sigi verbrachte ich in der Kindheit die meiste Zeit. Wir spielten stundenlang miteinander, und wir holten schon als kleine Buben alleine die Weihnachtsbäume aus dem Wald, wobei wir es mit den Grundstücksgrenzen nicht so genau nahmen. Sigi gab mir, dem Volksschüler, sein Wissen und den Lehrstoff aus der ersten und zweiten Klasse Hauptschule in Landeck weiter. Er hatte einen Schulatlas, in dem man die gesamte Erde mit ihren Kontinenten und Ländern bewundern konnte. Oft nahmen wir abends – schon im Bett liegend – den Atlas zur Hand und veranstalteten ein geografisches Ratespiel. Dabei musste der jeweils andere eine Stadt in einem fremden Land oder auf einem fernen Kontinent suchen, die ihm vom anderen genannt worden war. Manchmal ärgerte sich Sigi, wenn ich scheinbar ganz interessiert eine bestimmte Stelle im Atlas fixierte und aus dem Augenwinkel gleichzeitig einen davon weit entfernten Ort las, nach dem ich ihn dann befragte.

In unserer Nachbarschaft lebte auch Oberst Adelbert Homa. Wir grüßten ihn immer recht freundlich. Was wir Kinder nicht wussten, war, dass er an der Dolomitenfront ein hoch dekorierter Soldat gewesen war. Er war Abschnittskommandant beim 2. Regiment der Tiroler Kaiserjäger am Col di Lana, dessen Gipfelkuppe von den Italienern im April 1916 mit 5 Tonnen Dynamit in die Luft gesprengt wurde. Hunderte Soldaten starben. Oberst Homa wurde einen Tag vor der Sprengung von Oberleutnant Anton von Tschurtschenthaler als Kommandant abgelöst. Aus heutiger Perspektive bedauere ich es sehr, dass ich erst viele Jahre nach seinem Tod erfahren habe, was dieser Mann erlebt hat und ertragen musste. Viele Schauplätze der Dolomitenfront habe ich bei meinen Klettereien und Wanderungen bewusst besucht und mir dabei auch die Stollen und Schützengräben angeschaut. Mit den Kindern wanderten meine Frau Edith und ich sogar einmal zum Col di Lana. Und in mahnender Erinnerung an diesen Wahnsinn habe ich zu Hause ein Kreuz hängen, das ich aus dem bei Stellungen gefundenen Holz und rostigem Stacheldraht gefertigt habe.

IN DER STELLA MATUTINA

Den Haushalt im Haus Schmidt-Chiari führte Anna, eine resolute und ebenso liebevolle Frau aus Böhmen, die mit ihrem böhmischen Akzent alle beeindruckte und herrliche Kuchen buk. Sie war es, die meiner Mutter wegen meiner guten schulischen Leistungen den Hinweis gab, mich nach Feldkirch in die Stella Matutina, das Privatgymnasium der Jesuiten, zu schicken.

Die Stella Matutina („Morgenstern") war eine internationale Schule mit hohem Ansehen. Sie wurde von Jesuiten aus der Schweiz gegründet, die für das Anzetteln des Sonderbundskriegs verantwortlich gemacht und deshalb 1847 des Landes verwiesen worden waren. 1848 wurde das Jesuitenverbot sogar in der Schweizer Verfassung verankert und erst 1973 durch eine Volksabstimmung wieder außer Kraft gesetzt. Weil die Jesuiten ihr Gymnasium in Fribourg schließen mussten, eröffneten sie 1856 die Stella in Feldkirch: als Pensionat für Zöglinge und als offizielles Gymnasium der Stadt. Im Jahr 1868 verlor die Stella das Öffentlichkeitsrecht und wurde bis 1892 als Privatschule mit dem deutschen Unterrichtsplan weitergeführt. Damals besuchten viele Schüler des katholischen Adels aus Deutschland diese Schule. Wieder staatlich anerkannt, wurde sie bis 1934 von Schweizern und Deutschen, großteils aber von Österreichern besucht. Aufgrund der im Jahr 1933 von Nazideutschland gegenüber Österreich verhängten 1000-Mark-Sperre wechselten die Schüler aus Deutschland mit der Hälfte des Inventars in das ehemalige Benediktinerkloster St. Blasien im Schwarzwald. Nach dem Einmarsch der Nationalsozialisten in Österreich 1938 wurde die Stella Matutina geschlossen, die Jesuiten wurden von den Nationalsozialisten verfolgt, die Patres Alois Grimm und Alfred Delp nach dem Schuldspruch durch Richter Freisler am Volksgerichtshof in Berlin sogar hingerichtet. Im Jahr 1946 öffnete die Schule aber wieder ihre Pforten und bald besuchten über 300 Schüler aus verschiedenen Ländern dieses Privatgymnasium. Der Nachwuchsmangel, finanzielle Gründe und wahrscheinlich auch das aufgehobene Berufsverbot für die Jesuiten in der Schweiz führten 1979 zur Schließung dieser besonderen Schule mit einer nahezu 125-jährigen Tradition.

Auch ich sollte Teil dieser Geschichte werden. So hatten das meine Eltern für mich vorgesehen. Sie investierten viel Geld in meine Bildung. Ich war schon einige Jahre in der Stella, da sagte mein Vater einmal zu mir: „Ich hätte Dir mit dem ganzen Geld auch einen Grundstock für eine Pension hier in St. Anton legen können. Ich habe mir aber gedacht, dass es besser angelegt ist, wenn Du eine gute Ausbildung bekommst und selbst über Deine Zukunft entscheidest." Das war sehr weise.

Im Herbst 1958 trennten sich so die schulischen Wege von Walter Strolz und mir, denn während ich nach Feldkirch kam, kam Walter nach Schwaz ins Paulinum. Ich freute mich auf das Gymnasium – bis zu dem Zeitpunkt, als ich mich in Feldkirch von meinen Eltern verabschiedete. Plötzlich war ich auf mich alleine gestellt. Ich musste als Elfjähriger mein Leben selbst in die Hand nehmen. Welche Hose, welche Socken, welche Schuhe ziehe ich heute an? Wie verbringe ich meine Freizeit? Fußball, Handball, Volleyball spielen, Leichtathletik, Eishockey, Skilauf oder Burgen bauen im ausgedehnten Wald der Stella am Fuße des Stadtschrofens? Fragen über Fragen, auf die ich, ich ganz allein, die Antworten finden musste. Ich vermisste meine Freunde, St. Anton, den Schnee und die Berge. Umso größer war das Heimweh, als wir je drei lange Monate, von Anfang September bis Weihnachten, von Dreikönig bis Ostern und von Ostern bis zu den Sommerferien Anfang Juli, nie nach Hause fahren durften.

Äußerst gewöhnungsbedürftig war der Schlafsaal in der ersten Klasse des Internats. In vier Bereichen mit je 20 Betten, die nur durch etwa 1,50 Meter hohe Holzwände voneinander getrennt waren, schliefen insgesamt 80 Schüler unter dem nicht besonders wärmegedämmten Dach. Aber wir hatten eine gute Heizung und scheuten auch das ausschließlich kalte Waschwasser nicht. Geduscht wurde einmal wöchentlich.

Für mein Selbstvertrauen und gegen mein Heimweh gut war, dass ich die ersten beiden Klassen des Gymnasiums mit Vorzug abschloss. Trotzdem plagte mich, wie auch Walter im Paulinum, das Heimweh. Walter aber durfte nach der ersten Klasse von Schwaz ins Gymnasium nach Landeck wechseln. Irgendwie war es ihm gelungen, seine Eltern davon zu überzeugen. Dasselbe wollte ich auch tun. In diesem Punkt gab mein Vater, der mir, wie meine Mutter auch, fast jeden Wunsch erfüllte, nicht nach. Er überzeugte mich, zumindest die ersten vier Klassen in der Stella zu bleiben. Ich blieb also in Feldkirch und ich bin meinem Vater dankbar für seine Konsequenz.

In der Stella wurde ich vielseitig gefördert. Ich lernte Trompete spielen, obwohl unsere Familie keineswegs musikalisch war. Meine Eltern spielten kein

Blick vom Stadtschrofen in Feldkirch auf das Jesuitenkolleg Stella Matutina – auf beiden Ufern der Ill: im Vordergrund das Schulgebäude und der Theatersaal, auf der anderen Ill-Seite das Internatsgebäude

Instrument. Immerhin konnte meine Mutter gut singen, während mein Vater bei seinen wenigen Versuchen nie die Töne traf. An meinem ersten Weihnachten, das ich als Stellaner zu Hause verbrachte, bekam ich eine Konzerttrompete geschenkt. Mein Lehrer war Professor Mähr, der Stadtkapellmeister von Feldkirch, der viele verschiedene Blas- und Streichinstrumente spielte und großes didaktisches Gefühl hatte. Bald schon marschierte ich mit dem „Stellablech" – so nannte man unsere Musikkapelle – in der ersten Reihe, allerdings waren meine Mitschüler viel größer, was bei der Fronleichnamsprozession in Feldkirch zu einem Murmeln bei den Zuschauern führte. Zu den vielen Bläsern gehörten auch Hansjörg Schweinester, später Rechtsanwalt in Kitzbühel, und Bruno Decristoforo, der lange Jahre in St. Anton als Pfarrer wirkte. Mit Freude übte ich mit anderen Musikern in winzigen Zimmern. Wir „schrenzten" laut um die Wette, trompeteten, was die Instrumente hergaben. Das Trompetespielen war aber nicht nur Freude, es war auch Trost in vielen Stunden.

Hingerissen war ich von den Aufführungen in der Kirche der Stella. Eine klangvolle Orgel, der große Chor mit Streichorchester und mitten hinein die hellen Klänge meiner Trompete. Meinen musikalischen Höhepunkt erlebte ich im Fasching des Jahres 1965. Vor dem alljährlichen Theaterstück spielte ich mit dem Stellaorchester, unterstützt durch Musiker des Stadtorchesters Feldkirch, das Trompetenkonzert in Es-Dur von Joseph Haydn. Die „Vorarlberger Nachrichten" lobten das „ganz ausgezeichnete Trompetensolo eines offenbar hochbegabten Stellaners" sehr. Und in einer anderen Zeitung war zu lesen: „Den anspruchsvollen Solopart spielte der blutjunge Karl Gabl mit durchwegs sauberer Intonation, tragendem Ton und einem guten Stück Technik." Erst kürzlich fielen mir die Artikel, die ich damals feinsäuberlich ausgeschnitten und archiviert hatte, wieder in die Hände. Meine Cousine Monika erzählte mir, sie sei auch bei dem Konzert gewesen, mit meinem – laut ihren Schilderungen – sehr stolzen Vater.

So kam es auch, dass ich einmal sogar vor dem Schah von Persien spielte. Es war mit der Blasmusik der Stella. Der Schah verbrachte seinen Skiurlaub alljährlich in Zürs am Arlberg. An der Grenze von Liechtenstein zu Österreich wurde er von einer Delegation des Landes Vorarlberg empfangen. Es war kalt und es schneite. Daher trafen wir die Töne auf unseren Blasinstrumenten nicht immer genau, aber wir waren uns sicher, dass diese atonalen Klänge sich in persischen Ohren sehr gut anhörten. Nie hätte ich damals gedacht, dass ich nicht einmal zehn Jahre später, auf meiner Reise nach Afghanistan, quer durch das Land dieses Mannes fahren würde.

Neben der Musik war Fußball meine große Leidenschaft. Während ich aber die Trompete über Jahrzehnte zur Seite legte und ich mir erst kürzlich wieder ein neues Instrument kaufte, auf dem ich auch fleißig übe und wieder halbwegs anhörbare Töne herausbringe, waren mir die Veränderungen in den europäischen Fußball-Ligen immer geläufig.

Im Team der Schüler- und Jugendmannschaft der Stella war ich meist im Mittelfeld aufgestellt. Wir waren recht gut unterwegs. An ein niederschmetterndes Ergebnis kann ich mich aber noch erinnern. Gegen die „Profis" der Rätia Bludenz gingen wir mit unserer Schülermannschaft 1:12 kläglich unter. Aber nicht nur beim Fußball kam ich zum Einsatz. Brachte das Handballteam zu wenige Spieler auf das Feld, half ich einige Male aus. Und in Ermangelung von Spielern musste ich, ohne große Eislaufkenntnisse – zum Beispiel konnte ich wirklich nicht gut rückwärts laufen – als Notnagel einmal sogar ins Eishockeytor. Wie gut ich mich geschlagen habe, weiß ich nicht mehr. Aber aus der Tatsache, dass ich nur einmal gefragt wurde – zumindest ist mir nur dieses eine Mal in Erinnerung geblieben –, leite ich ab, dass aus mir kein namhafter Eishockeytorwart geworden wäre.

Auf Fotos leicht zu erkennen – ich war meist der Kleinste. Wie hier mit der Kapelle der Stella Matutina bei der Fronleichnamsprozession in Feldkirch

Jahr um Jahr in der Stella ging vorbei, die schulischen Anforderungen wurden größer. Nicht gerade sprachbegabt, mühte ich mich mit Latein über acht und Altgriechisch über sechs lange Jahre. Erst kürzlich fielen mir wieder die rotbraunen Griechisch-Vokabelhefte der achten Klasse in die Hände. Dass es einen *aoristus gnomicus* gibt, wurde mir da wieder in Erinnerung gerufen. Und dass wir Platons „Staat" gelesen haben, zumindest in Teilen – wie zum Beispiel das Höhlengleichnis. Auch Protagoras stand demnach auf unserem Lehrplan. Irgendwie passierte es dann auch, dass ich mich wieder an die ersten Sätze der „Ilias" erinnern konnte: Μῆνιν ἄειδε, θεά, Πηληϊάδεω Ἀχιλῆος οὐλομένην, ἣ μυρί' Ἀχαιοῖς ἄλγε' ἔθηκε … Tief drin ist also doch etwas hängen geblieben.

Im Alltag halfen mir meine Altgriechisch-Kenntnisse damals aber reichlich wenig. Einmal versuchte ich im Zug von London zur Fähre in Dover einer griechischen Studentin mit meinen Kenntnissen in Altgriechisch zu imponieren. Eifrig las ich ihr aus einer griechischen Illustrierten vor. Anstatt mich zu bewundern, lachte sie über meine antiquierte Ausdrucksweise aus vollem Hals. Mein Altgriechisch habe ich dann nicht mehr zum Besten gegeben. Recht schnell unterhielten wir uns wieder auf Englisch.

Beim eifrigen Studium am Nachmittag im Internat (vorne links). Mein Banknachbar ist Alois Melmer, der jetzige Wirt vom Alpengasthof Praxmar im Sellrain.

Ansonsten bereitete uns die Stella auch auf das Leben in einem weiteren Sinne vor. So gab es zumindest Versuche, uns das richtige Verhalten Frauen gegenüber beizubringen. In der siebten Klasse des Gymnasiums besuchten wir einen Tanzkurs. Um aber mögliche „Techtelmechteln" vorzubeugen, die es hätte geben können, wenn wir mit Schülerinnen aus Feldkirch oder der näheren Umgebung den Kurs absolviert hätten, mussten wir wöchentlich einmal am Nachmittag nach Bregenz reisen, in der Hand einen Nylonsack mit den schwarzen Lederschuhen und den weißen Handschuhen; Handschuhe deshalb, um jeglichen Hautkontakt zu vermeiden. Ziel war die Riedenburg, ein Mädchengymnasium. Im Kloster Sacré Coeur des Frauenordens der Gesellschaft vom Heiligen Herzen Jesu gab es einen größeren Saal, in dem die von den Ordensfrauen und den Patres behüteten Schülerinnen und Schüler unter kundiger Führung eines Tanzlehrers aufeinander losgelassen wurden.

Wir mühten uns mit Tanzschritten für Foxtrott, Tango, Cha-Cha-Cha, Walzer und unter anderen auch für den Modetanz Twist. Mit Ausnahme des Twists, bei dem sich die beiden Partner ohnehin nicht berührten, gab es natürlich den üblichen Körperkontakt. Damit sich die Partner nicht zu eng aneinanderschmiegen oder sogar Zärtlichkeiten austauschen konnten, waren in den zwei Fensternischen des Saales Ordensschwestern als Aufpasserinnen postiert. Das System zur Abwehr weiblicher Liebreize bewährte sich bei uns Stellanern. Dennoch hatten wir großen Spaß, und beim Abschlussball in der Riedenburg zeigten wir unser ganzes Können. Ich weiß nicht, ob sie sich noch daran erinnert, mir jedenfalls ist der Abend noch gut im Gedächtnis geblieben: Meine Partnerin beim Abschlussball war Christine Sattler aus St. Anton.

Die Stella prägte. Geblieben ist mir das konstruktiv kritische Hinterfragen der Dinge und die positive Einstellung, der Wille, für etwas und nicht gegen etwas zu kämpfen. Ich bin überzeugt, dass die Stella wesentlich dazu beigetragen hat, dass aus mir ein Mensch mit humanistischen Werten geworden ist. Milde und Mitgefühl, Hilfsbereitschaft, Freundlichkeit und Wohlwollen anderen gegenüber gereichten mir in meinem Leben aber nicht immer nur zum Vorteil. Thomas Hobbes, der mir an der Stella auch unterkam, schrieb ja einmal, dass der Mensch dem Menschen ein Wolf sei. Und bei Ödön von Horváth, der mir, seit ich mich öfter im bayerischen Murnau aufhalte, regelmäßig „begegnet", heißt es an einer Stelle in „Glaube Liebe Hoffnung": „Lauter blutige Enttäuschungen." Es war nicht jedes Mal blutig, aber tief enttäuscht wurde ich einige Male.

An der Stella scheiterten manche nicht aus schulischen, sondern aus menschlichen Gründen. Die damals allgemein als Norm angesehenen strengen Erziehungsmethoden, das Fehlen der eigenen Familie, die bis zur sechsten Klasse ausgeklammerte Außenwelt, das enge Korsett durch Schule und Internat war nicht jedermanns Sache. Nur die Harten kamen durch. Und die Weichen wurden hart gemacht.

Mein Blick zurück ist dennoch ein dankbarer. Gute Erinnerungen habe ich an die Professoren Roman Jungbluth und Elmar Sturn in Mathematik, Pater Paul Erbrich mit seiner Geosynklinale, den Geografen Helmut Eisterer sowie den Historiker Pater Strobel. An unsere Deutschlehrer kann ich mich nicht mehr erinnern. Aber aus dem blaugrauen Heft, auf das ich in großen Buchstaben „Literatur" geschrieben habe, geht hervor, dass wir viel bearbeitet haben. „Don Quixote – gelesen", „Shakespeare: Romeo und Julia, König Lear gelesen". Bei Shakespeares Hamlet habe ich sogar vermerkt, dass ich ihn im englischen Original gelesen habe. Lessings „Nathan", Molières „Die Schule der Frauen", von Goethe den „Werther", die „Iphigenie", natürlich „Faust I" und viele andere, von Schiller den „Wilhelm Tell", „Die Räuber", den „Wallenstein", Hölderlin, Kleist, Eichendorff, Mörike, Grillparzer – alles gelesen.

Nur das Nibelungenlied und Werke von Hartmann von Aue stehen als ungelesen auf meiner Liste.

Mitleid habe ich im Nachhinein mit Pater Josef Nemeth und dem Direktor Justin Leibenguth, die sich mit meinen Übersetzungen aus dem Lateinischen und dem Altgriechischen plagen mussten. Großen Lernspaß bereitete mir dagegen der Englischunterricht von Professor Amann von der fünften bis zur achten Klasse. Zwei mehrwöchige Aufenthalte in Bournemouth und London erweiterten meine Englischkenntnisse beträchtlich. Und in besonders einprägsamer, lehrreicher Erinnerung geblieben ist mir der teils auch selbstkritische Religionsunterricht von Pater Josef Bachmann. Sein kritisches Denken machte gerade vor den Medien nicht halt. Mit Akribie analysierte er einmal einen Artikel aus dem Magazin „Der Spiegel", der ein religiöses Thema zum Inhalt hatte. Mit wissenschaftlichen Argumenten konnte Pater Bachmann uns jungen Gymnasiasten die tendenziöse Berichterstattung und die oberflächlichen und nicht objektiven Recherchen des Verfassers aufzeigen. Dieses kritische Hinterfragen der Medien habe ich bis heute beibehalten. Manchmal auch zum Leidwesen meiner Mitmenschen. Lautstark ärgere ich mich oft über Meldungen im Radio oder Fernsehen und über Zeitungsartikel, wenn tendenziös berichtet wird oder nur eine Meinung zur Geltung kommt. Als eine Journalistin vor einigen Jahren in einem Porträt über mich schrieb, wir seien an der Stella geschlagen worden, protestierte ich heftig dagegen. Diese falsche Behauptung wollte ich nicht in einem Porträt über mich lesen. Misshandlung oder Missbrauch habe ich an der Stella weder selbst erlebt noch von anderen mitbekommen.

Pater Alois Baiker und Pater Max Zürni, die beide schon gestorben sind, waren neben vielen anderen in frühen Jahren meine Ersatzeltern. Die abendlichen Gespräche mit Zürni, bei denen er und ich Zigarren rauchten und manchmal auch Messwein tranken, haben mir in der späten Pubertät sehr geholfen. Die lebensbejahende Einstellung sowie das sportliche und kulturelle Umfeld der Stella begleiten mich bis heute. Die klassische Musik, die wir am Samstagabend in den Schlafsälen hörten, die preisgekrönten Filme, die uns gezeigt wurden, und die Diskussionen darüber erweiterten meinen Horizont. Persönlich begegnen konnten wir vor allem Theologen und Vertretern aus der Wirtschaft, aber auch einzelnen Künstlern. Besonders in Erinnerung geblieben ist mir ein Vortrag des Zeichners und Karikaturisten Paul Flora, dessen Sohn Thomas damals ebenfalls die Stella besuchte. Flora war ein humorvoller

Hier bin ich (2. v. l.) mit drei Mitschülern in angeregter Unterhaltung mit Jesuitenpater Alois Baiker, der in der ersten Klasse mein Präfekt war.

und trotz seines Erfolges bescheidener Mann mit besonderem analytischem Spürsinn. Mich inspirierte diese Begegnung mit Flora sehr.

Weil die Mitschüler aus der Schweiz nach der sechsten Klasse meist an die Schule nach Einsiedeln wechselten, waren wir in der Maturaklasse nur noch 14. Einige von ihnen leben schon nicht mehr. Als erster starb Rechtsanwalt Marco von Formentini in Kitzbühel, der nicht einmal fünfzig Jahre alt wurde und mit dem ich sehr verbunden war. Der umtriebige Gerald Sauer aus Göppingen, der in zweiter Ehe einen Adelstitel führte, lebt auch nicht mehr; Franz Rüdisser aus Luzern, mein Partner beim Fußballspiel, und Volker Voerste aus Erlangen, unser bester Lateiner, sind ebenfalls nicht mehr unter uns. Von den noch Lebenden möchte ich Balthasar Lohmeyer, Neurologe in Zürich, erwähnen, der sich bei meiner Mutter in St. Anton wie zu Hause fühlte. Erst kürzlich stand er nach vielen Jahren wieder einmal bei mir vor der Tür. Es war eine große Freude, ihn wiederzusehen.

Am engsten befreundet war ich mit Marcel Spielmann aus Genf, der eine Klasse nach mir in die Stella ging und mit dem ich viele gemeinsame Ferienwochen verbrachte. Marcel, nicht bergerfahren oder sportlich, musste mit mir die Nordwand der Kuchenspitze durchsteigen, eine kombinierte Fels- und Eistour im vierten Schwierigkeitsgrad. Bei der Anstrengung fingen plötzlich seine Beine regelmäßig zu zucken an. In der Bergsteigersprache nennt man dieses Phänomen „Nähmaschine". Nach viel Gelächter und einer Pause konnte ich Marcel von diesem Spuk befreien. Am Gipfel der Kuchenspitze waren die muskulären Probleme vergessen.

Über all diese Jahre hegte ich eine Faszination für das Wetter. So kam es, dass ich im Herbst 1967 gemeinsam mit zwei weiteren Mutigen – Wolfgang Gattermayr aus Linz, dem späteren Leiter des Hydrographischen Dienstes beim Land Tirol, und Reinhold Steinacker aus Landeck, später Professor für Meteorologie an der Universität Wien –, das Studium der Meteorologie begann. Am Institut in der Innsbrucker Schöpfstraße 41 stellte man bei unserem Erscheinen fest, dass es so einen starken Jahrgang noch nie gegeben hat: Auf einen Schlag erhöhte sich die Zahl der Hauptfach-Studierenden von vier auf sieben; ein Plus von 75 Prozent. Einer der vier, die bereits am Institut studierten, war Wolfi Nairz. Und auch Gerhard Markl, mit dem ich viel in den Bergen unterwegs war, lernte ich dort kennen.

Leiter des Instituts war Professor Herfried Hoinkes, über den ich schon so viel gelesen hatte. Voller Stolz durfte ich im höheren Semester bei seinen Vorlesungen das Epidiaskop bedienen. Der „Chef", wie wir ihn nannten, war nicht nur ein anerkannter Glaziologe, sondern auch ein begnadeter Redner und Pädagoge. Zu seinen Assistenten gehörten Michael Kuhn, der gerade in der Antarktis forschte, als ich mit meinem Studium begann, und der Osttiroler Ignaz Vergeiner, ein genialer Theoretiker, der damals in Boulder, Colorado, arbeitete. Eckehard Dreiseitl, ein Student im höheren Semester, nahm mich zum ersten Mal zur Forschungsstation am Hintereisferner am Fuß der Weißkugel im Ötztal mit. Neben meiner eigenen Dissertation, bei der ich die inneralpine Klimaregion Hochserfaus untersuchte, sollte ich Monate am Hintereisferner verbringen, um die Massenbilanz des Gletschers zu erheben.

Die damalige Studienordnung sah vor, dass alle Kandidaten zur Erlangung des akademischen Grades „Dr. phil." ein Philosophicum ablegen mussten. Das bedeutete, dass auch ich Vorlesungen in Philosophie besuchen und ein Nebenrigorosum in diesem Fach absolvieren musste. Ich war bei der Suche nach einem Thema recht kreativ: In meiner Prüfung ging es um die Bedeutung der Meteorologie in der griechischen Antike.

BERGLEIDENSCHAFT

Sobald ich gehen konnte, nahm mich meine Mutter auf Ausflüge und Wanderungen in die heimatlichen Berge des Arlberg mit. Zuerst zu Spielplätzen am Bach im Schöngraben, zum Beerensammeln im Maroi mit Kreuzottererlebnis, auf den Erzherzog-Eugen-Weg oder auch den Arlenweg, auf Ausflüge über den Kristbergsattel von Dalaas nach Schruns, auf Wanderungen zum Spullersee im Lechquellengebirge, aber auch auf anspruchsvolle exponierte Wanderungen wie den oberen Höhenweg vom Kapall zur Leutkircher Hütte. Es war im Frühsommer 1954: In St. Anton gab es kein Kino und natürlich auch kein Fernsehen, aber Walter Schuler hatte in seinem Hotel Post einen Saal für Filmvorführungen eingerichtet. Dort sah ich den Film über die Erstbesteigung des Mount Everest durch den Neuseeländer Edmund Hillary und den Sherpa Tenzing Norgay. Ich war fasziniert und begeistert, und bei der nächsten Wanderung bat ich meine Mutter, mir einmal einen Eispickel zu kaufen, damit ich diesen starken Männern nacheifern könne.

Als ich fast zehn Jahre alt war, nahm mich mein Onkel Franz Rofner mit auf den Patteriol (3056 m), das matterhornähnliche Wahrzeichen des Verwalls und des gesamten Arlbergs. Mit dabei waren auch seine Kinder Harald und Doris, unser Cousin Gerhard Pedrini aus Innsbruck und Brigitte Walter, eine Freundin von Doris. Mit insgesamt fünf Kindern, die ältesten waren gerade einmal zwölf Jahre alt, brach Onkel Franz von der Konstanzer Hütte auf. Extra für diese Tour hatte mir meine Mutter eine schicke Knickerbockerhose aus Schnürlsamt geschneidert. Als Kopfbedeckung trug ich einen normalen Hut, Steinschlaghelme gab es ja noch nicht. Alle zusammen erreichten wir den Gipfel des Patteriol nach einigen Stunden, die letzten zwei Stunden mussten wir im zweiten Schwierigkeitsgrad klettern. Noch heute wundern Harald und ich uns, dass sich Onkel Franz traute, diese Klettertour auf diesen markanten Gipfel mit fünf Kindern ohne Seil zu unternehmen. Uns bescherte Onkel Franz' Mut aber ein prägendes Erlebnis. Unsere Freude und unser Stolz waren riesengroß.

Mit meinem Vater und seinem Freund Richard Murr durfte ich als Zehnjähriger zur Gämsenjagd zur Erlachalpe ins „Erli", nördlich der Valluga.

Blick vom Kuchenjoch auf den winterlichen Patteriol (3056 m) im Verwall. Meine Winter-Erstbegehungen des Nordostgrats im Februar 1972 (rechts) und des mittleren Südostpfeilers im März 1973 wurden bis heute nicht wiederholt.

Zweimal sollten wir auch übernachten. Einmal in einem Heustadel auf den Fallerstaißwiesen und das zweite Mal auf der Erlachalpe selbst. Es waren zwei wunderschöne Sommertage am Fuße von Fallerstaiß- und Roggspitze. Wir pirschten uns in diesen zwei Tagen mehrmals an Gämsen an. Richard schoss viermal und verfehlte viermal. Lapidar und nicht unglücklich sagte er nach jedem Fehlschuss: „Dann lassa mir sie halt leba". Er hätte mir gar keine größere Freude machen können als mit den nicht getroffenen Gämsen, die nach dem Schuss davonspringen konnten.

Als Elfjähriger bestieg ich mit Onkel Franz und meinem Cousin Harald den Hohen Riffler (3160 m), den höchsten Berg der Verwallgruppe und weithin sichtbaren Eckpfeiler. Kurz vor meinem 15. Geburtstag kaufte ich mir das Buch „Klettern im Fels" von Franz Nieberl. Ich begann nun theoretisch bergzusteigen. Mit meinen Schnürsenkeln übte ich Bulinknoten, Sackstich, Prusikknoten, Weberknoten und Spierenstich. Diese genügten für die damalige Seiltechnik. Und im Sommer 1962 wurde ich von einigen Jesuitenpatres auf die Zimba im Rätikon mitgenommen. Meine Bergleidenschaft war geweckt und spontan fingen mein Cousin Harald Rofner, mein Nachbar Walter Strolz und ich an, die heimatlichen Gipfel, darunter auch leichte Felsgipfel wie die

Weißschrofenspitze, zu besteigen. Immer wieder schweifte unser Blick hinüber zur steil aufragenden, felsigen Roggspitze nördlich der Valluga. Ein echter Kletterberg.

Damals gab es keinen Brust- oder Sitzgurt, sondern man band sich direkt mit einem Bulinknoten ins Hauptseil ein, das um die Brust geschlungen war. Auch Perlonseile waren noch nicht üblich. Und die Karabiner waren aus Stahl statt aus Alu, ebenso wie die Felshaken. Der Stiel des Hammers war aus Holz. Gesichert wurde über die Schulter und nicht mit Sicherungsgeräten wie einem Achter. Und beim Abseilen mit der Dülfermethode fraß sich das über einen Schenkel und die entgegengesetzte Schulter verlaufende Seil wegen der Reibungswärme durch die Kleidung und hinterließ auch Brandwunden auf der Haut.

Am Südpfeiler der Roggspitze in den Lechtaler Alpen: Sich ohne Sitzgurt direkt ins Hauptseil einzubinden war damals die übliche Anseilmethode. Dazu gehörten steigeisenfeste Lederschuhe und Schnürlsamt-Knickerbocker.

Mit Harald wollte ich den Südpfeiler der Roggspitze erklettern, der als Genussklettererei galt. Wir hatten aber keine Ahnung, wie schwer diese Route war. In meinem ersten Kletterjahr war ich idiotisch mutig. Das betraf nicht nur mein Können, sondern auch die Ausrüstung. Walter lieh uns ein altes, etwa 20 Meter langes Hanfseil, das beim Heuen verwendet wurde und einen Durchmesser von etwa acht Millimeter aufwies. Im Sporthaus Hannes Schneider besorgte ich mir einige Eisenkarabiner, mehrere geschmiedete Felshaken und einen Felshammer. Mutig stiegen Harald und ich am Pazüeljoch in den Südpfeiler ein, der 250 Meter in den Himmel ragt. Oft den Schwierigkeiten auf Bändern ausweichend, erreichten wir kurz unter dem Gamsband nach etwa zwei Dritteln der Tour die Schlüsselstelle: einen abdrängenden Riss, den ich persönlich wegen meiner kurzen, zum Spreizen weniger geeigneten „Haxen" mit IV+ bewertete. Den Blick für den Verlauf einer Route hatten wir noch nicht, und so probierte ich lange, ehe ich direkt im Riss, mit Hängen und Würgen, den Durchstieg schaffte. Nicht auszudenken, was bei einem Sturz passiert wä-

Mit Walter Strolz am Weg zur winterlichen Bacherspitze. Im Hintergrund der Hohe Riffler (3160 m). Die eierförmigen Steinschlaghelme waren in den 1960er-Jahren modern.

re. Das in einen Haken und Karabiner eingehängte Hanfseil wäre bei einem Sturz von mehr als einem Meter sicherlich gerissen und ich wäre dann fast 200 Meter bis zum Wandfuß abgestürzt. Nach dieser Tour lieh uns Onkel Pepi fortan sein neues, geflochtenes Perlonseil.

Bei einer Wanderung auf dem Ludwig-Dürr-Weg, der von der Friedrichshafener zur Darmstädter Hütte führt, übernachteten wir Anfang September 1962 auf der Darmstädter Hütte. Immer wieder schaute ich mit Harald zur mächtigen Kuchenspitze (3148 m), zu ihrer Nordwand mit ihren zwei Eisfeldern und zum Ostgrat hinauf. Über den Ostgrat kletterten wir wenige Tage später auf den Gipfel der Kuchenspitze. Und vom Gipfel aus sahen wir im Westen den nahen Patteriol mit seinem Ostgrat aus dunkler Hornblende, der sich 1300 Meter mächtig über das Fasultal erhebt. Das war unser nächstes Ziel. Im Führer des Bergverlages Rother fanden wir eine Beschreibung und Fotos dieser Tour. Beim Anseilen am Schneefeld unterhalb des Grates sahen wir zwei Kletterer rasch aufsteigen. Es waren Innsbrucker, und als sie an uns vorbeigingen, musterten sie uns und blieben stehen. Einer von ihnen kam zu uns herüber, und ohne mit uns zu schimpfen, nahm er den Bulinknoten vor unserer Brust und zurrte ihn fest, wir hatten diesen nämlich nicht durch die Schlaufe gezogen. Von da an wussten wir, wie der Bulinknoten richtig gemacht wird. Weil ich mehrere Felshaken trug, bat mich Harald, auch einen Haken tragen zu dürfen, weil dies so toll aussehe. Selbstverständlich bekam er einen. Es dauerte lange, bis wir den Gipfel des Patteriol erreichten. Aber wir kamen unter dem gestrengen Blick von Ludwig Tschol, Bergführer und Hüttenwirt der Konstanzer Hütte, der unser Treiben durch einen Feldstecher beobachtete, am Gipfel an.

Mit der Zeit waren wir dann zu viert, die auf die heimatlichen Berge kletterten: Mein Freund Walter Strolz, mein Cousin Harald Rofner, Bernhard Pfeifer und ich. Mit Bernhard, einem Bewegungstalent, beging ich auch die Nordwand des Patteriol. Einmal – wir stiegen von der Weißschrofenspitze durch das Törli zum Schöngraben ab – sahen wir direkt nach dem Törli einen mehrere hundert Meter hohen Lawinenkegel in den Schöngraben hinunter. Der Bach hatte den abgelagerten Lawinenschnee unterhöhlt. Warum wir dann durch das Bachbett 200 Meter unter der Lawine ins Tal wanderten – diese verrückte Idee können wir uns heute noch nicht erklären.

Fast drei Jahre lang kam das Bergsteigen dann zu kurz. Einerseits schrieb ich eine umfangreiche Dissertation über die Messungen an der ehemaligen Forschungsstation Hochserfaus im sonnigen, trockeneren inneralpinen Klimagebiet des Oberen Gerichtes südlich von Landeck, wobei ich zum ersten Mal auch extremwertstatistische Methoden zur Beurteilung der Jährlichkeit von Neuschneehöhen angewendet habe. Andererseits übernahm ich im Malerbetrieb meines Vaters die Büroarbeiten. Ich schrieb die Rechnungen, erledigte die doppelte Buchführung bis zur Rohbilanz und berechnete sogar die Löhne der Mitarbeiter. Fast drei Jahre war ich an jedem Wochenende im Büro. Als mein Vater im November 1973 starb, übernahmen meine Schwester Erika und mein Schwager Kurt den Betrieb und auch die Büroarbeit.

Einmal, ich war zwei Jahre nicht mehr auf einer längeren Bergtour gewesen, plante ich mit Gerhard Markl aus Innsbruck, den Monte Rosa über seine 2000 Meter hohe Ostwand, die höchste Eiswand der Alpen, zu besteigen. Gerhards alter Peugeot war ein abenteuerliches Fahrzeug. Auf der Hinfahrt nach Macugnaga öffnete sich in einem Tunnel in der Schweiz die Motorhaube und versperrte die Sicht nach vorne. Gerhard meisterte das Problem locker, indem er das Seitenfenster herunterkurbelte und dort hinausschaute, bis der Tunnel zu Ende war. Auf der Rückfahrt verbrauchte das Auto für den defekten Kühler mehr Wasser als der Motor Benzin. Die Monte-Rosa-Ostwand bestiegen wir über das Marinelli-Couloir in zwei Etappen: am ersten Tag bis zur winzigen

Biwakschachtel, dem Marinellibiwak, am zweiten über den Zumsteinsattel zum Gipfel. Bis auf die letzten 250 Höhenmeter gingen wir seilfrei, dann spürte ich konditionell meine zweijährige Trainingspause und bat Gerhard, uns wegen meiner wacklig gewordenen Beine anzuseilen. Nun, vierzig Jahre später, dürfte die Monte-Rosa-Ostwand aufgrund der Erwärmung eine äußerst stein- und eisschlaggefährliche Wand geworden sein.

Ich habe nie ein Tourenbuch geführt, aber ich kann mich trotzdem noch an jede einzelne der vielen bekannten Touren im fünften und sechsten Schwierigkeitsgrad im Wetterstein, im Karwendel, im Wilden Kaiser, in den Dolomiten erinnern. Ich war vor allem mit Helmut „Willi" Rott, Thomas Mihatsch, meinem Neffen Berndt Köll, Adi Staudinger, Jakob „Joggl" Oberhauser und zuletzt sehr viel mit Wolfger Mayrhofer unterwegs. Mit Robert Renzler als Seilerstem meisterte ich die Comici in der Großen-Zinne-Nordwand (VII–) und die Lacedelli (VI+/A1) an der Scotoni. Mit Adi Staudinger ist mir die Route Egger-Sauschek (VI–/A1) an der Kleinen Zinne wegen der Felsqualität und der wenigen Zwischenhaken in unguter Erinnerung geblieben.

Mit Willi habe ich beim damals noch üblichen Biwak an der 1600 Meter hohen Agnerkante (VI+ oder V+/A0) in der südöstlichen Palagruppe, in Daunenjacken gehüllt, einen Liter Wein getrunken. Mit ihm war ich am Abend des 31. Oktober 1972 in der Auronzohütte, nur der Trientiner Bergsteigerchor war noch zugegen. Es klingt ungeheuer kitschig, war aber berührend, als dieser weltberühmte Chor bei Kerzenlicht das Lied „La Montanara" sang. Am nächsten Tag, an Allerheiligen, kletterten wir die Gelbe Kante (VI) an der Kleinen Zinne.

Mit Willi benötigte ich zwei Versuche an der 1400 Meter hohen Ortler-Nordwand. Beim ersten Mal 1970 war die Wetterprognose falsch und nach zwei Dritteln der Wand mussten wir wegen ständiger kleiner Lockerschneelawinen, die uns mitzureißen drohten, unter absturzgefährdeten Seracs biwakieren und am nächsten Tag wieder 1000 Höhenmeter absteigen. Wir hatten Abenteuer gesucht, das war uns dann aber doch zu viel. Beim zweiten Versuch ein Jahr später schafften wir diese beeindruckende Eiswand, meist gleichzeitig aufsteigend, in viereinhalb Stunden.

1969 noch eine Himmelsleiter aus Schnee und Firn – mit meinem Studienkollegen, später Professor für Meteorologie, Reinhold Steinacker am Biancograt

Mit Helmut Rott gelang mir 1969 die Winter-Erstbegehung der Fotscher Umrahmung. Dazu gehörten zwei lausig kalte Nächte im Biwak.

Anfang der 1970er-Jahre machte ich mit Willi diverse Winter-Erstbegehungen, darunter die Fotscher Umrahmung mit zwei Biwaks sowie am Patteriol den Nordostgrat (IV, eine Stelle V) und den alten Südostpfeiler (IV+) mit einem Biwak.

Und mit Joggl war ich im Karwendel, überschlagend führend, am Hechenbergpfeiler (VI+) bei Innsbruck unterwegs. In der Schmid-Krebs-Führe in der Laliderer Nordwand brach mir unter den Füßen in der dritten Seillänge führend ein Stein aus. Darauf führte nur noch Joggl, der die schwierigen, brüchigen und zudem noch von einem starken Regen nassen Stellen souverän meisterte.

SKIGESCHICHTEN

Der Schnee spielte in meinem Leben eine sehr wichtige Rolle. Das hat unter anderem damit zu tun, dass der Skilauf bei uns eine Familienangelegenheit war und aus meiner Verwandtschaft Skifahrer hervorgingen, die Geschichte geschrieben haben. Mein Großonkel Albert Weißenbach gewann laut Annalen des Skiklubs Arlberg anscheinend das erste Skirennen in St. Anton, irgendwann um 1900. Und meine Onkel Pepi und Franz Gabl, die Brüder meines Vaters, waren Mitglieder der österreichischen Skinationalmannschaft.

Onkel Franz war, wie dessen Brüder, im Zweiten Weltkrieg Soldat bei der Wehrmacht gewesen. Obwohl er mehrmals verwundet wurde und 1945 erst spät aus der russischen Gefangenschaft nach Hause kam, gewann er schon 1946 wieder Skirennen und später die erste olympische Medaille im Skisport für Österreich. Es war eine Silbermedaille im Abfahrtslauf bei den Olympischen Winterspielen 1948 in St. Moritz. Nur der Franzose Henri Oreiller war schneller als er. Das damalige Österreichische Olympische Comité (ÖOC) gratulierte Onkel Franz schriftlich zu seiner herausragenden Leistung, und als Belohnung wurden ihm fünf Kilo Reis und fünf Kilo Zucker, abzuholen in der Liechtensteinstraße 15 in Wien, zuerkannt. Ob er sie jemals abgeholt hat? Ich weiß es nicht. Zwar waren die Jahre nach dem Krieg entbehrungsreich, für diese Mengen Reis und Zucker aber bis nach Wien zu fahren, wäre doch ein ziemlicher Aufwand gewesen.

Nach der Ski-WM in Aspen blieb Onkel Franz in den Vereinigten Staaten, wo er als Trainer und Skilehrer arbeitete. Er starb im Januar 2014 im Alter von 93 Jahren in Bellingham im US-Bundesstaat Washington. Ich kannte ihn durch seine Besuche in der Heimat.

Onkel Pepi wurde während des Krieges in Sonthofen zum Jagdflieger ausgebildet. Er erzählte mir einmal, mehr als 40 Flugzeuge abgeschossen zu haben und dass er selbst ebenfalls dreimal in seinem Jagdflieger getroffen worden sei, glücklicherweise aber mit dem Fallschirm aussteigen habe können. Auch Pepi zog es nach Amerika, und auch er war Trainer und mehr als zwanzig Winter Skilehrer in Stowe in Vermont. Zu seinen Schützlingen gehörten Robert ("Bob") Kennedy, Jackie Kennedy, der ehemalige amerikanische Verteidigungsminister Robert McNamara und viele andere berühmte amerikanische Persönlichkeiten.

Gertrud, die sympathische, liebenswerte Tochter von Pepi, war die erfolgreichste Rennläuferin, die die Familie hervorgebracht hat. Im Jahr 1969 gewann sie, für den ÖSV startend, den Gesamtskiweltcup. Dicht auf den Fersen folgte ihr eine der Goitschel-Schwestern aus Frankreich. Weil bei den Männern Karl Schranz diese Trophäe einheimste, stammten in diesem Jahr beide Weltcupsieger aus einem Ort; eine Novität. Bis heute, fast fünfzig Jahre später, hat es das nicht mehr gegeben.

Wie meine Cousine ebenfalls im Österreichischen Nationalteam war mein Cousin Harald Rofner, ein gutes Jahr jünger als ich, mit dem mich seit Jahrzehnten eine intensive Freundschaft verbindet. Mit ihm spielte ich Fußball und ging Bergsteigen. Außerdem war Harald eine Art Ski-Mentor, wobei meine Skifahrkünste nicht mit seinen vergleichbar waren. Er hatte bei den Österreichischen Schüler- und Jugendmeisterschaften in allen drei Disziplinen – Abfahrt, Riesenslalom und Slalom – gewonnen. Einer seiner Fans war damals offenbar Manfred Scheuer, der bis 2016 Bischof von Innsbruck war. Bei einer Frühjahrsskitour, die ich mit Harald und ihm vor einigen Jahren unternahm, wusste der Bischof noch genau, in welchem Rennen Harald welchen Platz erreicht hat. Obwohl auch ich verfolgte, wie Harald sich bei den Rennen schlug – so genau erinnere ich mich nicht mehr an seine Platzierungen. Während Harald oder auch mein Nachbar Karle Cordin schon als Kinder von ihren Vätern betreut und trainiert wurden, war ich auf mich allein gestellt. Ich kann mich nur an einen Skiausflug auf den Galzig erinnern, den ich im Alter von sechs Jahren mit meinem Vater unternommen habe. Die Ausrüstung war zeitgemäß. Die Bindung meiner Skier hatte noch keinen Federstrammer vorne, stattdessen war der Strammer an der Ferse, und vorne bei der Schuhspitze gab es einen Lederriemen. Durch die Keilhosen aus Stoff, die in den Schuhen steckten, blies der kalte Wind hindurch, und dichter Nebel und Schneefall verhinderten eine gute Sicht. Mein Vater fuhr den Hang hinunter. Ich musste irgendwie hinterher. Da ich noch keinen Pflugbogen konnte, war die Abfahrt über die Kandaharstrecke nach St. Anton eine längere Tortur, garniert mit zahlreichen Stürzen. Aber ich ließ mich von meinen Tränen nicht entmutigen.

Meine Mutter war da offensichtlich weniger abgebrüht. Auch ihr wollte mein Vater auf seine ganz eigene Art das Skilaufen beibringen. Doch über einzelne Versuche kam sie nicht hinaus. Das wundert mich nicht. Vor ein paar Jahren sind mir ihre Ski in dem alten Kellergewölbe unseres Hauses in St. Anton wieder in die Hände gefallen. Offensichtlich waren Vater und Mutter noch nicht verheiratet, als sie schon miteinander Skifahren gingen. Denn in schönster Fraktur hatte mein Vater die Initialen „M. H." auf die Ski meiner Mutter gemalt: Marianne Hauzinger. Heute steht das alte Paar Skier in liebevoller Erinnerung in meinem Wohnzimmer. Aber ganz ehrlich: Mit diesen Brettern, die zwar schon Stahlkanten hatten, meine Mutter aber sicherlich mehr als einen halben Meter überragten, wäre ich auch keinen Hang hinunter gekommen.

Mit Walter Strolz ging es ab der ersten Volksschulklasse nach dem vormittäglichen Unterricht am Nachmittag zum Nassereiner Skilift. Neidvoll schaute ich auf Walter. Er hatte Skier der Firma Fischer mit einem farbigen Abziehbild auf der Skispitze, auf dem ein schwungvoller Skifahrer bei einem dynamischen Stemmschwung mit Stöcken mit großen Skitellern zu sehen war. Ich hingegen hatte einen in St. Anton von der Firma Pangratz hergestellten Ski aus Eschenholz, der bis auf einen kleinen farbigen Rand naturbelassen war, mit Stahlkanten und einem lackierten Belag, beides war damals – auch bei Kinderski – üblich. Bei einer unserer Schussfahrten aber, zu denen auch Mut gehörte – etwa wenn wir uns von der vorletzten Liftstütze beim Nassereiner Skilift in die Tiefe stürzten –, erwies es sich einmal, dass Skier aus einheimischer Produktion doch die bessere Wahl waren: Als Walter zu schnell über das Pillbachli fuhr, wurde sein Fischer-Ski gestaucht und brach. Mein Qualitätsski von Pangratz dagegen hielt auch der Belastung durch größere Bodenwellen stand.

Manchmal holten wir uns Weidenstöcke und steckten uns einige Slalomtore unterhalb des Weges vom Strolz-Haus zur Bahn hinunter. Nach der kurzen Fahrt traten wir im Treppenschritt wieder zum Weg hinauf. Trotz dieses Stangentrainings war ich beim Kinderskitag in St. Anton aber nie bei den Besten. Wahrscheinlich war der von meinem Vater am Vortag aufgemalte Belag nicht der richtige, aber auch die fehlende Unterstützung von zu Hause hat sicherlich etwas dazu beigetragen. Denn während die anderen von den Eltern gebracht und angefeuert wurden, musste ich mich alleine durchkämpfen.

Im Alter von zehn Jahren hatte ich bei einem Riesentorlauf, der über fast die gesamte Länge des damaligen Slalomhangskiliftes reichte, großes Pech.

Beim Stellarennen in Dalaas erreichte ich den ersten Platz. Eine besondere Herausforderung war der in Betrieb befindliche Skilift, der die Rennstrecke querte.

In meinem überschäumenden Eifer kam ich etwa 100 Meter vor dem Ziel bei einem Tor von der Rennstrecke ab und fiel neben einer Holzhütte, die bei uns in St. Anton „Pilla" heißt, in einen Schneekolk, ein fast ein Meter tiefes Loch, das durch den Wind entstanden war. Verzweifelt krabbelte ich – viel Zeit verlierend – aus dem Loch heraus und fuhr ohne meine Mütze die letzten Tore ins Ziel. Abends war die Preisverteilung vor dem Eingang des Hotels Post. Als Preise gab es für die drei Schnellsten silberne Anstecknadeln in Form eines Skis und für weitere Plätze ein Kuchenstück. Traurig verlief die Preisverteilung für mich, denn als Achtplazierter erhielt ich keinen Preis mehr. Für den siebten Platz gab es das letzte Stück köstliche Sachertorte. Dass ein paar andere Nachwuchsrennfahrer, die langsamer gewesen waren als ich, ebenfalls leer ausgingen, war damals kein Trost für mich.

Im Gymnasium wurde das Skifahren für mich schwierig. Feldkirch, auf einer Seehöhe unter 500 Metern gelegen, war ein schneearmer Ort. Aber wenn doch einmal Schnee lag, konnte man am Mittwoch in der längeren Mittagspause im Obstanger der Stella, der zum Stadtschrofen hinauf führte, einige Schwünge machen. Oft bin ich auch mit geschulterten Skiern am Wochenende über die Westseite des Stadtschrofens und über den Letzehof die vier Kilometer lange Strecke bis nach Amerlügen gewandert und anschließend mit den Skiern abgefahren.

Am Faschingsdienstag fand jedes Jahr die Stellameisterschaft, ein Riesentorlauf, in Dalaas statt. Es war eine besondere Rennstrecke, die von der Bergstation des Skiliftes bis zur Talstation führte und an einer Stelle den in Betrieb stehenden Lift kreuzte. Mehrere Male bin ich Stellameister im Skilauf geworden. Sporadisch nahm ich auch an anderen Skirennen in Vorarlberg teil. Bei den Rennen des Vorarlberger Skiverbandes landete ich unter „ferner liefen". Dagegen konnte ich bei den katholischen Jugendmeisterschaften in Buch den ersten Platz im Abfahrts-

Beim Kinderskirennen in St. Anton. Wegen eines Sturzes landete ich nur auf dem achten Platz.

lauf erringen. Wohlgemerkt, die Betonung liegt auf katholisch. Daraufhin wurde ich zu den katholischen Meisterschaften Österreichs in Piesendorf eingeladen. Dort traf ich auch Paul Tschol aus St. Anton, der immer der bessere Skiläufer war und auch bei diesen Meisterschaften bessere Platzierungen erreichte. Zur Rettung meiner Ehre muss ich erwähnen, dass mir mein Cousin Harald Rofner für diese Meisterschaften seine eigenen Rennski zur Verfügung gestellt hatte. Diese Skier mit einer Länge von 210, 215 und 220 Zentimeter taten mit mir schmächtigem Skifahrer, was sie wollten. Daran konnten auch die meterlangen Lederriemen der Bindung nichts ändern.

Gerne nahm ich auch einige Jahre beim Rennen der Skischule St. Anton teil. Ganz vorne war ich aber nie. Beim Bundesheer in Landeck trat ich dem Heeressportverband bei und konnte einmal unter der Woche das Areal der Pontlatzkaserne verlassen, um beim schon längst stillgelegten Skilift Thial zu trainieren. Mein Trainingspartner war Bruno Traxl aus Flirsch, der spätere Kommandant des Gendarmeriepostens St. Anton und Bürgermeister von Flirsch. Gemeinsam nahmen wir an einigen Wochenenden auch an Skirennen von örtlichen Skiklubs teil. Bruno, der einige Monate jünger ist als ich, war noch in der Juniorenklasse startberechtigt. Ich startete bereits in

Obwohl ich erst einen Monat vorher mit dem Langlaufen begonnen hatte, erreichte ich beim Marcia Longa 1974 unter 10.000 Teilnehmern über die verkürzte Distanz von 50 km den 1076. Platz.

der Allgemeinen Klasse, in einem unvergleichlich größeren, rivalisierenden Starterfeld. Obwohl ich, wie in Sautens auf der Strecke vom Ritzlerhof, meist wenige Zehntel schneller als Bruno war, landete er in der Juniorenklasse ganz vorne, ich in meiner Altersklasse immer hinten.

Ein Rennen mit Bruno in Strengen am Arlberg im Winter 1967 ist mir bis heute als einzigartig in Erinnerung geblieben. Die Rennstrecke führte vom Strenger Berg mit dem Start oberhalb von Perflör bis ins Ziel zum Dorf hinunter. Es gab keinen Skilift und die Einheimischen hatten einen großen Vorteil, da sie die Strecke kannten. Wir Auswärtigen fuhren mit dem Auto über die steilen und engen Bergwege zum Start und konnten nur einen Teil des Riesentorlaufes, der durch umzäunte Wiesen führte, einsehen. Schnelle Reaktionen waren gefragt, wenn man bei einem Gatter im Zaun das nächste Tor links, rechts oder unterhalb erspähte. Bruno stürzte und landete im geschlagenen Feld. Ich freute mich auf die Preisverteilung im Saal des Hotels Post in Strengen am späten Nachmittag, da ich ohne Sturz Bruno weit hinter meiner Zeit vermutete. Beim Vorlesen der Ergebnisliste wurde mein Gesicht länger und länger. Schließlich wurde ich 32-ster, fast eine halbe Minute hinter Bruno.

Offensichtlich hatte mir der Zeitnehmer eine derart schnelle Zeit nicht zugetraut und prophylaktisch eine Minute dazugeschlagen. Ich bin zwar nicht nachtragend, aber bei meinen jährlich zahlreichen Besuchen auf der Skihütte des Strenger Ski- und Rodelklubs auf Dawin wird über meine hartnäckig vorgetragene Forderung nach Genugtuung immer herzlich gelacht.

Die Grundausbildung zu meinem Präsenzdienst absolvierte ich in der Kaserne in Absam. Unser diensthabender Unteroffizier war Vizeleutnant Kurt Waldegger, ein gebürtiger Nauderer. Alle Rekruten sahen einen Offizier, der überaus kompetent, korrekt, streng war und alle gleich behandelte. Es gab nie irgendwelche Schikanen. Außerdem erinnere ich mich noch gut an unseren Kompaniekommandanten Oberleutnant Rudolf Hinteregger, der später Kommandant des Truppenübungsplatzes Wattener Lizum war. Bei einer Schießübung mit dem Sturmgewehr schoss ein Soldat neben mir einige Male auf meine Scheibe, worauf ich meldete: „Herr Oberleutnant: Melde zehn Schuss und zwölf Treffer im Quadrat". Das Schwierigste dabei war, bei dem erwarteten militärischen Ernst nicht in schallendes Gelächter auszubrechen. Nach der Grundausbildung wechselte ich in die Kaserne nach Landeck zur Tragtierkompanie. Mein Haflingerpferd „Dirndl" war eines der schönsten Pferde mit einer prächtigen blonden Mähne. Ich bin heute noch stolz, den Umgang mit Pferden erlernt zu haben. Es ist sogar in meinem Wehrdienstbuch unter der Rubrik Wehrdiensteignung zu lesen: „Geeignet zum Tragtierführer".

Im Winter, der auf den Wehrdienst folgte, begann ich bei der Skischule Arlberg in St. Anton als Aushilfsskilehrer, später als Landesskilehrer. Ich unterrichtete Skischüler vom Anfänger bis zu Fortgeschrittenen, einmal fuhr ich einige Tage mit einem früheren Mitglied der amerikanischen Skinationalmannschaft im hüfthohen Pulverschnee Ski. Gerne war ich auch in der Kinderskischule, die Rudolf Draxl, Ökonomierat, Landtagsabgeordneter und Landwirt, souverän leitete. „Onkel Rudi", wie er von allen genannt wurde, war ein Organisationstalent. Das musste er auch sein, waren doch an Spitzentagen durchaus 600 Kinder in der Skischule.

Einmal, nach Ende des Skikurses, fuhr ich gemeinsam mit einem älteren, Englisch sprechenden Herrn den Slalomhang-Skilift hinauf. Wir kamen ins Gespräch, diskutierten über die Qualität des Schnees auf den Pisten und, neugierig wie ich war, stellte ich ihm auch private, persönliche Fragen, die er liebenswürdig beantwortete. Woher er komme, was er beruflich mache, wie es ihm in St. Anton gefalle. Wie sich herausstellte, lebte er in New York und war kein Geringerer als der weltberühmte Dirigent und Komponist Leonard Bernstein.

Das schwierigste Après-Ski erlebte ich in der Pension meines Onkels Pepi. Er hatte mich kurzfristig zum 5-Uhr-Tee zu sich beordert, um mit seiner Skischülerin Alexandra von Kent, Lady Ogilvy, geborene Windsor, die bei ihrer Geburt an sechster Stelle der englischen Thronfolge stand, Konversation zu machen. Die Unterhaltung war zäh, denn mit Prinzessin Alexandra konnte ich nicht einmal über das Wetter und schon gar nicht über das Skifahren sprechen.

Aber neben meinem Studium einige Wochen pro Winter als Skilehrer in der weltberühmten Skischule von Matt und Fahrner arbeiten zu dürfen, machte mir großen Spaß. Als die Leitung der Skischule wechselte, schied ich freiwillig aus.

SPIEL UND ERNST: MEINE ZEIT BEI FUSSBALL, MUSIKKAPELLE UND BERGRETTUNG

Schon während meiner Zeit in den ersten Klassen im Internat spielte ich in den Ferien Fußball auf dem Fußballplatz in der Au in St. Anton, wo sich jetzt die Hauptschule befindet. Es war der naturbelassenste Platz der Welt, denn eigentlich war es eine Weide für die Kühe von St. Anton. Naturbelassen bedeutete, dass der Platz von West nach Ost abfiel, nicht planiert war und zahlreiche bis zu einem halben Meter tiefe Unebenheiten aufwies. Zudem wuchsen am Rand des Spielfeldes zwei Fichten, die man trickreich umspielen musste. Nicht nur die Fußballer, auch die Kühe liebten die meist nur mit niederem Gras bewachsene Au. Kunstdünger oder Rasensamen wurden nicht gebraucht, da die Kühe das Gras immer recht kurz hielten und mit ihren Fladen für die Düngung sorgten. Es ging hemdsärmlig rau zu. Vor Spielen auf dem Platz waren zwei Mann mit Schubkarren und Schaufel unterwegs, um die „exkrementellen Unebenheiten" zu beseitigen. Das gelang aber nur teilweise, und in der Abwehr musste man beim Hineingrätschen vorsichtig sein, um nicht braune Schleifspuren zu bekommen. Wenn ein Fladen vergessen worden war, musste der darauf landende Ball mit Gras abgewischt werden. Als Tore dienten dünne, lange, entastete Baumstämme. Ein Netz hinter dem Tor gab es nicht. Der Tormann bemühte sich deshalb besonders, die Bälle zu halten, denn bei einem Tor oder einem Fehlschuss waren die Wege weit, um den Ball wieder zu holen.

Natürlich war unser Fußballplatz für den Spielbetrieb eines Vereins nicht zugelassen, aber trotzdem gab es immer wieder Wettkämpfe. Legendär waren die Spiele von den Nassereinern gegen die Dörfler. Die Dörfler mit Reinhold Falch, dem späteren Direktor des Flughafens in Innsbruck, sowie mit Harald Rofner, Gerd Doff-Sotta, Walter Wasle, Benno Mussak und Kurt Fahrner waren uns vom spielerischen Potential her weit überlegen. Zudem waren die meisten auch größer als wir Nassereiner. Aber wir, Karle Cordin, Karl Wolfram, Walter Strolz, Gebhard Strolz, den wir „Siemandli" nannten, Elmar Schulter und ich haben gegen die übermächtigen und großen Gegner nie ein Spiel verloren. Mir kam die in der Stella angeeignete Technik zugute,

Die Fußball-Junioren des SV St. Anton. Vorne v. l.: Reinhold Falch, Alfred Matt, Kurt Fahrner, hintere Reihe v. l.: Walter Wasle, Walter Strolz, Franz Alber, Harald Rofner, Gerd Doff-Sotta, Karl Gabl, Karl Wolfram, Karl Cordin

außerdem hatten wir Nassereiner den größeren Kampfgeist. Nur so lässt sich diese klare Überlegenheit erklären. Ich produzierte Tore wie am Fließband. Der Vater von Karle, Karl Cordin, war meist der unparteiische und gerechte Schiedsrichter dieses Fußballkampfes zwischen den Ortsteilen.

Während es bei uns keine Zuschauer gab, waren bei den Spielen der Älteren am Sonntag einige Zaungäste und viele von uns Jüngeren anwesend. Der älteste und aktivste Fußballer war sicher Sepp Staffler, Skilehrer und Begründer der Volkstanzgruppe, der noch mit über sechzig Jahren Fußball spielte. Otto Schuler, Herbert Rofner, Karl und Helmut Schranz, mein Schwager Kurt Strauß, Edi und Karl Falch, deren Hausname „Thomas" war, und Adi Berger sind einige der Spieler der „Kampfmannschaft", an die ich mich noch erinnere. Besonders beachtet wurde von den Zuschauern, wenn einem Spieler ein Schuss gerade nach oben gelang, also eine „Kerze". Den Spielfluss brachte das zwar gehörig durcheinander, aber beim Publikum kam es gut an. Mit lautem Raunen und Beifall wurde der Spieler belohnt.

Die Gründung des Fußballvereins SV St. Anton erfolgte Mitte der 1960er-Jahre. Damit ein Verein beim Tiroler Fußballverband angemeldet und in der

Meisterschaft spielberechtigt sein konnte, mussten mindestens zwei Kampfmannschaften vorhanden sein. So wurde neben der ersten Mannschaft, die in der untersten Liga spielte, auch eine Juniorenmannschaft, der ich angehörte, aufgestellt. In der Juniorenliga spielten die renommiertesten Vereine des Oberlandes – Imst, SV Reutte und SV Landeck. Weil der alte Fußballplatz in St. Anton nicht homologiert wurde und der neue Platz in der Wolfsgrube noch nicht fertig war, mussten wir unsere Heimspiele zuerst in Zams, später in Schönwies austragen. Zu unserem Team gehörten drei Skirennläufer des Nationalteams: Alfred Matt war unser exzellenter, reaktionsschneller Tormann, Harald Rofner eine wichtige treibende Kraft im Mittelfeld und Karle Cordin ein schneller Rechtsaußen. Reinhold Falch und Gerd Doff-Sotta bildeten ein schwer zu umspielendes Bollwerk in der Abwehr. Weiters waren im Team: Walter Wasle, Franz Alber, Karl Wolfram, Kurt Fahrner und Walter Strolz. Mein Freund Walter war nicht gerade der beste Techniker, dafür flößten seine harten Schienbeine jedem Gegner schmerzvollen Respekt ein.

Meine Torschüsse waren gefürchtet: Perfekte Schusshaltung beim Meisterschaftsspiel der ersten Mannschaft des SV St. Anton in Silz. Im Hintergrund ist Karl Schranz interessierter Beobachter.

Zum ersten Auswärtsspiel mussten wir ausgerechnet in die Bezirkshauptstadt zum SV Landeck, der in Perjen über ein fast neues Fußballstadion verfügte, das damals in seiner Art das schönste im ganzen Oberland war. Nicht gerade charmant wurden wir begrüßt. Unverhohlen wurden wir als die „Bloßfüßigen" tituliert. Wir fühlten uns nicht diskriminiert, sondern angespornt. Unsere Antwort wollten wir den Landeckern auf dem Spielfeld geben. Wir spielten wie entfesselt. Gerd Doff-Sotta und Reinhold Falch überwanden das Mittelfeld mit weiten Pässen. Ihre Steilvorlagen für die Stürmer durchlöcherten die ansonsten stabile Landecker Hintermannschaft nach Belieben. Mir gelangen als unscheinbarem Mittelstürmer drei Tore. Wir gewannen 4:2, wenn ich mich richtig erinnere. Vielleicht stand es am Ende sogar 4:1. Die Bloßfüßigen siegten gegen die gut beschuhten Landecker. Wenn ich ihn treffe, reibe ich diesen Sieg Walter Guggenberger, dem späteren Nationalrat der SPÖ und Leiter des Bundessozialamtes in Innsbruck, der damals die spielbestimmende Kraft bei den Junioren der Landecker war, noch heute gerne unter die Nase.

In der Meisterschaft landeten wir im Mittelfeld der Tabelle, wenngleich uns auch beeindruckende Erfolge gelangen. In der jährlichen Statistik des Österreichischen Fußballverbandes (ÖFB) über die Meisterschaft in den diversen Ligen schien ein von den Junioren des SV St. Anton erzielter Rekord auf: Gegen den ASV Landeck gewannen wir, wenn ich mich recht erinnere, einmal mit 21:1 oder 22:1. Der ASV ging durch einen Elfmeter in der ersten oder zweiten Minute in Führung, dann spielte nur noch St. Anton gegen eine wahrscheinlich ersatzgeschwächte Mannschaft. Immer, wenn ein Torschuss danebenging, holten wir für den Landecker Torhüter den Ball und legten ihn auf die 5-Meter-Markierung zum Abstoß. So konnte das Spiel möglichst rasch fortgesetzt werden. Ich weiß nicht, ob ich bei diesem Spiel sieben oder acht Tore schoss, irgendwann bekamen wir ernsthafte Probleme mit der Zuordnung der jeweiligen Treffer.

Einige von den Junioren wechselten dann in die erste Kampfmannschaft des SV St. Anton, wo neben den oben genannten auch Karl Schranz und Martin Burger, beide Kollegen im ÖSV-Skiteam, sowie Reinhard Hauser und Walter Thurner spielten. Konditionell waren wir mit den fünf Skifahrern Burger, Cordin, Matt, Rofner und Schranz den meisten Teams überlegen. Da Fußball aber ein Mannschaftssport und kein Individualsport wie das Skifahren ist, haperte es manchmal im Stellungsspiel und bei den Kombinationen. Karl Schranz zum Beispiel dribbelte bravourös und ballverliebt, weshalb es manchmal auch etwas länger dauern konnte, bis wir den ihm zugespielten Ball zurückbekamen. Aber irgendwann musste natürlich auch er den Ball abgeben oder er wurde vom Gegner gestellt.

Ein Erlebnis war es, mit Karl Schranz nach Wien zu fahren. Er organisierte mehrmals ein Spiel gegen einen Klub in der höchsten österreichischen Spielklasse, wenn ein solcher aufgrund eines Länderspiels im Praterstadion an einem Wochenende spielfrei hatte. Neben dem Trainingsspiel mit den besten Vereinen konnten wir unseren Aufenthalt in Wien mit einem Besuch eines Länderspiels verknüpfen. Es erfüllte uns mit Stolz, dass wir gegen die besten

Fußballer spielen durften. Ich erinnere mich an ein Spiel in Hernals gegen den damals erstklassigen Wiener Sportklub, in dessen Reihen Nationalspieler wie Fritz Raffreider aus Dornbirn, die bekannten Gebrüder Hof und der Nationaltormann Wilhelm Kaipel spielten. Der Sportklub siegte „verdient", aber sie ließen auch uns mitspielen. Neben Karl Schranz durfte auch ich an Willi Kaipel vorbei nach einer Direktabnahme den Ball ins Tor schießen.

An der Universität Innsbruck studierend, spielte ich im Team der Meteorologen bei den Universitätsmeisterschaften in der Halle mit. Zu den Besten gehörten damals Ekkehard Dreiseitl und mein Tourenkollege Gerhard Markl. Nachdem ich mir beim Spiel mehrere Verletzungen, unter anderem Muskelfasereinrisse und Rippenprellungen, zugezogen hatte, hängte ich schweren Herzens meine Fußballschuhe an den Nagel.

Durch mein Bergsteigen und meine Mitgliedschaft bei der Musikkapelle in St. Anton ergaben sich mehr und mehr Terminprobleme am Wochenende. Einmal gab es auch Schelte von meinem Vater. Anstatt mit der Musikkapelle bei der Autoweihe in St. Christoph auszurücken, zog ich es vor, am Jahnturm neben der Vallugagratstation mit Walter Strolz dessen Erstbegehung durch die Südwand zu wiederholen (Schwierigkeit VI/A1). Während dieser kurzen technischen Kletterei, zum Teil an von Walter konzipierten Holzkeilen mit dünnen Schnüren und Hundertenägeln als Sicherungspunkten, ähnlich der Fiedler-Flunger-Führe in der Martinswand bei Zirl, hörten wir die St. Antoner Musikkapelle aus St. Christoph bis zu uns herauf. Ein schlechtes Gewissen hatte ich am Jahnturm schon, aber ich bereue es nicht, mit Walter diese Tour gemacht zu haben.

Nachdem ich als Solotrompeter in der Stella Matutina aufgetreten war, wollte ich, anfangs nur in den Ferien im Sommer, zu Weihnachten und zu Ostern, zur Musikkapelle in St. Anton. Eugen Haueis und Siegfried Spiss kümmerten sich um meine Aufnahme. Bald wurde Kapellmeister Grillmeyer von meinem früheren Volksschullehrer und Organisten Herbert Sprenger abgelöst. Und so durfte ich die erste Trompete blasen. Die „Musi" war und blieb mein liebster Verein und ich bin dankbar, so viele warmherzige, nette St. Antoner kennengelernt zu haben. Obwohl die Proben oft mühsam waren, hatten wir aber auch großen Spaß. Direkt vor den Trompeten saßen die Flügelhornspieler. Unter ihnen waren der Landwirt Norbert „Norbertli" Scalet, Fritz Falch, der später weltweit als Raumplaner tätig war, und Arnold „Noldi" Schranz, der Bruder von Karl Schranz.

Ich war ein großer Fan von Noldi, der ein talentierter Bläser war. Und ich war mir auch sicher: Wenn er die Chance gehabt hätte, ein Konservatorium zu besuchen, er wäre einer der führenden Trompeter Europas geworden. Unvergesslich für mich ist der Gräberbesuch an Allerheiligen, den die Musikkapelle begleitete. Zum Gedenken an die vielen Gefallenen des Ersten und Zweiten Weltkrieges wurde das Lied: „Ich hatt' einen Kameraden" intoniert, und Noldi blies das Trompetensolo mit einer Inbrunst, die alle Friedhofsbesucher jedes Jahr tief bewegte. Auch an „s'Norbertli", den Vater des Mooserwirtes Eugen Scalet, erinnere ich mich noch gut. Er brachte uns mit seinem trockenen Oberländer Humor oft zum Lachen.

Wir spielten bei Prozessionen und Zeltfesten, gaben Konzerte auf der Planie, und auch zu Weihnachten spielte ich mit einer kleinen Bläsergruppe Weisen an verschiedenen Plätzen in der Gemeinde. Wir waren meistens eine leistungsfähige Kapelle, nur einmal war unser Auftreten beim Musikfest in Lech von Irritationen begleitet. Unsere Fahnenpatin Christl Moosbrugger vom Hotel Post in Lech hatte es zu gut mit uns gemeint und uns vor unserem Konzert im Festzelt zu Bier und Wein eingeladen. Der Alkohol auf nüchternen Magen verfehlte nicht seine Wirkung auf unser Spiel. Es mangelte an der genauen Koordination der einzelnen Instrumente, besonders auffällig war, wie unrhythmisch die Tschinellen am Ende der Musikstücke schlugen. Bei dem in Festzelten üblichen Lärm gingen diese Unstimmigkeiten aber offensichtlich unter. Der Beifall war jedenfalls sehr groß.

Einmal war unsere Musikkapelle sogar ein Überraschungsgeschenk. Mit Adi Werner, dem legendären Wirt vom Hospizhotel in St. Christoph, fuhren wir mit einem Bus zu einer Hochzeit in einem Schloss im Taunus bei Frankfurt. Unter den Gästen war auch Marika Kilius, eine Eiskunstläuferin, die es sogar zur Europa- und Weltmeisterin brachte. Während des Hochzeitsessens hielt Adi Werner eine launige Rede, in der er ein kostbares Geschenk ankündigte, das man sorgfältig behandeln solle, weil man es wieder zurückgeben müsse. Als unsere Musikkapelle danach im Freien zu spielen begann, war die Überraschung bei der Hochzeitsgesellschaft groß. Weder die geladenen Gäste noch das Hochzeitspaar hatten von unserem Auftritt gewusst. Die Überraschung war gelungen. Wir wurden zum Fest eingeladen, und bei Havannazigarren und Champagner ließen wir es uns gut gehen. Als unsere wenige Mann starke Tanzkapelle aufspielte, verwandelte sich die vorher eher steife Party in ein zünftiges Tiroler Fest. Bei der Damenwahl fiel die Wahl der Eis-

Mit der Musikkapelle St. Anton bei der Sattelkopf-Gipfelmesse mit Pater Fritz Tschol. Vordere Reihe v. l.: Jakob Mussak, Karl Gabl, Norbert Scalet, nach den drei Kindern Arnold Schranz

prinzessin Marika Kilius auf Albert Schranz, den wir natürlich alle sehr um diese Ehre beneideten.

Über meine Bergtouren mit Harald Rofner und Walter Strolz wurde in St. Anton viel geredet, insbesondere weil Walter, manchmal auch ein bisschen Münchhausen, wortreich und humorvoll über unsere Abenteuer berichtete. So blieb es nicht aus, dass der Ortsstellenleiter der Bergrettung, der Gendarmeriebeamte Erich Genewein, uns im Jahr 1965 fragte, ob wir Mitglieder der Bergrettung werden wollten. Wir fühlten uns geehrt, in diesen illustren Kreis der Bergsteiger St. Antons aufgenommen zu werden.

Meinen ersten Rettungseinsatz hatte ich auf dem Wanderweg vom Galzig zur Ulmer Hütte. Eine deutsche Touristin hatte sich den Fuß gebrochen und musste, da es noch keine Rettungshubschrauber gab, mühsam mit einer schweren Einradtrage zur Bergstation der Galzigseilbahn transportiert werden.

Neben der Lawinenkatastrophe im März 1988 sind mir vor allem weitere Lawinenunfälle sowie einzelne andere Sucheinsätze in Erinnerung geblieben. Bei einem Lawinenunfall im Schöngraben unterhalb des Törlis hatte Walter Strolz als Einsatzleiter die weitere Suche nach der Bergung von zwei Toten abgebrochen, da die Bergretter massiv von Nachlawinen bedroht waren. Der Südhang über der Unfallstelle erstreckte sich über 700 Höhenmeter

Ausflug mit der Bergrettung St. Anton in die Silvretta. Im Jahr 2015 feierte ich mein 50-jähriges Jubiläum.

bis zur Bacherspitze hinauf. Nach den großen Neuschneemengen von etwa einem Meter musste mit weiteren Lawinen gerechnet werden. Etwa fünf Tage später war es dann so weit. Die Schneedecke hatte sich gesetzt und verfestigt. Die Lawinengefahr war geringer. Nochmals stiegen meine Bergrettungskameraden und ich mit Lawinenhunden zur Lawine in diesem engen Tobel hinauf. Es dauerte nicht lange, bis der Lawinenhund Rambo von Gilbert Hörschläger Witterung aufnahm. Nur wenig unter der Schneeoberfläche fanden wir das Snowboard eines vermissten Australiers. Bald danach kam ein Handschuh zum Vorschein und dann fand der Hund den Snowboarder selbst. Als sein Hinterkopf zum Vorschein kam, versuchte ich mit meinem Handschuh zu seinem Mund zu kommen. Ich erschrak. Vor seinem Mund konnte ich eine große elliptische, glasig vereiste Atemhöhle ertasten, die mindestens 20 Zentimeter Durchmesser hatte. Der Verunfallte dürfte noch viele Stunden unter der Lawine, wahrscheinlich bewusstlos, geatmet haben. Trotzdem war die Unterbrechung der Suche bei der großen Lawinengefahr fünf Tage vorher unbedingt notwendig gewesen. Es hätten dreißig Bergretter von St. Anton unter meterhohen Schneemassen begraben werden können. Ganz in der Nähe dieses Lawinenunfalles mit drei Toten haben wir Jahre später einen weiteren Toten im untersten Teil der Schöngrabenabfahrt geborgen.

Lawineneinsatz im Törli 1995. Aufgrund großer Lawinengefahr konnte ein verschütteter Snowboarder erst Tage nach dem Lawinenabgang tot geborgen werden.

Gefürchtet habe ich mich bei einem Flug mit dem Hubschrauber von Nasserein zum Vorderen Rendl unterhalb des Gambergs. Vier kanadische Skiläufer und ein Snowboarder waren von einer Lawine verschüttet worden. Der flaumige und tiefe Neuschnee hüllte den Hubschrauber beim Start und bei der Landung neben der Lawine derart ein, dass dieses Whiteout dem Piloten keine Sicht gewährte. Die Lawine hatte ein Ausmaß von etwa zwölf Hektar erreicht. Eine derart große Lawine ist bei Sucheinsätzen sehr selten. Obwohl wir den primären Suchbereich ungefähr bestimmen konnten, war der Einsatz, zu dem die Bergrettungen im Stanzertal bis Landeck geholt wurden, nicht von Erfolg gekrönt. Denn der Snowboarder war ohne Lawinenverschüttetensuchgerät von dieser Lawine begraben worden, und die Suche mit Lawinensonden bis sechs oder sieben Meter Tiefe ist sehr schwierig.

In die Jahre gekommen und nach einigen Verletzungen habe ich den aktiven Dienst faktisch aufgegeben. Dafür engagiere ich mich heute umso mehr bei der Ausbildung des Bergrettungsnachwuchses. Peter Veider, der Ausbildungsleiter der Tiroler Bergrettung, bat mich schon vor vielen Jahren, Wetterwissen an den Nachwuchs weiterzugeben. Es sind jedes Mal inspirierende Abende, die ich im Jamtal verbringe.

EIN WELTREKORD AUF 7492 METER HÖHE

Mit der ersten Skibefahrung des Noshaq stellten wir einen Rekord auf, über den sogar im „American Alpine Journal" und im „Alpine Journal" des britischen Alpine Club berichtet wurde. Der 7492 Meter hohe Berg war 1970 der höchste Gipfel, von dem eine Skiabfahrt erfolgt war. Sogar die deutsche Wochenillustrierte „Quick", die eher für großbusige und durchaus nicht unattraktive Cover bekannt war, berichtete in einem mehrseitigen Artikel darüber. Uli Schwabes damalige Freundin und spätere Frau arbeitete als Redakteurin bei der Zeitschrift. So kam der Kontakt zustande. „Schussfahrt mit dem Tod im Nacken" war der Artikel über die „Erste Tiroler Skiexpedition des Akademischen Alpenklubs Innsbruck zum Hindukusch", wie unsere Expedition offiziell hieß, reißerisch überschrieben.

In der damals üblichen Aufmachung war in der „Quick" zu lesen:

„Sie waren 21 Tage unterwegs, um einen Triumph auszukosten, der eine Stunde dauerte. Sie fuhren 6000 Kilometer weit, um auf dem 7492 m hohen Noshaq, dem höchsten Berg Afghanistans im Hindukusch ein Abenteuer zu erleben, das noch niemand vor ihnen gewagt hatte: Sie wollten die höchste Ski-Abfahrt der Welt bewältigen. Wedeln, wo noch kein anderer Spuren im Schnee hinterlassen hatte."

Zum Akademischen Alpenklub brachte mich Wolfi Nairz. Er war Ende der 1960er-Jahre mit zahlreichen Erstbegehungen und großartigen alpinen Leistungen schon eine Größe im Alpinismus und war mein erster Mentor. Beim Studium in Innsbruck hatte ich ihn kennengelernt. Als ich Anfang Mai 1969 mit ihm zum ersten Mal die Auckenthaler-Route in der Martinswand (VI–/A1) kletterte, hätte ich mir nicht in den kühnsten Träumen vorstellen können, dass ich etwas über ein Jahr später mit Skiern im Hindukusch unterwegs sein würde. Um ehrlich zu sein, kletterte ich nicht mit Wolfi durch die Martinswand, vielmehr zog er mich über die senkrechte Wand hinauf. Bis dahin war ich noch

Die Tiroler Hindukusch Skiexpedition 1970. Im Basislager am Fuß des Noshaq (7492 m). V. l. Uli Schwabe, Hans-Jörg Moser, Gerhard Markl, Roland Schulz, Karl Gabl und Gerd Gantner. Jörg Schmidl war bereits im Krankenhaus.

nie in diesem Schwierigkeitsgrad unterwegs gewesen. Böse Zungen behaupten noch heute, ich hätte damals – um mir bei den Vorauskletternden keine Blöße zu geben – anstatt des bei schwachen Kletterern üblichen Rufes „Zug", um die abdrängenden und ausgesetzten Passagen meistern zu können, immer „Arlbergexpress" geschrien und auf die weit darunter im Inntal liegende Bahnstrecke gezeigt. Jahre später stieg ich dann die Auckenthaler, den Ostriss (VI) oder auch die Fischzuchtplatten (VII) in der Martinswand vor.

Nach der Sanierung des Ostrisses beschwerte ich mich einmal in der Innsbrucker Szene, dass einer der neuen Bohrhaken deutlich höher angebracht worden war als der alte Haken. Robert Renzler, der spätere Generalsekretär des Österreichischen Alpenvereins, hatte Erbarmen mit meiner Körpergröße und hängte in den besagten Haken eine Schlinge mit der Aufschrift „Für Charly" ein. Ich habe bei der nächsten Begehung der Route darüber sehr geschmunzelt.

Während Neil Armstrong im Juli 1969 auf dem Mond einen kleinen Schritt für einen Menschen, aber einen riesigen Sprung für die Menschheit absolvierte, wurde ich zur gleichen Zeit aus den Ostalpen auf meine erste Westalpentour katapultiert. Über die Aiguille Blanche de Peuterey und mit einem Biwak auf dem Grand Pilier d'Angle stiegen wir auf den Gipfel des Mont Blanc. Die von mir eigens für diese Tour gekaufte Daunenjacke erfüllt heute noch ihren Zweck. Im Dezember 2013 hatte ich sie im Solukhumbu dabei und im Dezember 2014 wärmte sie mich am Kilimandscharo.

Als ich zum Alpenklub kam, plante Wolfi Nairz gerade gemeinsam mit Hans-Jörg Moser und Ulrich Schwabe eine Skiexpedition in den Hindukusch. Nachdem uns Wolfgang Axt, der 1968 am Noshaq gewesen war, genau informiert hatte, wurde der Noshaq als Ziel ausgewählt. Auch ich durfte mitfahren. Wolfi hatte zu dieser Zeit schon höhere und anspruchsvollere Ziele vor Augen, sodass er nicht mit uns nach Afghanistan kam. Also brachen Anfang Juli 1970 sieben ambitionierte Nachwuchshöhenbergsteiger in Innsbruck auf. Vom Akademischen Alpenklub Innsbruck waren dabei: Ulrich Schwabe (26), Physiker und als ehemaliges Mitglied des B-Kaders der österreichischen Ski-Nationalmannschaft unser bester Skiläufer, unsere Expeditionsärzte Roland Schulz (26) und Jörg Schmidl (27), der Apotheker Hans-Jörg Moser (26) und ich. Vom Akademischen Alpinen Verein nahm zudem Gerhard Markl (26), Student der Glaziologie, an der Expedition teil. Er war der Neffe des legendären Skiweltmeisters Guzzi Lantschner, der 1932 in Cortina d'Ampezzo die Abfahrt gewonnen hatte. Und von der Akademischen Sektion des Alpenvereins begleitete uns Gerd Gantner (25), Student der Medizin.

Die Finanzierung der Skiexpedition war gut organisiert. Die gesamten Lebensmittel, die wir zum Hindukusch mitnahmen, stammten von österreichischen und deutschen Firmen. Zahlreiche Sponsoren ermöglichten uns Studenten, den Eigenanteil an den Kosten relativ niedrig zu halten. Mir haben beispielsweise viele Sportgeschäfte in St. Anton mit einer Spende von 500 Schilling sehr geholfen.

Unsere Ausrüstung unterschied sich deutlich von den Hightech-Produkten, mit denen Höhenbergsteiger heute unterwegs sind. Das Schuhgeschäft Öhlschläger in Innsbruck unterstützte uns mit handgefertigten, dreifach genähten Skischuhen mit Filzinnenschuh. Es waren nicht die damals üblichen Schnürschuhe, sondern Schnallenskischuhe, wahrscheinlich die ersten, die für Skitourengeher gemacht wurden. Sie waren sehr schwer. Ein Schuh wog etwa zwei Kilogramm. Kein Vergleich zu dem, was heute ein Tourenskischuh wiegt. Die besonders leichten bringen gerade einmal ein paar hundert Gramm auf die Waage. Fritz Baur, Inhaber der Firma Lodenbaur in Innsbruck und selbst Alpenklub-Mitglied, schneiderte uns mit feinstem Stoff gefütterte Knickerbocker aus Tiroler Loden auf den Leib. Ulrich Schwabe besorgte Rossignol-Ski in der heute für Tourenski üblichen Länge. Als Tourenbindung testeten wir als Erste den Rotamat, eine eigens von der Firma Marker in Farchant bei Garmisch-Partenkirchen entwickelte Bindung. Die Daunenschlafsäcke und Daunenjacken waren schon damals qualitativ sehr hochwertig. Die Hände schützten wir mit Walkfäustlingen vor der Kälte.

Afghanistan sollte für zweieinhalb Monate Abenteuer pur werden. Mit zwei VW-Bussen – einen davon kauften wir in München für 600 D-Mark – fuhren wir von Innsbruck aus über die kommunistischen Länder Jugoslawien und Bulgarien, die Türkei und ein wirtschaftlich erstarkendes Persien bis nach Afghanistan.

Eineinhalb Monate waren wir auf Achse. Statt auf geteerten Autobahnen waren wir über weite Strecken auf Schotterpisten unterwegs. Mit den Abstechern zu den Moscheen von Isfahan und Mazar-e Sharif legten wir damals insgesamt 17.000 Kilometer zurück. Um Zeit zu sparen, blieben wir zum Fahrerwechsel oft nicht stehen, sondern der Fahrer rutschte, das Lenkrad haltend, zur Mitte des Busses, und die Ablöse kletterte vom Rücksitz auf den Fahrersitz und übernahm das Steuer.

Wir besuchten die Buddhastatuen in Bamian, die schon längst ihrer Gesichter beraubt waren. Dieses Weltkulturerbe wurde im März 2001 von den Taliban gesprengt. In Balch, wo Alexander der Große 323 v. Chr. Roxane, die Tochter eines Stammesfürsten, geheiratet haben soll, besichtigten wir die Überreste von alten Tempeln. Bei den Band-e-Amir-Seen, seit 2009 der erste Nationalpark Afghanistans, bewunderten wir die durch Kalksinterungen entstandenen Dämme, vor allem aber die dunkelblaue Farbe der Seen in der fast weißen Wüste im Norden Afghanistans.

An etwas für mich Furchterregendes erinnere ich mich noch sehr gut. Nie in meinem Leben hatte ich ein derart unheimliches Geräusch gehört. Tief in unsere Schlafsäcke verkrochen, lagen wir irgendwo im Osten der Türkei, in der Nähe von Erzurum, im Freien auf unseren Matten. Plötzlich, in sternklarer Nacht, schrie in wenigen Metern Entfernung ein unheimliches Tier. Das tiefe Luftholen und das darauf folgende Röhren glaubte ich als das Gebrüll eines Tigers identifizieren zu können. Kein anderes Tier kam mir in den Sinn, das so ein schauderbares Gebrüll hätte von sich geben können. Gleichzeitig wunderte ich mich aber, weil ich nie von der Existenz von Tigern in der Türkei gelesen hatte. Lachend klärten mich die Kollegen über meinen Irrtum auf: Ein Esel hatte mich in große Angst versetzt. Weniger lustig fanden wir in der Früh aber die Skorpione, die es sich unter unseren Liegematten bequem gemacht hatten.

Viel zu lachen hatten wir auch mit Hans-Jörg Moser. Er hatte einen unbeschreiblichen Humor. Wäre er nicht ein erfolgreicher Apotheker in Imst und tüchtiger Hüttenwart der Adolf-Pichler-Hütte in den Kalkkögeln bei Innsbruck geworden, einer Karriere als begnadetem Kameramann, Regisseur oder tiefgründigem Kabarettisten wäre wohl nichts im Wege gestanden. Köstlich amüsierten wir uns über Hans-Jörg in Kabul. In der Hauptstadt Afghanistans liefen die Männer 1970 in bunten, meist blauweiß gestreiften Flanellpyjamas durch die Straßen. Während wir uns an diesem ausgefallenen Businessanzug erheiterten, kam uns Hans-Jörg abhanden. Ehe wir uns versahen, tauchte er wenig später lässig auf der Straße flanierend in eben solch einem Pyjama auf.

Über Kundus, das spätere Hauptquartier der deutschen Bundeswehr in Afghanistan, fuhren wir bis nach Faizabad. Dort ließen wir unsere Busse stehen und luden das 800 Kilogramm schwere Expeditionsgepäck auf einen Lastwagen, um in den Wakhan zu gelangen, eine blinddarmartige geografi-

In zwei VW-Bussen legten wir innerhalb von eineinhalb Monaten zwischen Innsbruck und Afghanistan mit Abstechern nach Isfahan im Iran und ans Kaspische Meer 17.000 Kilometer zurück.

sche Ausbuchtung zwischen China und Pakistan. In dem kleinen Dorf Qazi Deh am Beginn des Wakhan-Korridors begann unser Abenteuer Noshaq. Gemeinsam mit dem Bürgermeister organisierten wir etwa vierzig Träger für vier Tage. Gerhard Markl handelte als Lohn für jeden Träger 450 Afghani, etwa zwölf Euro, aus. Dass wir überhaupt zu Trägern gekommen sind, wundert mich noch heute. Denn während Gerhard Markl verhandlungssicher Tirolerisch sprach, konferierte der Bürgermeister in seinem Farsi-Dialekt.

Drei Tage führte uns unser Weg über 30 Kilometer und 2000 Höhenmeter zum Basislager. Der Anmarsch war nicht nur wegen der weglosen Moräne holprig, über die wir stiegen. Jörg Schmidl fiel schon am ersten Tag in den Mandaras, einen reißenden Gletscherbach, und am zweiten Tag schneite es so stark, dass die Träger fast die Motivation verloren, die Lasten zum Basislager zu schleppen. Schließlich stellten wir auf 4500 Meter Höhe unsere Zelte auf. Die Träger stiegen ab, wir waren auf uns allein gestellt. Einen Koch, wie bei Expeditionen heute üblich, hatten wir nicht dabei. Wir teilten die Aufgaben auf. Meine studentischen Kochkünste waren gefürchtet, sodass ich zum Kartoffelschälen und zum Abwaschen abkommandiert wurde. Gerhard war der Feuermeister: Ihm gelang es immer, die Benzinkocher in Gang zu setzen,

Der an einem Lungen- und Gehirnödem erkrankte Jörg Schmidl musste über eine Strecke von 30 Kilometern zur Straße nach Quazi Deh getragen werden. Von dort brachte ihn Roland Schulz nach Kabul.

wenn auch manchmal die Speisen einen leichten Benzingeruch hatten. Unser bester Koch war Gerd. Doch bei dem Breipulver, das wir als Kraftnahrung mitgenommen hatten, versagten auch seine Kochkünste: Das Essen trocknete den Gaumen aus, der Geschmack erinnerte wenig Verwöhnte an Mehlpapp und Gourmets an Spachtelpulver. Am besten schmeckte uns das Hirschgulasch aus der Dose, das mir der Metzger Murr in St. Anton auf die Reise mitgegeben hatte.

Kaum im Basislager angekommen, wurden drei Teilnehmer, einer davon war ich, durch eine schwere Darminfektion geschwächt. Vor allem die Nächte im Zelt fürchtete ich. Der Körper kündigte die Notwendigkeit zum Toilettengang nämlich regelmäßig zu spät an, meist kam ich nicht weiter als bis zum Öffnen des Zeltreißverschlusses.

Am schlimmsten war aber Jörg Schmidl dran. Wenige Tage, nachdem wir im Basislager angekommen waren, wurde er höhenkrank. Ein Lungen- und wahrscheinlich auch ein Hirnödem lähmten seinen Körper von der Hüfte abwärts. Jörg verlor sogar das Bewusstsein. Um ihn über die anfangs weglose Moräne hinaus nach Qazi Deh zu bringen, funktionierten wir Skier mit Hilfe einer Skiverschraubung zu einer behelfsmäßigen Trage um. Gerhard lief ins

Tal, um Hilfe zu holen, und Hans-Jörg, Ulrich und Roland trugen Jörg talaus. Wir anderen waren durch den Durchfall zu schwach, um tatkräftig anpacken zu können. Roland, der wenige Tage vor unserem Aufbruch nach Afghanistan sein Medizinstudium abgeschlossen hatte, begleitete Jörg bis ins Krankenhaus nach Kabul.

Unterdessen machten wir anderen uns an den Berg.

Unsere Erfahrungen an den hohen Bergen waren gleich null. Keiner von uns war jemals vorher Höhenbergsteigen gewesen, die Strategie für die notwendige Akklimatisation kannten wir lediglich aus der Theorie: Etappenweise Lager aufbauen und immer wieder ins Basislager absteigen. Über eine steile Schneeflanke erreichten wir die vorgesehenen Lagerplätze für Lager I auf 5400 Meter Höhe und Lager II auf 6200 Meter Höhe. Von den Lagern aus sahen wir auf der anderen Talseite einen steil aufragenden Berg, den 5700 Meter hohen Korpushte Yaki. Nach Norden zu wies er einen für eine Skitour idealen, moderat geneigten Gletscher auf. Bei wolkenlosem Himmel spurten wir die 1200 Höhenmeter zum Gipfel, um dann, zunächst im weichen Pulver abfahrend und ganz zuletzt im sumpfigen Firn, das Basislager zu erreichen.

Während Roland bis zu dessen Abflug ins Krankenhaus nach Wien bei Jörg in Kabul blieb, arbeiteten wir uns Richtung Gipfel hinauf. Wir überwanden eine Felsstufe und bauten auf einer Schulter das Lager III in 6900 Meter Höhe auf. Der erste Versuch von Gerhard, Hans-Jörg und Uli, von Lager III aus den Gipfel zu erreichen, scheiterte wegen eines Sturmes und aufgrund von starkem Schneefall. Gerhard Gantner und mich hielt dieser Sturm zwei Tage im Lager II fest. Als wir schließlich absteigen wollten, lösten wir am steilen Grat eine Schneebrettlawine aus. Nach unten war es uns zu gefährlich. Deshalb beschlossen wir, auf dem sicheren Grat ebenfalls zum Lager III aufzusteigen, um auf den Gipfel zu kommen.

Die „Quick" hat die Momente im Lager III so beschrieben:

„*Karl Gabl wird diese Nacht nie vergessen: ‚Ich drehe mich von einer Seite auf die andere. Die beißende Kälte, minus 20 Grad, der Sauerstoffmangel setzen mir zu. Gerd neben mir stöhnt und phantasiert. Ich greife an seine Stirn. Sie ist glühend heiß. Beim Schein der Taschenlampe sehe ich seine fiebrig glänzenden Augen. Immer wieder flüstert er: Wir müssen es schaffen! Die Höhenkrankheit hat ihn gepackt. Er will hinaus, torkelt. Mit aller Kraft packe ich ihn an den Schultern, damit er nicht abstürzt. Ich füttere ihn mit kreislaufstärkenden Medikamenten. Mehr kann ich nicht tun. Wenn Gerd nicht rasch hinuntergebracht wird, ist es aus.'*

Blick vom Lager I in 5400 Metern Höhe zum Korpushte Yaki (5700 m). Der Berg mit dem weiten Kar, das sich nach rechts bis zum Gipfel erstreckt, war ideal für unsere Akklimatisation.

Um sieben Uhr früh knackt das Funkgerät im Basislager. Moser meldet sich. Aber er bekommt keine Antwort. ‚Karl, Gerd, bitte kommen!', ruft er mehrmals. Nichts. Karl Gabl im Lager III versteht Hans-Jörg genau. Aber seine eigene Stimme dringt nicht durch. Die Batterien sind durch die große Kälte zu schwach geworden.

Wie sollte er Gerd allein über die Felswand schaffen? Zurücklassen, während er die Kameraden um Hilfe holt, kann er ihn auch nicht. Gerd ist zu elend, drei Tage allein würde er nicht überstehen.

Karl wärmt die Batterien in den Hosentaschen auf. Endlich um zehn Uhr, ist der Funkkontakt zum Basislager hergestellt. Die anderen erfahren, was oben passiert ist. Sie versprechen, den beiden so schnell wie möglich entgegenzukommen.

Von Karl gesichert, auf zwei Skistöcke gestützt, versucht der Kranke den Abstieg. Er schafft schließlich mit Karls Unterstützung sogar die Felswand. Auf der Hälfte des Weges zwischen den beiden Lagern treffen sie die Retter. In einen Biwaksack verschnürt ziehen sie Gerd ins Tal. Ein zweites Mal wurde der Wettlauf mit dem Tod gewonnen."

Inzwischen war Roland aus Kabul zurück. Ihm fehlte die Akklimatisation. Während er Jörg auf den Weg nach Wien brachte, waren wir anderen schon

Vom Lager III auf 6900 Metern Höhe hatten wir einen fantastischen Blick über die Bergketten des Hindukusch; zwischen Zelt und Gerhard Markl der Nordostgipfel des Ghul Lasht Zom (6361 m).

fast drei Wochen zwischen Basislager und den Hochlagern unterwegs. Noch dazu wurde die Zeit knapp. Wir mussten also wieder in Richtung Gipfel. Und Roland musste mit. Da in den Zelten maximal drei Leute schlafen konnten, bildeten wir zwei Teams. Ulrich, Hans-Jörg und Roland sollten in zwei Tagen vom Basislager bis Lager III aufsteigen, Gerhard und ich in zwei Tagen über das Lager II die 3000 Höhenmeter bis zum Gipfel zurücklegen.

Die Nacht mit Gerhard in dem engen, schief stehenden, giebelförmigen blauen Steilwandzelt – Kuppelzelte wurden erst einige Jahre später erfunden – verlief für mich sehr unruhig. Ich fürchtete, mit einem Ruhepuls von 130 Schlägen am nächsten Tag nicht auf den Gipfel zu kommen. Noch in der Nacht begannen Gerhard und ich mit dem Aufstieg. Nach der Steilflanke zum Lager III betraten wir oberhalb ein ideales Skigelände. Allerdings hatten Stürme die Schneedecke oberflächlich mit einem eisigen Harschdeckel überzogen. Mit den damals üblichen Schnallfellen, die wir unter unseren Skiern aufgespannt hatten, war der Aufstieg ein mühsames Unterfangen. Ständig rutschten die Felle unter dem Ski weg. Auf halbem Weg zum Gipfel trafen wir die Gruppe, die im Lager III übernachtet hatte.

Den Weg zum Gipfel beschreibt die „Quick" üppig:

„Ein Steilhang, Serpentine um Serpentine. Nach zwei Stunden merkt Moser, dass seine Zehen gefühllos sind. Höchster Alarm. Hans-Jörg: ‚Jeden Moment konnten sie erfrieren. Das bedeutet fast immer Amputation. Ich ziehe die Schuhe aus und reibe die Zehen mit Schnee ein. Eine Stunde lang, bis das Blut wieder zirkuliert.'

Erst bei 7200 m holt Hans-Jörg seine Kameraden wieder ein. Sie hatten auf ihn gewartet. Die letzten dreihundert Meter wollen alle gemeinsam zurücklegen. Der Gipfel des Noshaq verbirgt sich im Nebel. Immer schneller treibt es die Mannschaft voran. Ein letzter schmaler Wächtengrat – und sie haben es geschafft. Glücklich schütteln sie sich die Hände. Dann stecken sie die drei Flaggen in den Schnee: den Tiroler Adler, den Wimpel des Akademischen Alpenklubs und das afghanische Hoheitszeichen."

Den Wimpel des Alpenklubs, den wir damals hissten, habe ich heute noch.

Wir gratulierten einander und freuten uns besonders für Roland, der nahezu ohne Akklimatisation den Gipfel erreicht hatte. Die Abfahrt bot Schnee in jeglicher Qualität. Vom Gipfel ging es zunächst über einen eisigen Grat und eine harte Steilflanke bis 7200 Meter. Danach folgte herrlich weicher Pulverschnee, der sogar mit unseren weichen Lederskischuhen fantastisches Schwingen erlaubte. Mit schwerer Last, dem kompletten Lager III, ging es in windgepresstem Schnee, der kaum Schwünge zuließ, talwärts. Bei Sonnenuntergang zogen wir schließlich unsere Schwünge in den Firn, um etwas später das Basislager zu erreichen. Ich bin heute noch stolz darauf, dass ich in dieser Höhe in zwei Tagen von 4500 Meter bis 7500 Meter aufgestiegen und anschließend auf Skiern abgefahren bin.

Während die anderen die Hochlager abbauten und flaumigen Pulverschnee zwischen Lager II und dem Basislager genießen konnten, rannte ich nach Qazi Deh, um Träger für den Abtransport der Ausrüstung zu organisieren. Diesmal hatte ich die Aufgabe, mit dem Farsi-sprechenden Bürgermeister zu verhandeln. Mit Händen und Füßen versuchten wir uns einig zu werden. Es ging relativ schnell. Schon nach etwa einer Stunde war der Handel perfekt.

Rast von Uli Schwabe in 7200 Metern Höhe beim Anstieg zum Gipfel. Im Hintergrund der Tirich Mir (7708 m), der höchste Berg des Hindukusch

Während die Träger unsere Ausrüstung holten, blieb ich als Gast zwei Tage an der dortigen Polizeistation. Ich betete mit den Polizisten auf einem Gebetsteppich nach Westen in Richtung Mekka und aß mit ihnen aus demselben Blechnapf Brot, das in Fett schwamm. Erstaunt stellte ich fest, dass ein Händler den Polizisten Opium zum Eigenverbrauch verkaufte. Und natürlich entwickelte sich auch das eine oder andere Gespräch mit den Einheimischen – allerdings nur mit den Männern, die Frauen hielten sich überwiegend in den Häusern auf. Nur einmal bekamen wir hier überhaupt eine Gruppe Frauen zu sehen. Als sie aber uns erspähten, liefen sie schreiend davon.

Bei einem meiner Gespräche mit den Einheimischen zeigte ein Mann auf die gegenüberliegende Seite des Grenzflusses Amu Darja in Richtung Sowjetunion und sagte: „No good." Wie recht er behalten sollte. Die im Jahr 1964 geschaffene konstitutionelle Monarchie in Afghanistan hatte ein rasches Ende. Der König Mohammed Sahir Schah, der den Frauen das Wahlrecht und den Schulbesuch gesetzlich ermöglichte, musste 1973 zurücktreten. Weitere sechs Jahre später, im Dezember 1979, marschierten die Soldaten der Sowjetunion in Afghanistan ein, um das Land nach jahrelangen blutigen Kämpfen im Februar 1989 zu verlassen. Darauf folgte die Schreckensherrschaft der Taliban, die die alliierten Streitkräfte, hauptsächlich die USA, zu brechen versuchten.

Für mich wurde die Rückfahrt von Kabul nach Innsbruck zur Tortur. An der Grenze zu Persien erlitt ich eine Kolik, die mich dazu zwang, die 2000 Kilometer bis Istanbul im VW-Bus hinten liegend zu verbringen. Meine Kollegen glaubten an mir hypochondrische Züge zu entdecken. Ich nahm an, dass die ganze Reise für meinen Körper einfach zu beschwerlich und zu anstrengend war. Dass ich mich mit einer ernstzunehmenden Krankheit infiziert haben könnte, daran dachte niemand.

Mit aufgedunsenem Gesicht erreichte ich meine Eltern in St. Anton. Ich hatte keinen Appetit und die Symptome schwächten sich nicht ab. Am Abend vor dem geplanten Arztbesuch versuchte ich, in einem medizinischen Hauslexikon meine Beschwerden selbständig zu deuten und die Ursachen zu ergründen. Schmerzen an der Leber und dunkler Urin. Gelbsucht, Virushepatitis, diagnostizierte das Lexikon. Da erinnerte ich mich an den Polizist an der Polizeistation in Qazi Deh, der ähnliche Symptome gezeigt hatte. Bei ihm musste ich mich während der gemeinsamen Mahlzeiten angesteckt haben, als unsere Finger nach dem fettigen Brot fischten.

Am Gipfel des Noshaq auf 7492 Metern angekommen: Gerhard Markl und ich legten in zwei Tagen 3000 Höhenmeter im Aufstieg und bei der Abfahrt zurück.

Am nächsten Tag bestätigte mein Arzt Walter Eichhorn die Diagnose und erklärte mir, dass sich die Genesung hinziehen würde. Wie recht er hatte. Zunächst verbrachte ich sechs Wochen im Krankenhaus in Zams, wo schwerste Leberschädigung und Transaminasenwerte von über 3200 U/l festgestellt wurden. Ich saß plötzlich im Rollstuhl. Im Lexikon las ich dazu: „*Bei ausgedehnten Leberzellnekrosen (beispielsweise im Rahmen einer Virushepatitis), können die Transaminasen auf über 1000 U/l ansteigen. Ein Abfall der Laborwerte im weiteren Krankheitsverlauf kann sowohl auf eine Besserung des Zustandes, als auch auf ein beginnendes Leberversagen durch weitreichenden Untergang von Leberparenchymzellen hinweisen.*" Die Hepatitis war so aggressiv, dass ich meine Schwester Erika und eine Krankenschwester in Zams infizierte.

Anschließend musste ich ein Jahr lang strenge Diät halten. War ich in Innsbruck, umsorgte mich meine Tante Kathi mit Diätkost.

Ende gut, alles gut. Den Tag meiner Entlassung aus dem Krankenhaus feierte ich genau ein Jahr später mit Hans-Peter Wagner, einem Dissertanten des Instituts für Meteorologie und Geophysik, auf der Schutzhütte „Zur Schönen Aussicht" am Fuß der Weißkugel in den Ötztaler Alpen. Wir waren mit Messungen am Hintereisferner beschäftigt. Gute drei Liter Südtiroler Roter mussten daran glauben, der mir bis heute nie geschadet hat. Spätabends kehrten wir über das Hintere Eis zur Forschungsstation am Hintereisferner zurück. Es blitzte und donnerte. Durch die elektrostatische Aufladung leuchteten die Wassertropfen am Seil und auch auf meinem Minischnurrbart, den ich als Souvenir aus Afghanistan mitgebracht hatte. Der am Rucksack befestigte Eispickel zeigte ein bemerkenswertes Elmsfeuer.

Diese Skiexpedition des Alpenklubs nach Afghanistan hat mein Leben und meine Persönlichkeit stark geprägt. Afghanistan beeindruckte mich, weil es so fremd und ganz anders war. Das Reisefieber und die hohen Berge ließen mich nicht mehr los.

VOR DEM STURM AM ELBRUS

Wolfgang Nairz

Wer kann schon sagen, dass er mit den meisten Spitzenbergsteigern per Du ist? Wer wird schon von Reinhold Messner als „Wetterheiliger", von Simone Moro als „Wetterguru" bezeichnet und von unzähligen Bergsteigern, die irgendwo in den Bergen der Welt unterwegs sind, als Notanker, als Wetterprophet, als der Mann geschätzt, der weiß, wann es ein gutes Wetterfenster für den Gipfelgang gibt? Es ist Karl „Charly" Gabl.

Wir sind beide Mitglieder des Akademischen Alpenklubs Innsbruck. Ich durfte mit ihm eine seiner ersten schwereren Klettertouren unternehmen. Das Ziel war die Martinswand bei Innsbruck: die klassische Auckenthaler-Route. Nicht ganz leicht, aber auch nicht besonders schwierig. In meinem Tourenbuch ist für diesen Tag, den 1. Mai 1969, vermerkt: „Charly meisterte die Kletterei perfekt."

2004 war ich mit Bernd Auer am Elbrus unterwegs. Das Wetter war nicht besonders gut, wir waren noch nicht akklimatisiert, da wir erst drei Tage am Berg waren, aber es sah trostlos aus. So habe ich versucht, Charly am Telefon zu erreichen. In meinem Tagebuch steht geschrieben: „Charly war gleich am Telefon. Kurz erklärte ich die Situation. ‚Gib mir eine Stunde Zeit, dann kriegst du den exakten Wetterbericht', sagte er. Wir warteten, das Wetter verschlechterte sich rapide. Es war Montag am späten Nachmittag. Das Telefon klingelte: „Die Modelle zeigen, dass es morgen sehr gut wird, jedoch in der Höhe starker Wind vorherrschen wird. Aber bereits am Nachmittag trübt es sich ein und ab Mittwoch folgt für eine Woche eine intensive Regen-, Schnee- und Sturmperiode. Wenn ihr eine Chance habt, dann nur morgen!"

Zwei Tage später schreibe ich in mein Tagebuch: „Charly wird sich freuen! Er hat mit seiner Prognose voll Recht gehabt! Es hat zwar bis Mitternacht leicht geschneit, aber dann waren bereits die ersten Sterne zu sehen, um 2 Uhr sind wir aufgebrochen und um 9:45 Uhr bei strahlendem Sonnenschein, aber großer Kälte und Sturm am Gipfel gestanden!

Mit den Skiern kamen wir schnell wieder hinunter und am Abend saßen wir bereits bei Bier und Wodka in unserem kleinen Hotel im Tal. Jetzt beginnt es bereits zu regnen." Am nächsten Morgen war vom Elbrus nichts mehr zu sehen. Der Berg war in Wolken gehüllt und es schneite fast bis ins Tal.

Alle Gruppen mussten wegen Sturm und Schlechtwetter umkehren. Zwei Bergsteiger fanden nicht mehr herunter und kamen ums Leben. Nicht nur wir, sondern auch die beiden Amerikaner und Russen, denen wir von Charlys Prognose erzählt hatten und die auch an diesem Tag den Gipfel erreichten, waren von dieser exakten Wettervorhersage beeindruckt.

NEUE WEGE IN SÜDAMERIKA

Meine Freunde Hans-Jörg Moser und Uli Schwabe vom Akademischen Alpenklub waren bei der Suche nach interessanten Expeditionszielen sehr innovativ. Drei Jahre nach unserem Weltrekord mit der Ski-Abfahrt vom 7492 Meter hohen Noshaq in Afghanistan waren wir im Sommer 1973 unterwegs nach Peru. Die Freude war groß, als mich Hans-Jörg zu dieser Fahrt nach Südamerika einlud. Neben Hans-Jörg und Uli war auch Raimund „Manni" Margreiter mit von der Partie, von dem ich in der Innsbrucker Alpinszene schon viel gehört hatte, mit dem ich vorher aber noch nie unterwegs gewesen war.

Manni war zu seinen Studienzeiten in den damals höchsten Schwierigkeitsgraden im Fels unterwegs. Er war ein Phänomen, ich hatte großen Respekt vor seinen Leistungen. Neben seiner ärztlichen Berufslaufbahn kletterte und paddelte er auf sehr hohem Niveau. Während wir den Noshaq im Sommer 1970 mit Skiern eroberten, war seine Expedition zum höchsten Berg des Hindukusch, dem Tirich Mir (7708 m) in Pakistan unterwegs. 1972 paddelte er am Oberlauf des Amazonas, nachdem er zuvor den Nevado Copa in der Cordillera Blanca bestiegen hatte. Und er sorgte für Schlagzeilen in der Presse, weil er erstmals den Maranón als Quellfluss des Amazonas beschrieb. So verwunderte es nicht, dass die drei Paddler Uli, Hans-Jörg und Manni auch dieses Mal ein Paddelboot in die Cordillera Blanca mitnahmen. Da ich mich zur damaligen Zeit zwar mit unkontrollierten, hektischen Bewegungen an der Wasseroberfläche halten konnte, dies aber nicht als Schwimmen bezeichnet werden konnte, war ich als Begleiter und Kameramann bei ihrer Fahrt auf dem Santafluss vorgesehen.

Über New York und die Karibik erreichten wir Lima, die Hauptstadt Perus. Der in den Monaten Juni bis August typische Garúa, ein durch den kalten Humboldtstrom entstehender Küstennebel, hüllte die Stadt in ein fahles Grau. Wir konnten uns gar nicht vorstellen, dass die Berge der schwarzen und weißen Kordilleren (Cordillera Negra und Blanca) nördlich von Lima traumhafte Wetterbedingungen hatten.

Als Erstes machten wir einen Abstecher nach Cusco und von dort aus mit der Eisenbahn zur sagenhaften Inkastadt Machu Picchu. Als ungebetene Gäs-

Raimund „Manni" Margreiter mit schwerem Rucksack kurz vor Lager II am Huascarán. Der Südostpassat frischte am Pfeiler manchmal stürmisch auf.

te schliefen wir auf der Terrasse des Hotels vor den Inkaruinen und in der Früh hatten wir die Inka-Stadt oberhalb des Rio Urubamba ganz für uns allein.

Danach ging es wieder zurück an die Küste.

Schließlich verließen wir Lima auf der Panamericana Richtung Norden. Da wir mit normalen Linienbussen von Lima nach Carhuaz ins Santatal unterwegs waren, erregte vor allem unser riesiges, hellrotes, einer Plastikbanane ähnliches Boot großes Aufsehen unter den sonstigen am Dach des Busses festgezurrten Utensilien der Einheimischen: Säcke mit Reis, lebende Hühner und dazwischen noch ein paar Leute, die im Bus keinen Platz mehr gefunden haben.

Nach etwa 170 Kilometern bogen wir von der Küstenstraße ab. Über eine gefährliche, an ihren Rändern mit unzähligen Wracks von Lastwagen und Bussen übersäte, schlaglöchrige Schotterstraße ging es durch einen engen Canyon bis auf 4200 Meter zu einem Pass nahe der Laguna Conococha hinauf. Es war wolkenlos. Von dort war der Anblick der eisigen Gipfel der Cordillera Blanca überwältigend. Im relativ flach nach unten und nach Norden geneigten Santatal ging es weiter über den Hauptort Huaraz (4090 m) nach Carhuaz (2800 m), dem Ausgangsort unserer Expedition. Wenn ich mich

Manni Margreiter auf der zeitweise messerscharfen Kante des „Alpenklub-Pfeilers" am Huascarán

richtig erinnere, waren wir über zwölf Stunden mit dem Bus unterwegs. Es war elendiglich lang. Erst als es schon sackfinstere Nacht war, kamen wir an unser Ziel.

Am nächsten Tag sahen wir überall die Zerstörungen, die drei Jahre zuvor ein Erdbeben angerichtet hatte, das auf der Richterskala eine Magnitude von 7,8 erreicht hatte. Während dieses Bebens setzten sich von den Gletschern am Nordgipfel des Huascarán (6555 m) mächtige Eismassen in Bewegung. In Form einer Fels-, Eis-, Schlamm- und Geröllawine übersprangen sie eine 200 Meter aufragende alte Moräne und überspülten die Stadt Yungay und den Weiler Ranrahirca. In Yungay lebten damals etwa 20.000 Menschen. Davon überlebten nur ein paar hundert. Überwiegend Kinder waren davongekommen, weil sie auf einem nahen Hügel bei einer Zirkusveranstaltung gewesen waren. Reste der Kathedrale zeugen heute noch von dieser Katastrophe. In Carhuaz lagen die größeren Gebäude in Trümmern und neben der zerstörten Kirche lag die ebenfalls zerstörte Glocke. Über 100.000 Menschen starben im Mai 1970 im gesamten Santatal. Fast 90 Prozent der Gebäude im Tal konnten nicht mehr bewohnt werden. In ganz Peru wurden nahezu eine Million Menschen durch dieses Beben obdachlos.

Für Hans Kinzl, Vorstand des Institutes für Geografie an der Universität Innsbruck, fertigte ich einige Fotos von den Resten Yungays und des verheerenden Eissturzes an. Kinzl war ein anerkannter Glaziologe und auch ein hervorragender Bergsteiger. Er war Expeditionsleiter bei der Erstbesteigung des Huascarán im Jahr 1932 gewesen.

Von Carhuaz im Santatal ging es zunächst etwa 600 Höhenmeter hinauf nach Huayapan. Auf dem Weg dorthin musste ich für das Innsbrucker Universitätsinstitut für Zoologie Machiliden einsammeln. Machiliden, auch Felsenspringer genannt, sind kleine Insekten, die felsiges Gelände bevorzugen. Nur wenige Zentimeter groß ähneln sie einer Heuschrecke mit überdimensionalen Fühlern am Kopf und einem längeren Schwanz. Heinz Janetschek, der Vorstand des Institutes, unterstützte unsere Expedition mit einer kleinen Summe und gab mir den Auftrag, nach diesen mir auf einem Foto gezeigten Tierchen Ausschau zu halten, sie einzusammeln und in einem bereitgestellten Glasgefäß nach Innsbruck zu bringen. Bereitwillig klaubte ich auf, was mir an Insekten zwischen die Finger kam. Die von Janetschek erhofften Machiliden waren es aber nicht, wie mir der Experte nach unserer Rückkehr erklärte. Viel später las ich, dass Machiliden in Südamerika gar nicht vorkommen sollen. Wahrscheinlich wusste man das 1973 aber noch nicht.

In Huayapan beluden wir Esel mit unserem Expeditionsgepäck und gemeinsam mit den Eseltreibern, den Arrieros, mühten wir uns steil und weglos weitere 1000 Höhenmeter bis zu unserem Basislager, am Fuße „unseres" Pfeilers. Dieser Pfeiler, eine steile, nur teilweise mit Felsen durchsetzte, schmale Firnschneide, ragte von seinem Fuß 1400 Meter in den peruanischen Himmel.

Unser Plan war, das Lager I in 5200 Metern Seehöhe lawinensicher im Schatten eines mächtigen Felspfeilers zu errichten. Bis dahin schleppten wir die Lebensmittel und ein Dreimannzelt. Hochträger gab es nicht. Außerdem wollten wir die Erstbesteigung aus eigener Kraft absolvieren. Ab Lager I sollte dann der weitere Aufstieg im Alpinstil direkt bis zum Pfeilerkopf erfolgen. Als wir nach unserem ersten Aufstieg vom Lager I zurück ins Basislager kamen, erlebten wir eine böse Überraschung. Vier amerikanische Bergsteiger hatten neben unseren Zelten ihr Basislager aufgeschlagen. Auch sie wollten „unseren" Pfeiler als erste besteigen.

Das spornte unseren Ehrgeiz an. Gegenüber den Amerikanern hatten wir zwei Vorteile. Wir waren drei Tage länger akklimatisiert und wir hatten im

Lager I schon wenige Meter Fixseil, ein Zelt und Lebensmittel für den weiteren Aufstieg deponiert. Die Amerikaner wollten ohne Errichtung eines Lagers direkt vom Basislager auf den Kopf des Pfeilers. Jeder von ihnen schleppte von Anfang an einen schweren Rucksack mit über 20 Kilogramm. Trotz desselben Ziels begegneten wir uns freundschaftlich. Für den ersten Aufschwung stellten uns die Amerikaner sogar 300 Meter Hanfseil zur Fixierung und einige Firnhaken zur Verfügung.

Schon am nächsten Tag stiegen wir zum Lager I auf und noch an demselben Tag spannten Hans-Jörg und Uli Fixseile im untersten und steilsten Teil des Pfeilers. Am nächsten Tag begannen wir unseren Aufstieg ins Ungewisse. Es herrschten infolge starker Schneefälle sehr ungünstige Bedingungen und wir kamen nur langsam voran. Hans-Jörg und Uli bildeten die erste Seilschaft, Manni und ich die zweite. Lange benötigten wir für den ersten Grataufschwung, der einer Schaumrolle ähnelte, obwohl er nicht so schwer war, wie die damals berühmte Schaumrolle an der Königsspitze. Den ganzen Tag über legten wir Seillänge um Seillänge zurück. Ein starker Südostpassatwind blies den Schnee in langen Fahnen vom Grat. Beim letzten Abendlicht konnten wir mit Mühe und Not auf der schmalen Gratkante unser Zelt aufbauen. Am zweiten Tag verlief der Weg über den Pfeiler weniger steil. Bei strahlendem Sonnenschein schauten wir nach Westen hinüber zur Cordillera Negra, zur Schwarzen Kordillere, deren Gipfel um über 1000 Meter niedriger und nicht vergletschert waren. Einige Male sahen wir gewaltige Eislawinen, wenige hundert Meter von uns entfernt, in der Westwand des Huascarán-Südgipfels.

Etwa 100 Meter unterhalb des Pfeilerkopfes schlugen wir gegen Abend unser schon am Noshaq erprobtes blaues Dreimannzelt auf: Lager III. Die Nacht wurde wegen eines Sturmes ungemütlich. Bei Windgeschwindigkeiten um 80 km/h und mehr fürchteten wir um unser Zelt. Jeden Moment hätte die Plane angesichts der Kräfte, die draußen wüteten, zerreißen können. Wir beschlossen, uns wieder vollständig anzuziehen, Schuhe, Überhose, Steigeisen sollten im Fall der Fälle nicht vom Sturm weggeblasen werden. Das Zelt hielt stand. Der Sturm aber hielt auch in der Früh unvermindert an. Weder wagten wir den kurzen Aufstieg zum Pfeilerkopf, noch trauten wir uns an den langen Abstieg über den sturmumtosten Grat. Sollte unser Zelt halten, dann hätten wir noch für zwei Tage Proviant, lautete unsere Rechnung. Plötzlich, gegen 10 Uhr, ließ der Wind etwas nach und vorsichtig stiegen wir die weni-

gen Meter bis zum Pfeilerkopf auf: Manni und ich voraus, Uli und Hans-Jörg hinterher. Die Erstbesteigung war uns gelungen. Den Pfeiler tauften wir zu Ehren des Akademischen Alpenklubs Innsbruck AAKI-Pfeiler.

Über den Pfeiler sichernd, erreichten wir noch am späten Abend Lager I, am nächsten Tag unser Basislager und nach weiteren zwei Tagen Carhuaz am Santafluss. Das nächste Abenteuer stand an: Manni, Uli und Hans-Jörg befuhren einen ganzen Tag lang über eine beachtliche Strecke mit vielen natürlichen Hindernissen den Santafluss. Das dürfte das erste Mal gewesen sein, dass auf diesem Fluss ein Paddelboot unterwegs war.

Weil uns noch einige Tage Zeit bis zu unserem Rückflug blieben, beschlossen wir, den Alpamayo (5937 m) zu versuchen. Der Alpamayo, ein kühner, trapezförmiger Gipfel aus Riffelfirn, wurde und wird heute noch als einer der schönsten Berge der Welt bezeichnet. Über die Quebrada Alpamayo, die Alpamayo-Schlucht, erreichten wir nach zwei Tagesmärschen unterhalb des Nevada Santa Cruz den Fuß des Berges. Schlechtes Wetter, zu wenig Proviant, zu wenig Zeit erleichterten uns die Entscheidung, das Vorhaben abzubrechen, bevor wir überhaupt richtig damit begonnen hatten. Fast dreißig Jahre später war ich noch einmal in der Quebrada Alpamayo unterwegs. Gemeinsam mit den St. Antonern Gilbert Hörschläger und Thomas Klimmer bestieg ich im Juni 2000 diesen sagenhaft schönen Berg.

Wie sehr die Erstbesteigung des Huascarán-Südpfeilers an uns gezehrt hatte, lässt sich anhand von Zahlen genau belegen. Nach Lima zurückgekehrt, waren Manni, Uli, Hans-Jörg und ich dermaßen ausgehungert, dass wir gleich am Abend noch das Restaurant Granja Azul besuchten, den „Blauen Bauernhof". Dort konnte man für einen bestimmten Betrag essen, soviel man konnte und wollte. All-you-can-eat war das Beste, was uns an diesem Abend passieren konnte. Dem Restaurant-Besitzer verging aber bald die Freude an seinen ausländischen Gästen. Es war eine Orgie: Zu viert verspeisten wir 25 halbe Hühner. Bis heute habe ich nicht herausgefunden, wer von uns ein halbes Hühnchen mehr gegessen hat.

Vorherige Seite: Thomas Klimmer, Gilbert Hörschläger und peruanische Träger (v. l.) am Fuße des Alpamayo. Unter der auskragenden Wechte ungefähr in der Mitte des Berges führte unser Anstieg über die Ferrari-Route zum Gipfel.

TOUREN IN FELS UND EIS

Thomas Klimmer

Meine erste Begegnung mit Karl Gabl ist nun schon Jahrzehnte her. Bernd, ein damals guter Schulfreund und Kletterpartner, hatte mich überredet, während der Pfingstferien mit ihm und seinem Onkel Karl nach Korsika zu fahren: Wir müssten nur mit dem Zug bis nach Livorno reisen, dort würde uns Karl mit seinem Auto abholen. Der Plan hatte aber einen kleinen Haken: Unser Chauffeur wusste noch nichts davon, dass außer seinem Neffen noch ein Lausbub kommen würde. Für einen kurzen Moment schien er daher bei unserem ersten Treffen überrascht, doch dann lachte er und sagte: „Griaß di, i bin der Karl. Und wer bisch du?"

Viele gemeinsame Abenteuer haben wir seither in den Bergen erlebt. Als alpiner Lehrmeister und väterlicher Freund hat er meinen Blick auf Kumuli und Strati geschärft, hat mir gezeigt, wie man sich in alpinem Gelände zurechtfindet und wie man im Winter eine sichere Spur anlegt. Und als Trauzeuge hat er meinen Bund fürs Leben mit meiner Frau Ursula besiegelt – hoch oben auf dem Gipfel des Karhorns, bei strömendem Regen und inmitten einer totalen Sonnenfinsternis.

Gerne denke ich an die Touren zurück, die wir gemeinsam unternommen haben. An den ausgesetzten Gipfelgrat am Baruntse, an den Alpamayo, an unzählige andere Gipfel. Es waren klingende Namen darunter, wie etwa der Tofanapfeiler, die Gelbe Kante, der Steinkarpfeiler, die Punta Fiames oder auch die Zillertaler Himmelsleiter – die Nordkante des Grundschartners. Dass uns dort beim Hinüberqueren zum Einstieg ein abbrechender Sérac um ein Haar in die ewigen Jagdgründe befördert hätte, haben wir schon nach den ersten Klettermetern wieder vergessen. Nur mein Daumen, den ich mir beim Sprung hinter einen schützenden Felsen gebrochen habe, hat mich auch am nächsten Tag noch schmerzhaft an unseren Schutzengel erinnert.

Unvergesslich bleibt mir eine gemeinsame Begehung des Patteriol im Winter, an einem 2. Januar, bei minus 25 Grad. Die Idee dazu war wenige Tage vorher entstanden, zu Silvester, bei einem guten Glas Rotwein in der warmen Stube. Karl erzählte mir von der ersten Winterbegehung des Nordostgrates, die ihm einst geglückt war, von dem lawinengefährlichen Zustieg über die steilen Grashänge und der schwierigen Kletterei über den schneebedeckten Grat. Mit dem Weinkonsum verlor der winterliche Patteriol seinen Schrecken, und nach einigen Vierteln waren wir uns einig, dass wir die erste Winterbegehung des Südpfeilers versuchen wollten. So marschierten wir mit Tourenski am übernächsten Morgen schon um 4 Uhr hinein ins Verwall. Wegen des starken Windes und der bitteren Kälte verzichteten wir dann aber auf einen Versuch am Südpfeiler und entschieden uns stattdessen für den Aufstieg über den klettertechnisch leichteren Südwestgrat. Starker Wind, grundloser Pulverschnee und vereiste Platten am Gipfelaufbau ließen den Aufstieg jedoch alles andere als leicht sein. Erst um 14 Uhr erreichten wir schließlich den Gipfel, und um 21 Uhr waren wir wieder zurück in St. Anton.

Die Winterbegehung des Südpfeilers folgte dann zwei Wochen später, bei Windstille und wesentlich angenehmeren Verhältnissen. Um ein eisiges Biwak auf der Gratschulter zu vermeiden, entschieden wir uns jedoch nach zwei Dritteln Pfeilerhöhe am späten Nachmittag umzukehren. Die erste vollständige Winterbegehung des Südpfeilers wartet somit noch immer auf ihre Vollendung.

Am Nordostgrat des Patteriol geschah es auch, dass ich zusammen mit meinem Kletterpartner Karl von einem heftigen Gewitter überrascht wurde. Zuvor hatte er mir, begeistert von den riesigen Stratokumuli, die sich schon am frühen Vormittag auftürmten, fortwährend versichert, dass an diesem herrlichen Sommertag keine Gewittergefahr drohe. Erst als wir uns dann ängstlich in eine Nische duckten und Blitz und Donner über uns ergehen ließen, zog er eine mögliche Fehlprognose in Erwägung. Beim anschließenden Rückzug und Abseilen über die nassen, glatten Platten des Nordostgrates bewies Karl dann allerdings wieder seine Souveränität im alpinen Gelände und brachte uns sicher zurück zum Einstieg.

Dies war – neben dem Eisschlag am Grundschartner – auch das einzige Mal, dass wir auf Glück und Beistand von oben angewiesen waren. Denn in Bezug auf Sicherheit gibt es bei Karl ansonsten keine Kompromisse. Neben all seiner Routine hat er sich einen gesunden Respekt vor den Gefahren der Berge sein ganzes Leben lang bewahrt.

IM LAWINENSTRICH

Sonntag, 18. Jänner 1976, ein perfekter Skitag: Mit einer Sonde in den Händen stehe ich auf einer Lawine in einer schmalen, sehr steilen nordseitigen Rinne am Rendl in St. Anton. Gemeinsam mit Kameraden von der Bergrettung, Skilehrerkollegen und freiwilligen Helfern versuche ich, eine Verschüttete zu orten: meine Cousine Gertrud Gabl. Gertrud und ich verbrachten unsere Kindheit im gleichen Haus. 1969 hatte die liebenswerte Skirennläuferin den Gesamtskiweltcup gewonnen. Jetzt soll sie da unter Schnee begraben liegen. Ich kann und will es nicht glauben. Es dauert über eine Stunde, bis wir Gertrud finden. Wir sind zu spät. „Gertrud ist tot", rufen mir die Kollegen zu. Tränen schießen mir in die Augen. Ich kann nicht zur Fundstelle gehen. Es nimmt mich zu sehr mit.

Die Gefahren der Berge waren am Arlberg allgegenwärtig, ich bin damit aufgewachsen. Schon als Kind musste ich erleben, welche zerstörerische Kraft Lawinen haben können. Der Winter 1954, mit 143 Lawinentoten der katastrophalste Winter in Österreich, verschonte auch St. Anton nicht. Ich war in der ersten Klasse Volksschule, da kam plötzlich eine Mitschülerin nicht mehr in den Unterricht. Auch ihre Schwester sahen wir während der Pause nicht. In der Nacht davor hatte eine Staublawine ihr Haus mitgerissen. Im Dämmerschlaf hatte ich gehört, wie mein Vater in dieser Nacht das Haus verlassen hatte, um zu helfen. Nur die Eltern und ein Kind der Familie konnten gerettet werden. Dort, wo heute das Haus der Familie Schulter steht, direkt neben der Kegelbahn, bahnte sich die Lawine über ein sehr enges, heute mit Bäumen und Sträuchern zugewachsenes Tobel ihren Weg und zerstörte das hunderte Jahre alte Bauernhaus, das die Familie Lami bewohnt hatte.

Auch zu Hause spürte ich als Kind unbewusst immer die Angst vor einer Lawine. Das unheimliche, einem Orkan ähnliche Geräusch einer Staublawine war schon den Kindern im Ortsteil Nasserein vertraut. Im Frühjahr hörte sich der nasse Schnee beim Abgang der Grundlawinen wie das Donnern eines riesigen Wasserfalles an. Mein Elternhaus in Nasserein steht direkt im Lawinenstrich, laut dem behördlichen Gefahrenzonenplan in der gelben Zone. Die rote Zone ist nur 30 Meter von unserem Haus entfernt. Sie reicht bis zum alten Bahndamm, der direkt an unseren Garten anschließt. Von dem auf der gegenüberliegenden Talseite fast 1300 Höhenmeter aufragenden Zwölferkopf brachen jährlich im Winter und im Frühjahr Lawinen los: die Wolfsgrubenlawinen.

Sonntag, 13. März 1988, 6:50 Uhr: Meine Mutter, die für mich, das heißt eigentlich für die Zentralanstalt für Meteorologie und Geodynamik, fast 25 Jahre lang täglich dreimal die Klimamessungen und Beobachtungen durchführte, war gerade mit ihrem Cocker Spaniel Toby auf dem Weg zur Klimastation im Garten. Unseren achtjährigen Sohn Martin hatte sie gebeten, erst nach ihren Messungen zu ihr in die Wohnküche zu kommen. Darauf ging er in die zum Kinderzimmer umfunktionierte Nebenkammer zurück, während unsere vierjährige Tochter Anne sich in der Stube auf der Schlafcouch zu meiner Frau Edith und zu mir kuschelte. Plötzlich hörten wir ein unheimliches, angsteinflößendes Rauschen. Meine Mutter, der das Geräusch gut bekannt war, rannte in ihre Wohnung zurück. Ich rief laut: „D'Lehna!", so heißen Lawinen bei uns im Antoner Dialekt.

Das Dröhnen des Schneeorkans hörte nicht mehr auf. Für uns fühlte es sich wie eine halbe Ewigkeit an. Vielleicht 20 Sekunden lang rauschte die Lawine in einer Breite von 300 Metern über den gesamten Talkessel und den Bahndamm zum Ortsteil Nasserein und bis hinauf zum etwa 600 Meter nördlich von unserem Haus hangaufwärts gelegenen Hotel Tannenhof.

Der Druck der Staublawine riss die alten Fensterläden auseinander, blies den Schneestaub auf die Kinderbetten und wirbelte die Briefe auf dem Schreibtisch durcheinander. Es hörte sich an, wie wenn der obere Teil des Hauses, in dem meine Schwester Erika und mein Schwager Kurt wohnten, von der Lawine weggerissen worden wäre. Plötzlich eine unheimlich Stille, kein Laut. Dann hörten wir Martin im Kinderzimmer lachen. Es war ihm nichts passiert. Gott sei Dank. Er lachte, weil er einen feurigen Kurzschluss bei den nahen Oberleitungen der Bahn gesehen hatte. „Nicht lachen, es sind wahrscheinlich viele Leute gestorben", ermahnte ich ihn noch, dann rannte ich notdürftig bekleidet hinüber zu meiner Mutter, in deren Wohnzimmer der Lawinenschnee einen Meter hoch lag. Sie selbst hatte ihr Schlafzimmer, in dem sie Schutz vor der Lawine suchen wollte, nicht mehr erreicht, sondern war vom Druck der Staublawine im Gang auf den Rücken geschleudert worden. Ihr ging es so weit gut. Auch Toby, der sich kurz vor dem Lawinenabgang seltsam benommen haben soll, wie meine Mutter später erzählte, hatte überlebt.

Dann rannte ich in den oberen Stock des Hauses, um zu sehen, ob die Stube und das Schlafzimmer meiner Schwester nicht von der Lawine weggerissen worden waren. Da ich nichts hörte und die Wohnungstüre verschlossen war, befürchtete ich Schlimmes und rannte in den Keller. Eine Axt wollte ich holen, um die Türe einzuschlagen. Mit der Axt in der Hand wieder oben im ersten Stock, wollte ich gerade zu einem kräftigen Schlag ansetzen, als ich meine Schwester reden hörte. Die Lawine hatte die Fenster eingeschlagen, im Schlafzimmer sei es weiß geworden. Schwester und Schwager hatten in diesem Moment gedacht, dass ihr Leben vorbei wäre, erzählten sie später.

Unser Glück war gewesen, dass auf dem Dach des Hauses vor dem Lawinenabgang fast zwei Meter Schnee lagen. Wir hatten einige Tage vor diesem verheerenden März-Tag noch überlegt, die Last vom Dach zu holen. Doch die Angst vor der Lawine, die deutlich sichtbar drohend über uns hing, brachte mich zu der Überzeugung, dass es besser wäre, das Hausdach beschwert zu lassen. Ich sollte recht behalten: Das Gewicht des Schnees und die Tatsache, dass das Haus relativ niedrig war, minderten den Lawinendruck ab. Zudem hatte sich die Lawine auf ihrer Bahn etwas oberhalb des Wasserfalles geteilt. Eine Stoßrichtung ging zum östlichen Ortsrand von St. Anton zur Shell-Tankstelle und zum Haus Helvetia. Die größte Druckwirkung erreichte die auf der fast gesamten Breite am Zwölferkopf angebrochene Lawine in Fließrichtung des Wolfgrubenbaches. Dort, etwa 70 Meter östlich von unserem Haus, befanden sich die Häuser der Familien Strolz, Tschol und Zangerl.

Da unsere Familie unversehrt geblieben war, wollte ich den Nachbarn zu Hilfe eilen. Doch erst musste ich einmal aus dem Haus kommen. Die Haustüre war fast bis an ihren oberen Rand mit festgepresstem Lawinenschnee zugepackt. Ich wählte den Weg durch das Stubenfenster. Normalerweise sind es von dort fast drei Meter hinunter auf den Boden. Doch die Lawine hatte auch hier Schnee aufgeschichtet. Bequem konnte ich durch das Fenster auf die Lawinenablagerung nach draußen gelangen. Dort erkannte ich das ganze verheerende Ausmaß der Lawine.

Einen schlimmen Anblick bot schon von Weitem das fast 400 Jahre alte Bauernhaus Strolz, in dem mein Freund Walter zuhause war. Zufällig hatte er in dieser Nacht nicht dort übernachtet. Das Haus war nicht nur verschoben worden. Die Lawine hatte eine Ecke ganz weggerissen. Was ich zu diesem frühen Zeitpunkt noch nicht wusste: An der breiten, der Lawine zugewandten Seite des Hauses starb Walters Mutter Aloisia in ihrem Schlafzimmer, in

Am 13. März 1988 um 6.50 Uhr zerstörte die Wolfsgrubenlawine in St. Anton am Arlberg zwei Häuser östlich vom Hotel Nassereinerhof und tötete insgesamt sieben Menschen.

das die Lawine eingedrungen war. Es schmerzte mich sehr. Ich war als Kind oft bei Walters Familie und durfte bei der Heuernte mit dem Holdertraktor mitfahren. Walter und ich hatten in Kindertagen allerlei Unfug getrieben. Außerdem war er über viele Jahre mein Seilpartner. Vor dem Haus begegnete ich Walters Bruder Hermann. Er war mit mir einer der ersten auf der Straße.

Das auf der anderen Straßenseite, direkt oberhalb der Bahnlinie gelegene Haus der Tschols glich einer Ruine. Wände waren eingedrückt und Decken eingestürzt. Das Haus der Zangerls wenige Meter östlich davon stand wie ein Fels in der Brandung, aber der Lawinenschnee war in die Zimmer eingedrungen und hatte diese bis auf etwa einen halben Meter unter der Decke vollständig gefüllt. Wie durch ein Wunder überlebten die Gäste und die Tochter, die in ihrem Zimmer auf dem eingedrungenen Lawinenschnee lag.

Nun konzentrierten sich unsere Suche und die Rettungsmaßnahmen auf das Haus Tschol, in dem sehr viele schwedische Gäste die Nacht verbracht hatten. Allesamt junge Leute. Keine zwanzig Jahre waren sie alt. Bergretter und Feuerwehrleute, die durch die Sirene alarmiert worden waren, und die

Nachbarn arbeiteten fieberhaft. Aufgrund des Lawinenschnees in den Räumen konnten wir nur mit den kurzen Lawinenschaufeln arbeiten, die wir normalerweise bei Skitouren dabei hatten. Einen jungen Mann entdeckten wir in der Ecke einer kleinen Küche eines Appartements. Er war unter die Decke gedrückt worden und steckte bis zur Brust im Schnee. Er bekam sofort medizinische Hilfe mit einer Infusion und wir deckten seinen nackten Oberkörper mit einer Wolldecke zu. Es dauerte etwa zwei Stunden, bis wir ihn mit den Schaufeln aus dem betonharten Schnee befreit hatten. Bis unter die Knöchel mussten wir ihn ausschaufeln. Erschüttert waren wir vom Anblick der jungen Frauen. Als Bergretter will man retten und nicht Tote bergen. Zudem schien es mir beim Anblick ihrer Gesichter, als wäre noch

Blick vom Balkon unseres Hauses nach Osten zum Nassereinerhof, bei dem Soldaten des Bundesheeres die Terrasse abschöpfen. Der Lawinenschnee reicht bis zu den Stubenfenstern unseres Hauses und verschüttete ein Auto ganz.

Leben in ihnen. Es berührte mich sehr. Ich musste mir eine kurze Auszeit von diesen traumatischen Momenten nehmen, ging kurz die wenigen Meter nach Hause, wo ich meinen Tränen freien Lauf ließ. Ganz sicher spielte auch der Gedanke eine Rolle, dass meine Kinder dasselbe Schicksal hätte treffen können, weshalb mich das alles so mitnahm. Dann lief ich wieder hinüber, um weiter bei der Suche zu helfen.

Etwa vier Stunden nach dem Lawinenabgang hörte ich plötzlich die lauten Rufe meines Bergrettungskameraden Hugo Zangerl. In dem Wirrwarr aus Möbeln, Lawinenschnee und Bettzeug hatte er einen Finger gesehen, der sich bewegte. Bei der Bergung war die junge Frau nicht mehr ansprechbar. Anneli, so hieß sie, wurde sofort ins darüber liegende Haus Kössler getragen, wo sie mit Hilfe eines Defibrillators ins Leben zurückgeholt und dann sofort mit dem Hubschrauber in die Universitätsklinik nach Innsbruck geflogen wurde. Angeschlossen an eine Herz-Lungen-Maschine wurde ihr Blut von nur noch

26 Grad auf die normalen 36 Grad angewärmt. Laut den behandelnden Medizinern sei sie dreimal klinisch tot gewesen, dennoch konnte sie schließlich gerettet werden. Ein junger Gast fehlte uns aber noch. Ihn hatte die Lawine zusammen mit seiner Matratze an eine Wand gedrückt. Als wir den Lawinenschnee entfernten, kam er zum Vorschein. Ich sah, dass er eine goldene Halskette trug. Für ihn konnten wir nichts mehr tun. Wir waren zu spät. Vielleicht hätten wir aber auch nie eine Chance gehabt.

Unterdessen hatte das Bundesheer aus Landeck nach einer umfangreichen, großflächigen Sondierung Theresia Zangerl tot geborgen, sie war auf ihrem Arbeitsweg direkt vor dem Haus Strolz von der Lawine erfasst worden. Insgesamt verloren sieben Menschen ihr Leben bei diesem Lawinenabgang. Nicht auszudenken, wie viele Tote es gegeben hätte, wäre die Lawine zu einem späteren Zeitpunkt abgegangen. Etwa wenn die Gäste ins Skigebiet geeilt oder Züge vorbeigefahren wären.

Nach Innsbruck zurückgekehrt, meldete sich ein Team des schwedischen Fernsehens bei mir, um die meteorologischen Bedingungen bei dieser Katastrophe zu erfragen. Nach dem Interview fragte ich den Journalisten, ob die junge Schwedin, die vier Stunden unter der Lawine gelegen hatte, überlebt habe. So erfuhr er, dass wir vier Bergrettungskameraden Anneli aus der Lawine gerettet hatten. Das Fernsehteam interviewte mich dann auch dazu. Dieses Interview sah Herr Gustavson, der Vater von Anneli, in Schweden. Im Sommer darauf besuchten mich beide in Innsbruck. Als ich Anneli sah, fiel mir ihre Halskette auf. Es war die Kette des jungen Mannes, den wir als letzten aus der Lawine geborgen hatten. Er war ihr Freund gewesen.

Im Nachhinein rekonstruierte ich die für den Lawinenabgang relevanten meteorologischen Daten. In St. Anton und in Holzgau im Lechtal waren innerhalb von 24 Stunden etwa 110 Zentimeter Neuschnee gefallen. Eine Menge, die in dieser Region noch nie gemessen worden war. Schon in meiner Dissertation und später, bei der Ausarbeitung der „ÖNORM B 4013: Schneelasten in Österreich", verwendete ich extremwertstatistische Verfahren, um die Jährlichkeit von Schneehöhen und Neuschneehöhen zu bestimmen. Die Schneelast auf den Dächern wird zum Beispiel nach einem 50-jährlichen Ereignis bestimmt. Die Berechnungen für St. Anton aus einer fast 100-jährigen Messreihe, basierend auf Daten von Franz Fliri, ergaben, dass die tägliche Neuschneehöhe von 110 Zentimetern nur etwa alle 200 bis 300 Jahre vorkommt.

BERGPRAXIS

Im Frühjahr 1973 bestand ich die Aufnahmeprüfung für die Ausbildung zum Berg- und Skiführer. Bei dieser musste entsprechendes Können in Fels und Schnee nachgewiesen werden. Beim Skifahren auf der Rudolfshütte hatten wir einen derart schwierig zu fahrenden Bruchharsch, dass ihn selbst unsere Prüfer, wie ich aus meinen Augenwinkeln beobachtete, kaum beherrschten. Auch ich hatte Probleme bei schlechter Sicht und Windböen, Schwünge in die mit einem Windharschdeckel bedeckten Hänge zu ziehen. Wedeln war es nicht gerade, aber es reichte leicht zur Qualifikation. Bis zu diesem Zeitpunkt hatte ich bereits sieben Jahre lang, mehrere Wochen jährlich, in der Skischule Arlberg unter der Leitung von Rudi Matt und Sepp Fahrner gearbeitet. Zudem hatte ich einige Zeit davor die Prüfung zum Landesskilehrer im Bundessportheim in Obergurgl absolviert, dessen Leiter damals Peter Scheiber war. Dieser war nun selbst einer von uns Prüflingen.

Nach dem Skifahren auf der Rudolfshütte gab es am Nachmittag die Aufnahmeprüfung im Fels im Steinbruch in Lofer. Mit schweren Bergschuhen – Reibungskletterschuhe waren in Europa zu diesem Zeitpunkt noch nicht üblich – mussten Passagen im oberen vierten und unteren fünften Schwierigkeitsgrad nach der allgemein gebräuchlichen UIAA-Skala sauber geklettert werden. Auch das machte ich offensichtlich zur Zufriedenheit der Prüfungskommission, der zwei renommierte Mitglieder angehörten: Peter Habeler und Klaus Hoi.

Die Ausbildung zum Bergführer bestand aus drei jeweils zweiwöchigen Lehrgängen: dem Fels-, dem Eis- sowie dem Skiführerkurs, der gemeinsam mit dem Verband der Österreichischen Skilehrer abgehalten wurde. Ursprünglich leitete Peter Habeler die Bergführerausbildung, aber Klaus Hoi musste immer wieder einspringen, da Peter in dieser Zeit mit dem Expeditionsbergsteigen begann. Gerade hatte er die Eiger-Nordwand mit Reinhold Messner in der Fabelzeit von zehn Stunden begangen.

Der Felskurs fand im Juni 1973 auf dem Stripsenjochhaus im Wilden Kaiser statt. Dort kletterten wir die Dülfer-Routen in der Totenkirchl-Westwand und in der Fleischbank-Ostwand. Unsere Lehrer waren unter anderen Raimund Mayr, der spätere Leiter des Tiroler Lawinenwarndienstes, die Bergführer Heli Hagner und Toni Rosifka sowie der damals schon sehr erfolgreiche Expeditionsleiter Wolfi Nairz. Bei häufigem Regen und viel Nebel herrschte eine ernste, gedrückte Stimmung. Erst später sollte ich dann den feinen Humor von Klaus Hoi kennenlernen. Er hat durch sein großes Engagement und Wissen bei der Bergführerausbildung Hervorragendes geleistet. Ich schätze ihn sehr.

Beim Eiskurs im Herbst trafen wir uns auf der Geraer Hütte in den Zillertaler Alpen und auf der Sulzenauhütte im Stubai. Als Übungsgelände diente der bauchförmig ausgeprägte Gletscherabbruch unterhalb des Olperer. Eine der Eistouren war die Hochferner-Nordwand, die ich bereits Jahre vorher problemlos bestiegen hatte. Diesmal machte ich den Fehler, dass ich ganz neue Eisschuhe mit einem rundum hochgezogenen Rand aus Gummi benutzte, die ich mir extra dafür gekauft hatte. Der Eiskurs war deshalb eine einzige Tortur für mich. Der Schuh war völlig falsch konstruiert. Die Zehen und die Fersen fanden keinen Halt. Das Resultat waren Blasen und Schmerzen ohne Ende. Für das Verkleben der maroden Füße benötigte ich etwa 1,20 Meter Pflaster. Besonders schmerzhaft empfand ich die 1700 Höhenmeter im Auf- und Abstieg an der Hochfernerspitze. Auch die Fortbewegung im Eis mit der Eckensteintechnik, bei der die Vertikalzacken der Steigeisen durch Abwinkeln der Knöchel waagrecht auf das bis 35 Grad geneigte Eis gestellt werden, war keine Freude. In meinem Schmerz und Zorn nannte ich die Schuhe der Marke Kastinger nur noch die „Knastinger". In der zweiten Kurshälfte, in der wir auf der Sulzenauhütte waren, kam aufgrund meiner maroden Füße das schlechte Wetter mit starken Schneefällen, nach denen unsere Gruppe unterhalb des Gipfels des Wilden Freigers sogar eine Lawine auslöste, sehr gelegen.

Beim Skiführerkurs auf der Essener-Rostocker Hütte im Gebiet des Großvenedigers waren als Ausbildner Hans Penz aus Imst, Walter Almberger, der die Eiger-Nordwand im Winter erstiegen hatte, und Kurt Hoch dabei. Der Bergführer Kurt Hoch war unser Lehrmeister in Lawinenkunde, später war er als Trainer und Sicherheitsbeauftragter der FIS bei Weltmeisterschaften und Weltcuprennen tätig. Neben den Touren auf die Malhamspitzen und den

Im Südostpfeiler des Patteriol (Führe Strolz-Tschol), dessen Winter-Erstbesteigung ich mit Thomas Klimmer versuchte. Im Hintergrund die Kuchenspitze (3148 m)

Großen Geiger ist mir der Aufenthalt auf der Kürsinger Hütte in Erinnerung. Starkschneefälle mit extremer Verfrachtung und großer Lawinengefahr sowie danach ein Föhnsturm, der manche von uns umgerissen hat, verhinderten eine Rückkehr zur Essener-Rostocker Hütte über das Maurertörl.

Die Abschlussprüfung war nach der guten Ausbildung kein großes Problem für mich. Überaus anstrengend war für mich nur die Spaltenbergung, bei der ich einen 80-Kilo-Kerl mittels Seilrolle aus einer Gletscherspalte bergen musste. Endlich hatte ich das ersehnte Diplom. Ich habe während dieser Ausbildung viel dazugelernt, konnte Gefahren besser einschätzen und souveräner mit heiklen Situationen umgehen. Gleichzeitig eröffnete sich mir als Student – neben dem Skilehrern im Winter – eine zusätzliche Einnahmequelle. Später sollte ich dadurch viele Male die Möglichkeit zu Führungstouren in fernen Gebirgen erhalten – zunächst für Wolfi Nairz, später dann für Günter Sturm, Günther Härter und Manfred Lorenz beim DAV-Summit-Club. Aber daran dachte ich zu diesem Zeitpunkt noch nicht.

Zwei Jahre nachdem ich die Prüfung zum Berg- und Skiführer absolviert hatte, bat mich Klaus Hoi, bei der Bergführerausbildung den Part Alpine Meteorologie zu übernehmen, was ich nun seit über vierzig Jahren tue. Zum ersten Mal war ich beim Winterkurs in St. Christoph Referent. Später folgten als Kursorte Alpbach, Obertilliach, die Planneralm in der Steiermark und Innsbruck. Nicht die Erklärung komplexer meteorologischer Vorgänge sind über die Jahre mein Lehrziel gewesen, und schon gar nicht soll es darum gehen, dass die jungen Bergführer selbst Prognosen erstellen lernen, was in den 1970er-Jahren ja selbst den Meteorologen nur mittelmäßig gut gelang. Mein Ziel dabei war und ist, den Bergführeraspiranten beizubringen, die nationalen und die privaten Wetterdienste für die Tourenplanung zu nutzen, vor den Touren Wetterinformationen einzuholen und diese selbst während der Tour „mit Aug' und Ohr" zu prüfen. Das Wetter ist ja einer der wichtigsten Faktoren, wenn es um Sicherheit am Berg geht. Mehr als tausend Bergführern habe ich versucht, dies beizubringen. Von Jahr zu Jahr haben mich auch immer mehr Bergführer um meteorologische Beratungen gebeten.

Im Jahr 1981 wurde ich von Hannes Wieser, dem Leiter des Referates Bergsport, ins Lehrteam des Österreichischen Alpenvereins geholt. Aufgabe des Lehrteams war es, die neuesten Erkenntnisse über Anseilmethoden und Sicherheitstechnik an die Sektionen weiterzugeben. Mit dabei waren zum Beispiel auch Peter Moser, Christian Damisch, Christoph Rimml und Herbert

Rieser. Christoph starb in einer Lawine am Kitzsteinhorn. Herbert stürzte als Bergführer am Zinalrothorn im Wallis ab, seine Frau hatte vier Wochen vorher entbunden. Nur wenige Tage später, am 12. August 1986, kam Hannes Wieser am K2 um.

Die Tragödie am K2 im Sommer 1986 erschütterte die Bergsteigerwelt. Der erste Tote war Renato Casarotto, ein Ausnahmekönner und Solobergsteiger. Nach schwierigsten Begehungen in allen Kontinenten war er allein am K2 auf einer neuen Anstiegsroute, der Magic Line, bis 200 Meter unterhalb des Gipfels gelangt. Beim Abstieg stürzte er wenige Minuten oberhalb des Basislagers in eine Spalte. Über Funk verständigte er seine Frau, die in wenigen Minuten die Spalte erreichte. Sie konnte ihm aber nicht mehr helfen. Es sollten in diesem tragischen Sommer 1986 am K2 noch viele weitere Tote folgen. Nachdem Hannes beim Versuch, den Gipfel des K2 zu erreichen, umdrehen musste, wartete er im Lager IV in 8000 Meter Höhe auf die anderen, anstatt sofort abzusteigen. Kurt Diemberger und Julie Tullis, eine leistungsfähige Expeditionsbergsteigerin aus England, hatten den Gipfel erreicht. Beim langsamen Abstieg kamen sie in die Nacht und mussten auf 8300 Meter biwakieren, bevor sie am nächsten Tag zum Lager IV absteigen konnten. Bei einem Höhensturm saßen dort, auf 8000 Meter Höhe, sieben Bergsteiger vier Tage lang in zwei kleinen Zelten fest. Die geringen Gasvorräte zum Schmelzen des Schnees und zum Kochen waren bald aufgebraucht. Alle dehydrierten. Die Ältesten, Willi Bauer und Kurt Diemberger, überlebten. Julie Tullis und Alan Rouse starben in den Zelten, Alfred Imitzer und Hannes Wieser, die ebenfalls dehydriert und schon schwer höhenkrank waren, starben in unmittelbarer Nähe der Zelte und die Polin Dobroslawa Miodowicz-Wolf, genannt „der Spatz", wurde ein Jahr später, mit den Jümar-Steigklemmen in den Fixseilen hängend, tot aufgefunden. Insgesamt 13 Bergsteiger verloren in diesem Sommer ihr Leben am K2.

Diese Unglücksfälle sind für mich noch heute ein wichtiger Ansporn, alle zu unterstützen, die an hohen Bergen unterwegs sind. Eine verlässliche Wetterprognose hätte 1986 die vielen Toten am K2 verhindern können. Außerdem fühlte ich mich in meiner festen Überzeugung bestätigt, wie notwendig es ist, Bergsteiger in Wetterkunde zu schulen. Auf der neu ausgebauten Rudolfshütte hielt ich deshalb über Jahre im Frühjahr und Frühwinter Kurse ab, sogar ein Skriptum erschien, das etwa der niederländische Alpenverein übersetzen ließ. Aus der Wetterkunde wurde in Holland die „Weerkunde".

Das Thema Wetterkunde und Orientierung war ein gern besuchter Kurs. Der Kartograf des Alpenvereins, Gerhart Moser, war für die Orientierung verantwortlich. Im Lehrsaal und draußen bei Touren verbrachten wir drei Tage auf der gut ausgestatteten Hütte. Dass auch Fachleute bei dichtem Nebel Probleme mit der Orientierung haben, zeigte uns bei einem dieser Kurse ein Bergführer des DAV sehr anschaulich. Er ist nicht nur ein äußerst umsichtiger und professioneller Bergführer, sondern hatte sogar ein Buch über Orientierung im Gebirge verfasst; ich schätze ihn sehr. Das Gelächter war natürlich groß.

Mir ist aber wenige Jahre vorher dasselbe passiert: bei der Wanderung von der Saarbrücker Hütte zur Wiesbadener Hütte in der Silvretta. Plötzlich lief ich, die Gruppe im Schlepptau, im Kreis. Ein andermal ging ich im November mit meinem Tourenfreund, dem Meteorologen Helmut „Willi" Rott, bei dichtem Nebel, Temperaturen um minus 20 Grad und 60 km/h Wind im flachen Teil des Hintereisferners in den Ötztaler Alpen im Kreis. Vorausgehend deutete ich auf frische Skispuren vor uns; Willi meinte nur, was ich denn für ein „Tropf" sei, der nicht einmal seine eigenen Spuren erkannte. Und an einem mir namentlich nicht mehr bekannten 5000 Meter hohen Vulkan in Chile – ich war Bergführer einer Reise des DAV-Summit-Clubs, bei der das Ziel der höchste aktive Vulkan der Erde, der 6893 Meter hohe Ojos del Salado war – stellte ich 1999 wahrscheinlich sogar eine Art „Weltrekord im Verirren" auf. Dort kam ich 25 Kilometer von dem Punkt entfernt an, den ich eigentlich erreichen hatte wollen. Bei Nebel und Schneefall, der innerhalb weniger Minuten unsere Aufstiegsspuren unkenntlich machte, wählte ich im Vor-GPS-Zeitalter die falsche Rinne zum Abstieg. An einem Vulkankegel ist das fatal, wie ich schmerzlich zu spüren bekam, als ich mich in der Nacht auf den achtstündigen Weg zu unserem Camp machte, um die Autos zu holen.

Die Abende bei den Kursen auf der Rudolfshütte waren immer sehr lustig und oft sehr lang. Besonders faustdick hinter den Ohren hatten es die Vorarlberger Kursteilnehmer. Einmal, es war der Feiertag Maria Empfängnis, also der 8. Dezember, wurde eine Keksdose mit köstlichen, in Schokoladensauce getunkten Keksen herumgereicht. Natürlich wurden diese als Erstes den Referenten, Gerhart und mir, angeboten. Ich nahm einen kleinen Schokokringel und steckte ihn in meinen Mund, ohne zu beachten, dass ungewöhnlich viele Blicke auf mich gerichtet waren. Nachdem ich die Schokoschicht durchgebissen hatte, spürte ich eine eher trockene, mürbe, nicht allzu geschmackvolle Masse. Um die anwesende Köchin durch mein Missfallen nicht vor allen zu kompromittieren, würgte ich den Schokokringel tapfer hinunter. Alle brachen in schallendes Gelächter aus, denn ich hatte gerade in Schokolade getauchtes Hundefutter gegessen. Ich musste auch lachen, aber seither kommt es mir nicht mehr auf den Tisch.

Die Qualität der Wetterprognosen für die Alpen war in den 1970ern und Anfang der 1980er-Jahre – milde ausgedrückt – noch stark verbesserungsfähig. Allein im Sommer 1983 gab es in Österreich nach Wetterstürzen sieben Tote. Besonders tragisch war der Tod von vier jungen Kletterern in der Dachl-Nordwand im Gesäuse. Ohne warme Sachen stiegen die Seilschaften, auf den Wetterbericht vertrauend, am 4. September in die Wand ein. Nachdem am Vortag eine Kaltfront über die Steiermark gezogen war, sollte der nächste Tag, infolge eines Zwischenhochs, sonnig und trocken verlaufen. In der Prognose wurden für den Vormittag einige Wolkenreste der Kaltfront erwähnt. Doch es kam anders. Viel schneller als erwartet schob sich ein Wolkenschirm der nächsten Kaltfront über das Gesäuse und schon ab Mittag setzte wieder Regen ein. Alle vier starben an Unterkühlung in der Wand. Im selben Sommer wurde ein Wettersturz auch noch einem Vater mit seiner vierjährigen Tochter zum Verhängnis.

Eine der für mich erschütterndsten Wettertragödien wurde durch einen Wettersturz im – mit 250 Quadratkilometern größten – Naturpark Südtirols, dem Naturpark Fanes-Sennes-Prags, verursacht. Ich weiß nicht mehr, in welchem Jahr es war. Eine Familie aus Deutschland, Vater, Mutter und zwei Kinder, acht und zehn Jahre alt, wanderten im Oktober in diesem Naturpark, der teilweise große Hochflächen umfasst. Während des damaligen frühen Wintereinbruchs mit dichtem Nebel und starkem Schneefall verloren sie die Orientierung. Wenige Tage später wurden sie von besorgten Verwandten als vermisst gemeldet. Eine intensive Suche der Bergrettung brachte im Spätherbst kein Ergebnis, weil eine hohe Schneedecke alle möglichen Spuren zugedeckt hatte. Erst ein halbes Jahr später, Ende April, wurde die Familie eng umschlungen gefunden. Man darf gar nicht an ihre letzten Stunden denken. Solche schlimmen Ereignisse bewegten mich sehr. Ich wollte sie so nicht stehen lassen. Dagegen musste man etwas tun. Ich wollte etwas tun.

Immer wieder erlebte ich solche aufrüttelnden Momente, die eine Verbesserung der Wetterinformation in den Alpen forderten. Ausschlaggebend für die Initiative zu alpenweiten Wetterprognosen für Bergsteiger war schließlich der tödliche Unfall eines Innsbrucker Ehepaares am kleinen Peutereygrat am Mont Blanc Anfang September 1985. Der kleine Grat gilt als klassische Tour von Süden auf den Mont Blanc im vierten Schwierigkeitsgrad, und diese Route wollten Rolf Walter und seine Frau Senta begehen.

Rolf und Senta Walter waren äußerst erfahrene und leistungsfähige Bergsteiger. Gemeinsam waren sie auf mehreren Sechs- und Siebentausendern in den Peruanischen Anden und im Pamir gestanden, zum Beispiel am Huascarán (6768 m), am Pik Korschenewskaja (7105 m) und am Pik Lenin (7134 m). Rolf Walter, Lehrer an einem Gymnasium in Innsbruck, war Mitglied des Alpinen Klubs Karwendler und gehörte damals zur Elite der Bergsteiger in Tirol. Mit der Durchsteigung der Matterhorn-Nordwand, der zum damaligen Zeitpunkt schnellsten Begehung des gesamten Peutereygrates, Winter-Erstbegehungen in der Laliderer Nordwand im Karwendel, aber vor allem mit der Erstbesteigung des Lhotse Shar (8383 m) mit Sepp Mayerl im Jahr 1970 ließ Rolf Walter aufhorchen. Persönlich habe ich ihn mehrmals beim Klettern in der Martinswand bei Innsbruck und beim Langlaufen in Seefeld getroffen.

Rolf und Senta Walter starben wahrscheinlich am 2. oder am 3. September 1985 knapp unterhalb des Gipfels des Mont Blanc. Wie war es dazu gekommen?

Ende August wollte das Ehepaar als letzte große Bergtour, bevor sie wieder als Lehrer an die Schule zurückkehren mussten, den kleinen Peutereygrat am Mont Blanc besteigen. Zu dieser Zeit dominierte Hochdruckeinfluss das Wetter im gesamten Alpenraum, genauer von den Azoren über Spanien und die Alpen bis nach Russland. Gleichzeitig strömte in der Höhe aus Südwesten subtropische Warmluft in Richtung Westalpen. Die Null-Grad-Grenze lag über 4000 Meter Seehöhe. Ideale Wetterbedingungen für die Westalpen und den Mont Blanc.

Während in Österreich und besonders auch in der Schweiz zur damaligen Zeit bereits sehr brauchbare Wetterberichte für die Bergsteiger zur Verfügung standen, gab es in Italien kaum Wetterinformationen. Einerseits, weil die regionalen Wetterdienste, wie in Südtirol, der Lombardei oder Trient, nicht vorhanden oder den Bergsteigern nicht bekannt waren, andererseits auch, weil der Alpinismus beim abendlichen Wetterbericht im Fernsehen keine Rolle spielte. Der staatliche nationale Wetterdienst wird in Italien vom Militär, der Aeronautica Militare, wahrgenommen. Im Fernsehen RAI 1 sah man allabendlich einen General in Uniform mit einem langen Stab hantieren. Er zeigte auf Wettersymbole und Temperaturen von Sizilien bis nach Mailand. Außerdem wurde auch der Wellengang im westlichen Mittelmeer und in der Adria beschrieben. Vom Bergwetter und von Temperaturen in der Höhe war nie die Rede. Die in den anderen, umliegenden Staaten wie Frankreich oder in der Schweiz bereits vorhandenen allgemeinen Telefonwetterdienste konnten vom Ausland aus nicht in Anspruch genommen werden, sodass etwa einem Bergsteiger aus Österreich oder Deutschland im Aostatal keine Wetterinformationen zur Verfügung standen.

Rolf und Senta starteten in Courmayeur im Aostatal in Italien bei wolkenlosem Himmel. Die erste Nacht haben sie wohl im Refugio Monzino (2590 m) verbracht. Man erreicht es von Courmayeur in drei Stunden. Die Biwakschachtel Bivacco Craveri (3490 m) in der Scharte Brèche Nord de Peuterey dürften Rolf und Senta nach der langen Anfahrt von Innsbruck aus nicht mehr erreicht haben. Wahrscheinlich haben sie am nächsten Tag wie üblich am Pilier d'Angel in 4100 Meter Höhe biwakiert. Nur ausgesprochen schnelle Bergsteiger schaffen vom Refugio Monzino aus die 2300 Höhenmeter bis zum Gipfel des Mont Blanc.

Der erste Tag dürfte im Mont-Blanc-Massiv noch wolkenlos gewesen sein, aber auf den Satellitenbildern und auf den Wetterkarten zeigte sich das ausgeprägte Wolkenband einer massiven Kaltfront über dem Ostatlantik und nach den Vorhersagemodellen sollte diese Kaltfront relativ rasch die Westalpen und damit den Mont Blanc erreichen. Vor aktiven Kaltfronten stellt sich ein fast immer präfrontaler Südföhn ein, der Rolf und Senta möglicherweise schon am ersten Tag mit höheren Windgeschwindigkeiten begleitet hatte. Knapp vor der Front und mit der Kaltfront selbst dürfte ein Wetterinferno am Mont Blanc hereingebrochen sein. Mittlere Windgeschwindigkeiten um 130 km/h und ein Temperatursturz auf minus 13 Grad, in Verbindung mit Nebel und Schneefall, führten zum gemeinsamen Tod des Ehepaares, dessen Verschwinden erst zehn Tage später bei Schulbeginn bemerkt wurde. Sie wurden unter wenigen Zentimetern Neuschnee gefunden.

Diese witterungsbedingten Bergunfälle haben mit der Initiative zu tun, die letztlich zur Gründung des Alpenverein-Wetterdienstes 1987 geführt hat. Denn nicht zuletzt aufgrund dieser Katastrophen wollte ich eine Verbesserung der Wetterinformation für Bergsteiger initiieren. Wer aber sollte die Finanzierung übernehmen? Schon im darauf folgenden Sommer 1986 konn-

Während der Mondlandung der Amerikaner im Juli 1969 führte mich meine erste Westalpentour mit Jörg Schmidl über den kleinen Peutereygrat, ohne Aiguille Noire de Peuterey, auf den Mont Blanc.

te ich mit Unterstützung von Andreas Braun von der Tirol Werbung einen Alpinwetterdienst für die Dauer von drei Monaten an der Wetterdienststelle Innsbruck anbieten. Da ich als Dienststellenleiter selbst nicht jeden Tag Prognosen erstellen und Wetterberatungen durchführen konnte, wurden Studenten des Institutes für Meteorologie und Geophysik der Universität Innsbruck engagiert, die bereits einige Semester Vorlesungen und Seminare über Wetterprognosen besucht hatten. Für die Studenten war das ein Praxistest und eine gute Einnahmequelle zugleich. Die damals außerordentliche Qualität der Beratungen durch die Studenten verdankten wir Helmut Pichler, der etwa zehn Jahre vorher den Lehrstuhl für Theoretische Meteorologie in Innsbruck übernommen hatte. Seine täglichen Wetterbesprechungen waren legendär und sehr gut besucht.

Zwei Jahre lang gab es im Sommer zwei Monate lang diesen Alpinwetterdienst, den wir – von der Tirol Werbung bezahlt – für den gesamten Alpenraum erstellen konnten. Da Bergsteigen aber das ganze Jahr und im gesamten Alpenraum stattfindet, suchte ich nach einer anderen Lösung.

Zunächst dachte ich an das Österreichische Kuratorium für alpine Sicherheit und den Verband der Österreichischen Berg- und Schiführer. Da bei bei-

Jörg Schmidl am Peutereygrat, weit über dem zerrissenen Brenvagletscher. Am Pilier d'Angle biwakierte ich zum ersten Mal.

den die finanziellen Mittel nicht vorhanden waren, landete ich beim Österreichischen Alpenverein und dessen damaligem Sachwalter für den Bergsport, meinem Freund Raimund Mayr, und beim Leiter des AV-Bergsportreferates Robert Renzler, die mich sofort unterstützten. Rasch führten die Gespräche mit den Vorsitzenden von DAV und ÖAV, Fritz März und Christian Smekal, zum gewünschten Erfolg. Ende August 1987 fuhr ich mit Robert Renzler nach Chamonix, um dort die Arbeitsweise des kleinen regionalen Wetterdienstes für den Mont Blanc kennenzulernen. Aufgrund der Politik Bruno Kreiskys wurden Österreicher damals von vielen europäischen Staaten pauschal als terrorverdächtig eingestuft und wir benötigten für den Besuch in Frankreich ein Visum, das uns im französischen Konsulat in Innsbruck ausgestellt wurde. So kleinräumig war Europa damals noch. Auf dem Rückweg nahm mich Robert in Arco am Gardasee zum Klettern am Colodri mit. Bei 30 Grad im Schatten kletterten wir zwei Routen an einem Tag, wobei mir die zweite, die Route mit dem Namen White Crack (VI+), noch in sehr heißer Erinnerung ist.

Der Alpenverein-Wetterdienst besteht nun seit rund dreißig Jahren. Am Anfang gab es kein Internet, sondern nur die per Fax oder auf Tonband verbreiteten Wetterberichte.

Es gelang mir, den Deutschen Wetterdienst (DWD) in Offenbach und die damalige Schweizerische Meteorologische Anstalt (SMA), die nunmehr MeteoSchweiz heißt, zu überzeugen, auch in ihren Ländern einen Tonbanddienst für Bergsteiger zu schaffen.

Vor allem wegen der alpinen Kompetenz beliebt waren die persönlichen telefonischen Wetterberatungen am Nachmittag. Hier möchte ich vor allem Gerhard Markl hervorheben, der die Alpen und viele Routen kannte. Er hatte mit dem Gasherbrum II, auf dessen Gipfel er stand, Achttausendererfahrung, mit Reinhold Messner war er an der Makalu-Südwand unterwegs, zudem erstellte er über Jahrzehnte die Massenbilanz des Hintereisferners in den Ötztaler Alpen. Neben vielen anderen, die Beratungen durchführten, gehörte auch die Mountainbikerin Susanne Lentner zum Team. Susanne hat unter anderem den Ötztaler Radmarathon gewonnen. Mittlerweile dürften schon über 400.000 Beratungen einen wesentlichen Teil dazu beigetragen haben, das Risiko im Gebirge zu reduzieren. Darauf bin ich stolz, aber auch dankbar, dass DAV und ÖAV dies durch ihre Finanzierung ermöglichten.

Fast zehn Jahre nach dem Beginn des Alpenverein-Wetterdienstes begann ich im Rahmen dieses Dienstes mit der unentgeltlichen Wetterberatung von Expeditionen auf allen Kontinenten. Und das mache ich heute noch.

Erwähnenswert ist auch die Kooperation mit dem Bayerischen Rundfunk (BR). Ernst Vogt, der Leiter der Bergsteigerredaktion des BR-Hörfunks, wollte von uns für die Sendung „Rucksackradio" am Samstag einen Wetterbericht für die bayerischen Bergsteiger – sozusagen vom Hohen Ifen bis zum Großglockner und zu den Dolomiten. Seit Jahrzehnten sind wir nun um 7:10 Uhr in Bayern 1 zu hören. Einer geschätzten Zahl von 300.000 Zuhörern liefern wir Wetterprognosen und Hinweise auf Schneelage oder auf das Unfallgeschehen. Das führt dann auch zu überraschenden Begebenheiten. Bei einer Wanderung im Estergebirge, die mich von Eschenlohe bis zum Gschwandtnerbauern bei Partenkirchen führte, kam ich mit meinem Schwager Florian auf der spärlich besetzten Terrasse der Weilheimer Hütte, nordöstlich von Garmisch gelegen, zu sitzen. Wir genossen die Aussicht und unterhielten uns bei einem gepflegten „Russn", einer Mischung aus Zitronenlimonade und Weißbier, über dies und das. Plötzlich deutete eine Frau zwei Tische weiter auf mich, sagte „Rucksackradio" und nannte meinen Namen. Solche Begebenheiten passieren mir laufend. Pech für die Dame war nur, dass wir in keiner Fernsehshow waren. Da hätte es vielleicht einen Preis für sie gegeben.

Den Direkten Südpfeiler (VI) der Steinkarspitze in den Lechtaler Alpen klettere ich mit Thomas Klimmer.

Neben dem „Rucksackradio" klopft auch die Redaktion von „Bergauf-Bergab", der Bergsteigersendung des BR, regelmäßig bei mir an. Mit Hermann Magerer, dem früheren verantwortlichen Redakteur, stand ich einmal am Fuß der Laliderer Nordwand, die ich zwei Jahre später noch auf der Route Schmid-Krebs erklettern sollte. Ein anderes Mal machten wir gemeinsam eine Übungsskitour bei der Lawinengefahrenstufe 5. Von Vinaders am Brenner stiegen wir auf den Niederen Berg. Deutlich zeigten wir im Film das im unteren Teil dicht bewaldete, im oberen Teil flache Gelände. Unterhalb des kleinen Gipfelhangs wiesen wir auf die durch den Sturm verfrachteten Schneemengen hin und natürlich drehten wir demonstrativ um, obwohl uns der Hang sehr „anlachte".

Auf Hermann Magerer in der „Bergauf-Bergab"-Redaktion folgte Michael Pause, der Sohn des legendären Schriftstellers und Bergsteigers Walter Pause. Durch diese Zusammenarbeit verbindet mich mit „Micki" eine jahrelange Freundschaft. Noch heute versorge ich ihn bei seinem filmischen Schaffen mit Prognosen. Micki Pause war es, der mich für die Ehrung zum „Berggeist des Jahres" vorgeschlagen hat. Die Mitglieder der DAV-Sektion Alpenklub Berggeist sind ein exklusiver Zirkel, dem laut Satzung nur 200 Mitglieder angehören dürfen. Der Fotograf Jürgen Winkler gehört dazu, der Journalist Andi Dick, der Bergsteiger Sigi Hupfauer und viele andere sind Mitglieder. Jährlich verleihen sie einen Preis für besondere Verdienste an den „Berggeist des Jahres". Die Laudatio bei meiner Ehrung 2009 hielt Ralf Dujmovits, ein Jahr später war ich Laudator bei Gerlinde Kaltenbrunner und ihm.

Durch neue Sportarten erlebte der Wetterdienst eine Erweiterung und Spezialisierung. Infolge einiger tödlicher Unfälle in Canyons initiierte ich im Jahr 1999 eine Canyoning-Hotline in Tirol. Bei meinen Besuchen in den weltbekannten Upper and Lower Antelope Canyons in Page, Arizona, entdeckte ich eine Gedenktafel, die an zwölf junge französische Touristen erinnerte. Sie waren am 12. August 1997 im Lower Antelope Canyon durch eine Flutwelle nach einem Gewitterregen ums Leben gekommen. Etwa 20 Kilometer oberhalb des Canyons ging unbemerkt von den Canyon-Wanderern an diesem Tag ein intensiver Gewitterregen nieder. Danach füllte sich das breite Bachbett in der Wüste mit Wasser und der kleine Fluss erreichte viele Kilometer später den sehr engen, oft nicht einmal einen Meter breiten Canyon, in dem der Pegel auf mehrere Meter anstieg und dadurch den Tod der Touristen verursachte. Der schlimmste dokumentierte Unfall beim Canyoning ereignete sich am 27. Juli 1999 in der Saxetenschlucht im Berner Oberland nahe Interlaken, bei dem 21 Tote zu beklagen waren. Auch in diesem Fall ging oberhalb der nur 800 Meter langen und nicht schwierigen Canyoningstrecke ein Gewitter nieder, das innerhalb weniger Minuten zu einer tödlichen Flutwelle führte.

Durch diese Unfälle wachgerüttelt, hatte die Canyoning-Hotline in Tirol die Aufgabe, die Schluchtenführer vor Gewittern zu warnen. Kurzfristig auch vor dem Einstieg in eine Schlucht erfolgte eine kostenlose Wetterberatung durch einen Meteorologen, der über eine mögliche Gewitterbildung und den zeitlichen Verlauf Auskünfte gab. Seit kurzem kann diese Information auch über verschiedene Wetter-Apps eingeholt werden. Dies dürfte mit ein Grund gewesen sein, weshalb die Hotline eingestellt wurde.

DAS „RUCKSACKRADIO"

Ernst Vogt

Dem Meteorologen Karl Gabl eilte bereits vor mehr als zwei Jahrzehnten der Ruf voraus, ein Experte in Sachen Bergwetter zu sein. Damals machten sich viele selbst ernannte Wetter-Experten in den Medien Konkurrenz, prominente und weniger prominente. Das Wetter wurde in blumiger Sprache präsentiert. Von Blumenkohlwolken und anderen Himmelsphänomenen war die Rede.

Karl Gabl, der Leiter der Wetterdienststelle Innsbruck, jedoch stand für Seriosität und Zuverlässigkeit. Sein hohes Ansehen hatte er sich bei Alpinisten, Wanderern, Bergführern, Skitourengehern und Mountainbikern erworben. Als ich für das „Rucksackradio" des Bayerischen Rundfunks von einem Tag auf den anderen – der bisherige Bergwetterservice war eingestellt worden – einen neuen Bergwetterbericht brauchte, gab's nur eins: Karl Gabl fragen.

Die Antwort aus Innsbruck: „Kein Problem, das können wir gerne machen." – „Wann fangen wir an?" – „Wann Du willst." – „Also übermorgen." Gesagt, getan. Wir waren ab der ersten Minute per Du. Der Beginn einer jahrzehntelangen Zusammenarbeit zwischen der Zentralanstalt für Meteorologie und Geodynamik und der Hörfunk-Bergsteigerredaktion des Bayerischen Rundfunks hätte problemloser nicht sein können.

Aus dem anfänglichen Bericht, den die Moderatoren im „Rucksackradio" vorgelesen hatten, wurde bald das „Wettergespräch", live und ausführlich; bis heute: Wetterinformation aus erster Hand für alle, die in die Berge gehen. „Wenn wir am Samstag in der Früh um Viertel vor sieben am Parkplatz ankommen", so erzählen es mir Dutzende von Bergfreunden, „dann bleiben wir im Auto sitzen und hören das ‚Rucksackradio' noch zu Ende. Der Bergwetterbericht gehört einfach dazu – wie die Abfahrt bei der Skitour."

Nicht zuletzt durch Karl Gabl ist das Bergsteigen für viele ein Stückchen sicherer geworden. Wetterbericht und Tourenplanung haben über die Jahrzehnte ein größeres Gewicht bekommen. Karl Gabl hat das der „Rucksackradio"-Hörerschaft Woche für Woche mit Überzeugung und Leidenschaft nahegebracht. Gepredigt hat er nur, wenn schwere Gewitter drohten. So mancher Bergsteiger hat sich dann tags darauf bei mir bedankt, dass „der Karl mir das Leben gerettet hat".

Eindrucksvoll hat der Innsbrucker Meteorologe 2011 beim Filmfestival in Trient gezeigt, wie entscheidend die Wetterinformationen bei großen alpinistischen Unternehmungen sind. Auf der Bühne rekonstruierte er im Gespräch mit Reinhold Messner die Wetterlage um den 10. Juli 1961, als das Drama am Frêney-Zentralpfeiler im Mont-Blanc-Gebiet seinen Lauf nahm. Sein Fazit: „Zur damaligen Zeit war es mit der vorhandenen Information gerechtfertigt, in die Tour einzusteigen." In der ersten Reihe des Auditoriums saßen Walter Bonatti und Pierre Mazeaud, zwei der drei Spitzenalpinisten, die den verheerenden Wettersturz mit Gewitter überlebt hatten; vier waren ums Leben gekommen. Mit den Wettervorhersagemethoden von heute und der Experten-Interpretation eines Karl Gabls hätte dieses Unglück vermutlich verhindert werden können.

Dabei soll man sich Karl Gabl nicht als einen ewigen Warner oder Verhinderer von Bergtouren vorstellen. Wir waren gemeinsam am Stuibenfall-Klettersteig im Ötztal. Ein donnernder Wasserfall, ein rauschendes Naturerlebnis. Mein Bergführer Karl Gabl versprühte Lebensfreude und Naturbegeisterung, Bergleidenschaft und Erlebnistiefe. Zwischendurch verpasste der Stuibenfall uns eine eiskalte Dusche. Karl lächelte dann verschmitzt und meinte: „Für mich ist Wasser unter 20 Grad normalerweise herzinfarktverdächtig, aber hier kühlt es das erhitzte Gemüt." Und trägt so zur Sicherheit bei, ganz nach seinem Klettersteig-Motto: „Je mehr ich mit kühlem Kopf und Eleganz steige, desto weniger Kraft brauche ich."

IM DIENSTE DER SICHERHEIT AM BERG

Der Tod meiner Cousine Gertrud Gabl durch eine Lawine im Januar 1976 hat mein Leben stark beeinflusst. „So darf es nicht weitergehen", dachte ich mir. Auch davor hatten mich Tragödien am Berg immer erschüttert. Jetzt aber beschloss ich, mein Wissen als Meteorologe und als Bergführer in den Dienst der alpinen Sicherheit zu stellen. Ich kann mich nicht erinnern, wie ich auf das Österreichische Kuratorium für alpine Sicherheit gekommen bin. Jedenfalls nahm ich im Frühjahr 1976 Kontakt mit Professor Eduard „Edi" Rabofsky, dem damaligen Generalsekretär des Kuratoriums, auf. Im Herbst 1976 trat ich dem Kuratorium bei und hielt schon meinen ersten Vortrag bei den sogenannten Kapruner Gesprächen, die das Kuratorium jährlich abhielt. Das Thema des Beitrags, der im Jahrbuch des Kuratoriums veröffentlicht wurde: Witterungsbedingte Bergunfälle in Österreich. In den darauf folgenden Jahren diente ich Rabofsky bei Unfällen mit einem Bezug zum Wetter oder Klima als Berater. Mittlerweile bin ich seit vierzig Jahren Mitglied und fast ein Drittel der Zeit der Präsident dieser weltweit einzigartigen Institution.

Durch den von mir initiierten Vertrag mit dem Innenministerium verfügt das Österreichische Kuratorium für Alpine Sicherheit heute über eine exzellente Datenbank mit mehr als 80.000 von der Alpinpolizei erhobenen Unfällen. Zudem habe ich den Anstoß für die Alpinmesse gegeben, die nicht zuletzt mit ihren Workshops wichtige Impulse gibt zu mehr Sicherheit und verantwortungsvollem Verhalten im Gebirge.

Edi Rabofsky, der mit seinen Gedanken über die alpine Sicherheit seiner Zeit weit voraus war, habe ich viel zu verdanken. Zum Beispiel bereitete er jüngere Mitglieder im Kuratorium, darunter auch mich, auf die Tätigkeit als Alpinsachverständige bei Gericht vor. Damit legte er den Grundstein für die jetzige „Arbeitsgruppe Alpinsachverständige" beim Kuratorium. Seine erste Unterweisung erhielten wir in der Gaststube des Stanglwirtes in Going, wo hinter den Glasscheiben Kühe unserem Treiben zusahen. Edi war selbst Sachverständiger und er wurde nicht müde, uns anhand von gerichtsanhängigen Verfahren die Arbeitsweise eines objektiven, unabhängigen und unbefangenen Sachverständigen in der Praxis aufzuzeigen. Außerdem lehrte er

Mit Frau Bundesministerin Liese Prokop vom BMI unterzeichnete ich für das Österreichische Kuratorium für Alpine Sicherheit einen Vertrag über die Nutzung der von der Alpinpolizei erhobenen Unfälle.

uns akribisch, Gutachten anderer sachlich zu hinterfragen und vor Gericht unterschiedliche Lehrmeinungen darzulegen. Dabei sollten wir nicht die Rolle des Richters zu übernehmen versuchen, sondern die Fakten aufzeigen, die gegen, aber auch für den Beschuldigten sprachen. Diese für die Gutachterarbeit unbedingt notwendige Objektivität vermisste ich oft bei der medialen Berichterstattung über Unfälle oder auch bei Vorverurteilungen.

Edi war ausschlaggebend dafür, dass ich seit mehr als 35 Jahren bei den Gerichten tätig bin. Auch heute noch wenden sich Gerichte und Anwälte mit der Bitte um Gutachten an mich. Mittlerweile habe ich hunderte eigene Gutachten erstellt und hunderte Fremdgutachten gelesen. Bei einigen Prozessen, insbesondere bei Lawinenereignissen, habe ich im Hintergrund als Sachverständiger für die Verteidigung der Beschuldigten gearbeitet.

Die Gutachtertätigkeit bei alpinen Unfällen ging mir oft sehr „an die Nieren". Als Gutachter hat man die Aufgabe, die Umstände eines Unfalls zu erheben. Nach dem Befund erfolgt die gutachterliche Stellungnahme, die, vereinfacht formuliert, dem Gericht erklärt, ob der Beschuldigte die Umstände hat erkennen können und ob er sich normgerecht, einer sogenannten Maßfigur entsprechend, verhalten hat. Bei tragischen Unfällen erlebt man als Gutach-

Wolfsgrubenlawine, 13. März 1988: Ein Ratrac versucht, die Gleise der Westbahn vom Lawinenschnee zu befreien. An den Rändern der Lawinenbahn hat die Staublawine den Schnee von den Bäumen weggeblasen.

ter die Ereignisse beim Durchlesen der Berichte mit. Anhand der Erhebungen durch die Polizei und vor allem bei einem Lokalaugenschein wird man realitätsnah in die Unfallsituation versetzt. Hat es Todesopfer gegeben, vor allem bei jungen Menschen, war es für mich außerordentlich schwierig, objektiv zu bleiben. Ich erinnere mich an einen Gerichtsakt, der Bestätigungen von der Totenbeschau enthielt. Auf denen konnte ich lesen: „Ich erkenne an dem mir gezeigten Leichnam meinen Sohn wieder." Weil ich fürchtete, kein objektives Gutachten erstellen zu können, habe ich erschüttert die Akten für einige Tage auf die Seite gelegt. Letztlich waren es solche Tragödien, die mich dazu bewogen haben, nicht mehr als Alpinsachverständiger, sondern nur noch als meteorologischer Sachverständiger für die Gerichte zu arbeiten.

Als Amtssachverständiger hatte ich es mit vielen interessanten, manchmal aber auch mit gruseligen Fällen zu tun. Beispielsweise benötigte die Kriminalpolizei von Vorarlberg in einem Indizienprozess Wetterdaten, um einen Mordfall aufklären zu können. Eine Frau, die schon mehrere Wochen abgängig gewesen war, wurde im Klostertal in der Nähe von Dalaas tot hinter einem Gebüsch neben einem Schotterweg gefunden. Auf die Medienberichte meldete sich ein Mitarbeiter eines Automobilklubs, der dort wenige

Monate vorher einen Autofahrer, den Mann der Ermordeten, aus einer misslichen Situation befreit hatte. Dieser Autofahrer hatte, mit seinem Fahrzeug im Schnee steckend, derart Gas gegeben, dass ein Reifen platzte und er Hilfe für seine Befreiung benötigte. Nun sollten die Wetterdaten für die Zeitspanne rekonstruiert werden, in der der Ehemann, der mutmaßliche Mörder, die Leiche vom nachweislichen Tatort in Bregenz ins Klostertal gebracht hatte. Der Regisseur Alfred Hitchcock hätte kein besseres, gruseligeres Wetterszenario erfinden können: Der Mann hatte seine tote Gattin nach Einbruch der Dunkelheit ins Auto geladen und war mit ihr bei Nebel und starkem Schneefall losgefahren. Ich konnte mit den Messungen der amtlichen Stationen rekonstruieren, dass auf dem Feldweg etwa 25 Zentimeter Neuschnee lagen. Offenbar zu viel für sein Auto. Nachdem er nämlich die Tote hinter einem Gebüsch deponiert hatte, blieb er bei der Ausfahrt in Richtung Schnellstraße stecken. Den Zeitungen konnte ich entnehmen, dass er eine über 20-jährige Haftstrafe verbüßen muss.

Mit vielen Alpinunfällen konfrontiert, kam ich mehr und mehr zu der Überzeugung: Fürchten muss sich ein Angeklagter nicht vor dem Richter, sondern vor Sachverständigen. Das zeigt sehr gut das Beispiel eines tödlichen Lawinenunfalles im Juli 1981. Von der Kaunergrathütte aus waren holländische Bergsteiger und Mitglieder eines alpinen Vereins unter Führung eines österreichischen Tourenleiters zu einem wenig ausgeprägten Gipfel aufgestiegen. Der Schlusshang, das Theaterwandl in 3000 Meter Höhe, war etwa 40 Grad steil. Diesen Hang konnten die Teilnehmer, bis zum oberen Schuhrand einsinkend, überwinden. Nachdem etwa 25 Teilnehmer der Gruppe den Gipfel erreicht hatten, löste sich in besagtem Hang eine nasse Lockerschneelawine. Sie riss die letzte Dreierseilschaft mit. Eine Frau dieser Seilschaft wurde von den rutschenden Schneemassen in den Bergschrund gerissen und vom Nassschnee verschüttet. Sie konnte nur noch tot geborgen werden.

Das Gericht bestimmte einen Privatdozenten für Lawinenkunde als Gutachter, der die Tourenplanung klären sollte. Insbesondere ging es dabei um die Frage nach der Verantwortung des Bergführers, der zugleich Hüttenwirt der Kaunergrathütte war. Er hatte diese Tour ausgeschrieben, war selbst aber bei der Führung der Gruppe nicht dabei. Der Gutachter sparte nicht mit kommentierenden Aussagen wie etwa jener, dass die Gruppe ein bunt zusammengewürfelter Haufen gewesen sei. Sein Hauptvorwurf aber war, dass bei der Tour die Temperaturen viel zu hoch gewesen wären. Der Hüttenwirt hätte mit der mittleren Abnahme der Lufttemperatur von 0,67 Grad pro 100 Höhenmeter von der Hütte aus berechnen können, dass sich nasse Lockerschneelawinen im Unglückshang lösen würden. Weil das Gutachten darüber hinaus aber in einigen Punkten nicht schlüssig war, beauftragte der Richter einen weiteren Gutachter zur Klärung der Fragen.

Der Zweitgutachter war Bergführer und Ausbildungsleiter bei der Bergführerausbildung. Sein Gutachten entlastete den Beschuldigten auch deshalb, weil seine Tourenplanung dem herkömmlichen Standard entsprach. Wie bei einem Fußballspiel stand es nun im Verfahren 1:1 zwischen den Gutachtern. Aufgrund der Bedeutung dieses tödlichen Unfalles für die alpine Führungstätigkeit wurde nun ein weiterer Gutachter aus der benachbarten Schweiz eingeladen. Es handelte sich um einen Forstingenieur, der gleichzeitig auch für die Lawinenausbildung der Schweizer Armee verantwortlich war.

Inzwischen hatte mich Edi Rabofsky beauftragt, im Jahrbuch des Kuratoriums für alpine Sicherheit einen allgemeinen Artikel über das Wetter bei sommerlichen Gletscherbegehungen in den Ostalpen zu verfassen. Die Auswertungen über die Höhe der Null-Grad-Grenze bewiesen, dass sich diese 1981 an 90 Prozent der Juli-Tage auf 3000 Meter oder darüber befand. Später folgte von mir noch ein Artikel über Sommerlawinen in Österreich. Nachdem das Gutachten des Schweizer Sachverständigen, der meiner Meinung nach eher Theoretiker als Praktiker war, einlangte, wurde eine Verhandlung anberaumt. Und aufgrund meiner publizierten Untersuchungen wurde ich vom Richter als weiterer Sachverständiger geladen.

Es würde zu weit führen, alle Details des Drittgutachtens zu erläutern, aber vor Gericht kam es zu unterschiedlichen Aussagen des dritten Sachverständigen und mir. Der Schweizer hätte im Unglückshang, über den man problemlos hochstapfen konnte, eine Seilsicherung über eine fixe Verankerung mit einem Eispickel („Toter Mann") oder, als Alternative, die sogenannte Abalakov-Methode (Drahtschlinge um Eispickel) gefordert. Zunächst war nach meiner Ansicht eine Verankerung laut Führungstechnik der Bergführer bei diesen Verhältnissen nicht notwendig. Außerdem konnte die Drahtschlinge für die russische Abalakov-Methode laut dem Buch „Moderne Eistechnik" von Pit Schubert, „nur bei Sport Eiselin in der Schweiz", nicht aber in Österreich gekauft werden. Einige weitere seiner Argumente wurden von mir widerlegt. Mit innerem, kaum merkbaren Schmunzeln quittierte der Richter meine Bemerkung zu einem vom Schweizer vorgelegten Millimeterpapier, auf das dieser fein säuberlich die maximalen und minimalen Lufttemperaturen an der Unfallstelle über einen Zeitraum von insgesamt vier Wochen zurück dokumentierte: Relativ leise hatte ich darauf hingewiesen, dass ich Bergsteiger auf ihren Touren noch nie mit einem Millimeterpapier gesehen hätte. Letztlich sprach der Richter den beschuldigten Tourenleiter frei. Jahre später traf ich den Schweizer Sachverständigen bei der 50-Jahr-Feier des EISLF (damals Eidgenössisches Institut für Schnee- und Lawinenkunde) Davos. Er meinte, nicht ganz ernst: „Aber damals haben Sie mir es gegeben, ha?"

In den Jahren seit 1981 habe ich vielen Gerichtsverhandlungen beigewohnt. Edi Rabofsky spürte ich oft neben mir, obwohl er gar nicht dabei war. Er hat über das Kuratorium nicht die Justiz beeinflusst, sondern die Probleme im alpinen Raum aufgezeigt. Seine Bemühungen, die vor etwa fünfzig Jahren begannen, waren neben vielen anderen Faktoren ausschlaggebend, dass wir in Österreich die beste Rechtsprechung in alpinen Belangen haben. Die Sachverständigen im alpinen Bereich sichern eine Qualität, von der man zum Beispiel in manchen Regionen in Italien meilenweit entfernt ist. Einige Staatsanwälte, Richter und Rechtsanwälte verfügen über ein großes Wissen in alpinen Sachfragen.

Auch heute noch versuche ich als Präsident des Österreichischen Kuratoriums für alpine Sicherheit im Sinne von Rabofsky gegen die Kriminalisierung des Bergsports anzukämpfen. Gerade in diesem Bereich sind bei Unfällen Vorverurteilungen der Betroffenen und Beteiligten gang und gäbe. Erschütternd sind die Internetblogs, deren Beiträge kein Mitleid mit verunglückten Bergsteigern erkennen lassen und sie in die Nähe von Selbstmördern rücken. Bei Verkehrsunfällen gibt es diese Haltung nicht. Unverständlich ist, wenn sogenannte Experten die Beteiligten direkt nach dem Unfall vorverurteilen, ohne den genauen Sachverhalt zu kennen. Das geschieht sehr oft auch vom Schreibtisch aus. Doch eine Analyse der Unfallursachen im Gebirge ist aufwändig und braucht Zeit.

Als im März 1988, zwei Wochen nach der Lawinen-Katastrophe von St. Anton, sechs junge Bergsteiger aus Deutschland in mehreren Lawinen südlich der Jamtalhütte starben, wurde ich vom Gericht Anfang Juni beauftragt, dazu gutachtlich Stellung zu nehmen. Der März 1988 war ein überaus schneereicher Monat, die Neuschneemengen entluden sich wiederholt von den Hängen. So auch im Jamtal, direkt südlich der Jamtalhütte. Der verantwortliche Tourenleiter wurde vom Hüttenwirt Franz Lorenz aufgefordert, wegen der

Wenige Tage bevor diese Aufnahme entstand, fanden an dieser Stelle neun Tourengeher durch eine Lawine den Tod.

Lawinen nicht am Samstag, sondern erst einen Tag später, am Sonntag, auf die Jamtalhütte aufzusteigen. Am Montagvormittag wurden die verschiedenen DAV-Gruppen unterrichtet, gegen Mittag brachen sie nacheinander auf und bewegten sich durch das Jamtal in Richtung der Vorderen Jamspitze, als das Unheil seinen Lauf nahm.

Die erste Lawine brach vom etwa zwei Kilometer Luftlinie entfernten und 1000 Meter höher gelegenen Gipfel der Signalspitze ab. Die ins Tal fließenden und stiebenden Schneemassen lösten weitere, riesige Lawinen aus. Ein Lawinenanbruch am Chalausferner hatte acht Monate später, im September desselben Jahres, noch eine Höhe von vier Metern. Über eine Seitenmoräne strömten die Schneemassen bis in den Talboden des Jamtals. Die Ränder der Moräne entluden sich ebenfalls als Lawinen. Alle diese Lawinen kamen von Osten, eine weitere aus Westen. Wie Augenzeugen berichteten, stürzte sehr kurze Zeit später eine große Lawine vom Hinteren Satzgrat aus etwa 3000 Metern Höhe ins Tal hinunter. Bei der Befundaufnahme konnte ich aus den Fotos eine Anbruchbreite aller Lawinen aus Ost und West von insgesamt 700 Metern eruieren. Die abgelagerte Masse des Lawinenschnees betrug mindestens 700.000 Kubikmeter.

Einige schnellere, schon weiter südlich im Jamtal befindliche Kursteilnehmer wurden verschüttet. Insgesamt wurden, soweit ich mich erinnern kann, zehn Tourengeher unter den nacheinander abbrechenden Lawinen begraben. Rasche Hilfe war angesagt. Doch der Futschölbach, der das Stromaggregat der Jamtalhütte mit Wasser versorgte, war durch eine Lawine gestaut worden. Daher war kein Strom auf der Hütte vorhanden und eine Alarmierung von Rettungskräften in Galtür nicht möglich. Zu dieser Zeit gab es auch noch kein Mobilfunknetz. Die Rettungsmaßnahmen konnten also nur von den Leuten durchgeführt werden, die auf der Hütte anwesend waren. Es waren etwa 25. Schnell eilten diese auf den nicht weit entfernten Lawinenkegel, und binnen kurzer Zeit konnten vier Verschüttete geborgen werden. Für sechs junge Leute kam jede Hilfe zu spät. Eine Tragödie.

In dieser Woche ereigneten sich in geografischer Nähe des Unglücksorts noch sehr viele weitere Lawinenunfälle. Am Dienstag gab es in Fiss/Serfaus einen Lawinentoten, und bei Lawinensicherungsmaßnahmen wurden am Rendl in St. Anton am Bergrestaurant und an einem Skilift durch eine Lawinensprengung große Schäden verursacht. Dasselbe ereignete sich durch eine Sprengung bei den Bergbahnen in Biberwier einen Tag später. Am Mittwoch starben außerdem vier Tourengeher in einer Lawine im Matschertal im benachbarten Vinschgau. Schließlich starben am Freitag sechs Tourengeher aus den Niederlanden im Val S-charl südlich von Scuol im Unterengadin, als sich im Gipfelhang des San Lugano eine große Lawine löste. Diese Gruppe wurde von einem Schweizer Bergführer geleitet, der später von einem Schweizer Gericht verurteilt wurde. Bei meinen Recherchen zum Unfall im Jamtal stieß ich auf ein weiteres unglaubliches Lawinenereignis in dieser Woche, von dem mir Gerhard Markl, Glaziologe am Institut für Meteorologie und Geophysik an der Universität Innsbruck, berichtete: Er hatte eine Lawinenbahn von fast zwei Kilometern Breite zwischen der Zunge des Hintereisferners und dem Hochjochhospiz in den Ötztaler Alpen gesehen.

Weitere Informationen zu diesem Lawinenunfall im Jamtal holte ich von der Zollwache ein. Damals hatte die österreichische Zollwache ihr alpines Ausbil-

---

Am 21. März 1988 löste sich wenige Meter unterhalb des Gipfels der Signalspitze etwa 1000 Höhenmeter über dem Jamtal eine riesige Lawine, die auf ihrer Bahn weitere Lawinen am Chalauskopf und an der Moräne im Talboden auslöste. Dabei starben sechs Tourengeher im Jamtal unterhalb der Moräne.

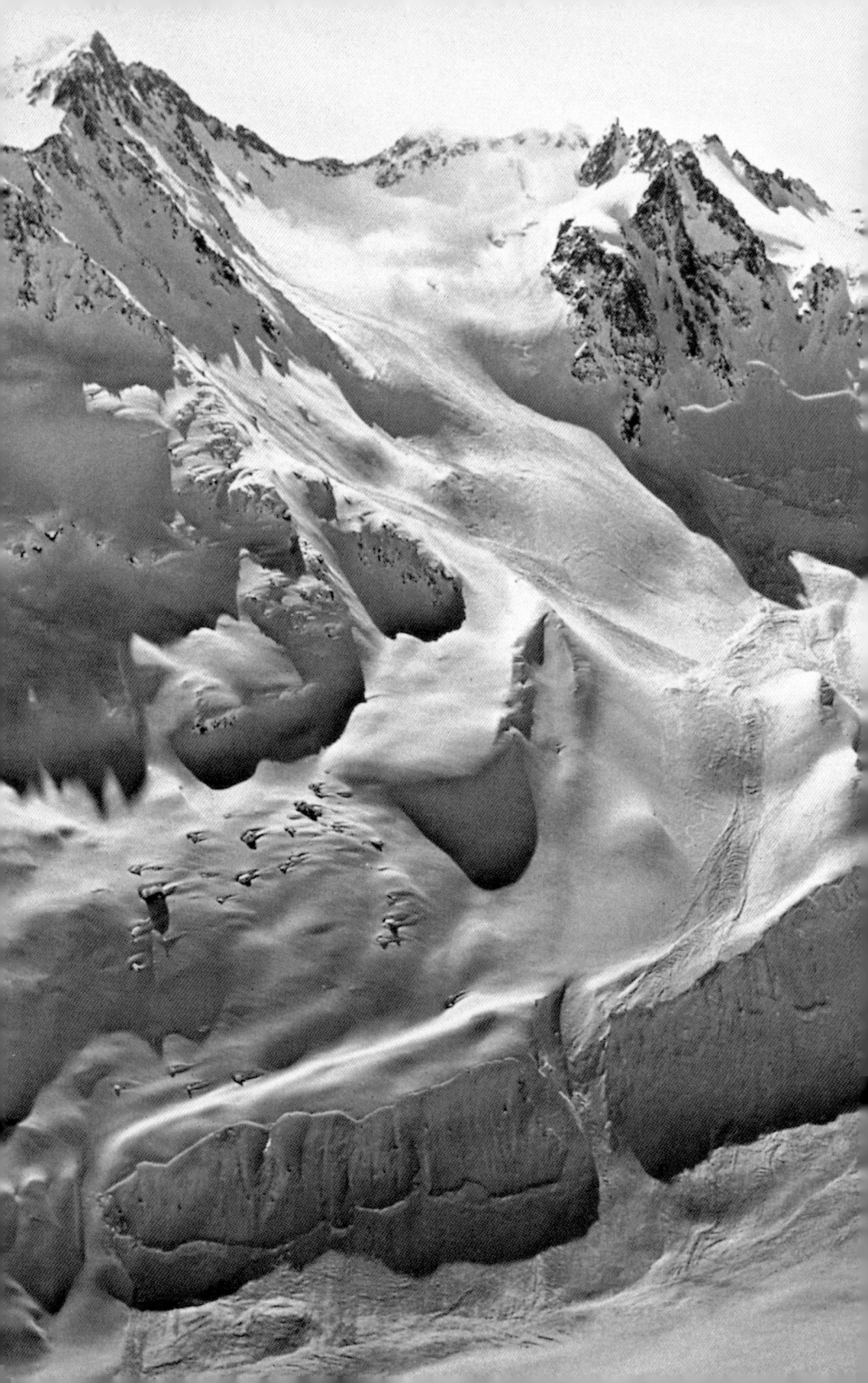

Im Jamtal: Blick auf Hintere (1) und Vordere Jamspitze (2). Nachdem von der Signalspitze, vom Chalauskopf und von der Moräne die Lawinen am 21. März 1988 im Tal waren, löste sich vom Hinteren Satzgrat (3) eine weitere Lawine. Die Anrißbreiten der Lawinen erreichten zusammengenommen ein Ausmaß von 800 Metern. Im Tal (4) wurden die Tourengeher verschüttet.

dungszentrum neben der Jamtalhütte. Dieses Gebäude ist heute das Ausbildungszentrum der Bergrettung Tirol. Die dort tätigen Bergführer der Zollwache hatten bei ihren Ausbildungen über Jahrzehnte nie Lawinen in diesem Umfang im Jamtal beobachtet. Zusammengefasst lautete meine gutachterliche Feststellung für das Landesgericht Innsbruck: Es herrschten zwar gefährliche Verhältnisse, aber die Dimension der Lawinenereignisse im Jamtal, in der gesamten Woche danach und auch früher in jenem März – hier verwies ich auf die von mir erlebte Lawinenkatastrophe in St. Anton – hatten ein nie beobachtetes Ausmaß. Aufgrund meines Gutachtens stellte das Gericht das Verfahren ein.

Elf Jahre später zog das Jahr 1999 mit dramatischen Lawinenereignissen im Nordtiroler Oberland, speziell im Paznaun, ins Land. Wie so oft war es im Frühwinter, um die Weihnachtszeit und zum Jahreswechsel 1998/99, zu trocken und in vielen Skigebieten hätte ohne technischen Schnee die Skisaison nicht beginnen können. Nach Mitte Jänner war ich als Referent bei einem Kurs für die Lawinenkommissionen in Kirchberg. In den Diskussionen über den schneearmen Winter vertrat ich (wie immer) die Meinung: Der Winter

Die Anrissstirn der Lawine vom 21. März 1988 am Chalausferner war vier Meter hoch, die Lawine selbst nahezu 500 Meter breit.

ist noch lange nicht vorbei. Zudem verwies ich auf das damals intensive Wettergeschehen auf dem Nordatlantik. Wenn sich die Großwetterlage umstellt, dann würde es auch in den Alpen intensive Niederschläge geben.

Tatsächlich stellte sich am 26. Januar 1999 die Wetterlage von einem Hochdruckgebiet über den Alpen auf eine markante Nordwestwetterlage ein. Der erste Tag brachte in Galtür 50 Zentimeter Neuschnee, und in den ersten wenigen Tagen waren es insgesamt etwa 120 Zentimeter. Innerhalb eines Monats, bis zum 25. Februar, fielen weitere fünf Meter Schnee: Anfang und Mitte Februar fielen etwa 2,5 Meter, und vom 13. bis 23. Februar nochmals etwa 2,5 Meter. Im Paznaun mussten die Zufahrtsstraßen wegen der Lawinengefahr gesperrt werden. Auch in Vorarlberg, am Arlberg und in Tirol im Außerfern und im Kaunertal herrschten prekäre Verhältnisse. Auf vielen Verkehrswegen, inklusive der Schiene, standen die Räder still. Es schien, als ob es nicht mehr zu schneien aufhören würde. Später konnte ich mit extremwertstatistischen Methoden berechnen, dass so viel Neuschnee innerhalb von zehn Tagen in Galtür nur alle 200 bis 300 Jahre zu erwarten ist.

Bereits vier Tage vor dem Lawinenabgang in Galtür hatten wir schlechte Nachrichten für den Krisenstab in Landeck gehabt. Aufgrund der stürmischen Nordwestwetterlage musste man mit weiteren Schneefällen von 1,5 bis zwei Metern rechnen. Letztlich wurden am Schneepegel der Klimastation in Galtür in den folgenden vier bis fünf Tagen zwei Meter Neuschnee gemessen. In Innsbruck wurden wir darüber informiert, dass die Bürgermeister vieler Orte im Oberland anordneten, verschiedene Häuser und Bauernhöfe in exponierten Lagen, vereinzelt auch mit dem Hubschrauber, zu evakuieren. Von den Lawinenkommissionen vor Ort wussten wir, dass sie rund um die Uhr im Einsatz waren. Raimund Mayr, der Leiter des Lawinenwarndienstes Tirol, ließ an alle Lawinenkommissionen ein Fax versenden mit der Bitte um Meldung über die getroffenen und noch zu treffenden Maßnahmen.

Für die Lawinenkommissionen und für alle, die für Sicherheit vor Lawinen zuständig waren, war es eine schwierige und belastende Situation.

An den ersten Tag der Katastrophe in Galtür erinnere ich mich noch genau. Dienstlich bei Sitzungen des Krisenstabes des Landes Tirol unter Führung des damaligen Landeshauptmannes Wendelin Weingartner im Landhaus hatte ich anschließend mit meinem Auto größte Probleme, meine Wohnung in Innsbruck ohne Schneeketten zu erreichen, weil oft 20 Zentimeter oder mehr Schnee auf den Straßen lag. Durch die vielen Fahrten und das häufige Ein- und Aussteigen hatte sich auf der Fußmatte im Auto Schnee angehäuft, in den mein Mobiltelefon fiel. Es setzte durch diese Feuchtigkeit Rost an und musste einige Tage später ausgetauscht werden.

In den Mittagsstunden des 23. Februar 1999 war ich zu Werbeaufnahmen für die „Tiroler Tageszeitung" bei einem Fotografen. Danach fuhr ich zur Wetterdienststelle am Flughafen und dachte an die noch stärkeren Schneefälle, die in zwei Tagen aufhören würden. Endlich, nach fast einem Monat, war ein Ende der langen Schneefallperiode absehbar. Kurz vor 16 Uhr kam dann die Schreckensmeldung in „Radio Tirol": In Galtür war eine riesige Lawine vom nördlich gelegenen Sonnberg ins Ortsgebiet mit vermutlich vielen Toten abgegangen. Da sah ich plötzlich wieder die Lawinenkatastrophe in St. Anton im März 1988 vor mir. Ich war geschockt, und als ich mich an die jugendlichen Toten von damals erinnerte, kämpfte ich mit den Tränen. An der automatischen Wetterstation in Galtür wurde in der Auslaufstrecke der Lawine ein Windstoß von 130 km/h während des Lawinenabganges gemessen.

Starker Schneefall, dichte Wolken und Nebel verhinderten eine sofortige Unterstützung der Einsatzkräfte vor Ort durch Hubschrauber. Ärzte, Bergretter, Rotkreuz-Helfer, auch Feuerwehrleute und Soldaten des Bundesheeres warteten in Landeck auf ihren Einsatz. Ich kann mich noch gut an die Anfragen des Krisenstabes in Landeck erinnern. Leider konnte ich infolge des dichten Schneefalls keine ausreichende Sicht für eventuelle Nachtflüge ins Paznaun versprechen. Es war zum Verzweifeln.

Um den Krisenstab eventuell auch in der Nacht beraten zu können, lag mein Mobiltelefon neben mir auf dem Nachtkästchen. Eine Praxis, die ich über die Jahre auch während Hochwassersituationen in Tirol pflegte. Erst am 24. in der Früh waren kurzzeitig erste Hilfsflüge nach Galtür möglich, ehe sich das Wetter wieder verschlechterte. Am Nachmittag ordnete der Bürgermeister von Ischgl im Weiler Valzur wegen der drohenden Lawinengefahr die Evakuierung von mehreren Häusern an, als gegen 16 Uhr eine riesige Lawine von der Muttenalpe durch das Tobel des Valzurbaches genau diese Häuser zerstörte. Wieder sieben Tote. Besonders tragisch war der Tod eines Vaters, der nochmals zurück ins Haus geeilt war, um das vergessene Spielzeug seiner Kinder zu holen, und nicht zu seiner Familie zurückkehrte. Wir waren alle verzweifelt und betroffen, weil die Lawine nur wenige Minuten vor der vollständigen Evakuierung abgegangen war. Auch an diesem Abend gab es kein brauchbares Wetter für Hilfsflüge. Insgesamt starben Ende Februar im Paznauntal 38 Menschen in den Lawinen: 31 in Galtür und sieben in Valzur. Sie starben in Häusern und im Freien.

Während die Bewohner des Paznaun Lawinensperren des gesamten Tales schon öfters erlebt hatten, verunsicherte diese Situation die Urlauber zunehmend und machte manche auch aggressiv. Das Land Tirol errichtete eine Luftbrücke mit 40 Hubschraubern. Aus den verschiedenen Gemeinden wurden 12.000 Gäste über die größte jemals bekannte zivile Luftbrücke mit Helikoptern nach Imst ausgeflogen, wo auf einer Fahrbahn der Inntalautobahn ein Landeplatz errichtet worden war.

Was nun folgte, war eine kaum zu überbietende üble Kampagne gegen die Leute im Krisenstab des Landes, natürlich auch gegen mich, unter dem Motto: Hätte man die Warnungen ernst genommen, wäre die Katastrophe nicht passiert. Zum Krisenstab des Landes gehörten unter anderem der Landesbaudirektor Rupert Amann und der Bezirkshauptmann von Landeck, Erwin Koler. Nach der Katastrophe rückte dann der lokale Krisenstab in Landeck mehr und mehr in den Fokus der Medien: Erwin Koler, Oberst Gerold Parth, der den Bundesheereinsatz leitete, und Markus Maaß aus Strengen, der spätere Bezirkshauptmann in Landeck. In Innsbruck versuchte man der Landecker Einsatzzentrale die größtmögliche Unterstützung zu geben.

Journalistische Objektivität vorgaukelnd, wurde (nicht nur) hier subjektiv und bewusst negativ berichtet. Auch fast zwanzig Jahre danach machen mich die damals erhobenen Vorwürfe in verschiedenen Medien noch immer fassungslos: dass „man" – gemeint waren die gesamte Landeseinsatzleitung, die Bürgermeister und Lawinenkommissionen vor Ort – Warnungen vor dieser Katastrophe in den Wind geschlagen hätte, nur um die Touristen nicht zu ängstigen. Hat, wer so etwas sagt, schon einmal überlegt, dass auch Angehörige von Lawinenkommissionen, Mütter, Väter, Schwangere ihr Leben verloren?

Auch heute ist man nicht imstande, trotz großer finanzieller Aufwendungen und bei allen technischen Möglichkeiten, die Natur zu beherrschen. Die Prognosen über Niederschlagsmengen haben eine respektable Genauigkeit erreicht, ihre Auswirkungen auf Muren- und Lawinenabgänge oder Hochwassersituationen werden in den Bergen aber noch länger nicht zufriedenstellend modelliert werden können. Gerade hier ist der Mensch nur eine Mikrobe, verglichen mit der Dimension der extremen Ereignisse wie Lawinen, Hochwasser, Muren, Starkregen, Gewitter und dergleichen. Viele dieser Gefahren sind den Bergen vorbehalten. Der Mensch versucht, die Gefahren zu minimieren, wie es durch Lawinenverbauungen erfolgreich geschieht. Aber der Berg kennt keine menschliche Expertise, er weiß nichts von Erfahrung, er kennt auch keine Gnade. Wir müssen diese Gefahren respektieren und in Kauf nehmen, die unbeschreibliche Schönheit der Berge belohnt uns dafür reichlich.

Schon zehn Monate nach diesen Ereignissen war ich im Dezember 1999 als Sachverständiger für die Verteidigung wieder in eine Lawinenkatastrophe im Paznaun involviert. Auf der zum Teil im Februar zerstörten und im Sommer wieder aufgebauten Jamtalhütte hielten sich über Silvester verschiedene Tourengruppen des DAV-Summit-Clubs auf. Am 26. Dezember 1999 wütete der Orkan „Lothar" über Europa, bei dem über 100 Todesopfer gezählt wurden. Auf dem Wendelstein, einer Wetterstation des Deutschen Wetterdienstes in Bayern, wurde eine Windbö mit 259 km/h registriert. Etwa fünf Milliarden Euro Schaden verursachte „Lothar". Es dürfte einer der bisher größten europäischen Versicherungsschäden gewesen sein.

An diesem Tag war ich mit meiner Frau Edith und meinem Cousin Harald Rofner auf einer Skitour zur Flirscher Bergrettungshütte unterwegs. Beim Aufstieg zur Hütte hatten wir starkwindige bis stürmische Verhältnisse, aber weitaus geringere Windgeschwindigkeiten als im bayerischen Alpenvorland. Inneralpine Berge und Täler sind bei Winterstürmen durch vorgelagerte Gebirgszüge geschützt. Trotzdem waren wir vorsichtig und vermieden es, auf den weiten, mit Baumgruppen bestandenen Wiesen in die Nähe von Bäumen zu kommen. Ein Baum hätte durch einen Windstoß umgerissen werden können.

Es schneite, und gemütlich saßen wir lange in der gut geheizten Bergrettungshütte, wo uns Karl Zangerl, der Vater des Boulderers Bernd Zangerl, mit Tee mit Rum verwöhnte. Irgendwann am Nachmittag erfuhr ich von dem Lawinenunfall auf der Jamtalhütte und fuhr als Mitglied des Notfallteams des Österreichischen Alpenvereins nach Galtür. Am nächsten Tag flogen wir mit einem Hubschrauber des Bundesheeres zur Jamtalhütte. Im Jamtal selbst konnte ich vom Hubschrauber aus nur eine einzige Lawine in einem sehr steilen Tobel unterhalb des Nörderers (2677 m) erkennen. Es dürfte eine durch Neuschnee verursachte Lockerschneelawine gewesen sein. Schneebrettlawinen mit ihrem kantigen Anriss gab es nicht. Beim Landeanflug zur Hütte sah ich neun aufgereihte tote Bergsteiger neben dem Lawinenkegel. Ein Anblick, an den ich mich heute noch erinnere.

Was war geschehen? Über zwanzig Teilnehmer von Skitouren- und Schneeschuhtourenkursen und weitere Bergsteiger hielten sich über Silvester mehrere Tage auf der Jamtalhütte auf. Am Unglückstag verließen die Skibergsteiger und die Schneeschuhgeher die Hütte mit dem Ziel, den etwa 500 Meter höheren und zwei Kilometer entfernten Rußkopf zu besteigen. Eine nur sehr kurze Tour. Alle Gruppen querten mit Skiern und Schneeschuhen den steilen, südlich der Hütte gelegenen Hang ins Tal hinunter und erreichten den Gipfel des Rußkopf. Der Abstieg bzw. die Abfahrt erfolgte entlang der Aufstiegsspur. Etwa 300 Meter vor der Hütte, am Boden des Jamtales, wurden wieder die Felle angeschnallt, um den letzten Hang zur schon sichtbaren Hütte noch einmal queren zu können. Es wehte ein sehr starker Wind. Ein Bergführer erzählte mir: Hinter ihm stiegen die Teilnehmer in der Spur vom Vormittag zur Hütte auf. Die Schneeschuhgeher mit ihrem Bergführer waren noch weit hinten. Plötzlich rief eine hinter ihm gehende Frau, dass es ihr die Skier unter den Füßen weggeschlagen habe. Der Bergführer drehte sich um und erschrak: Es fehlte der Rest der Gruppe. „Wo sind die übrigen Teilnehmer geblieben?", schoss es ihm durch den Kopf. Der Hang war weiß und menschenleer. Eine Katastrophe, eine Tragödie.

Infolge des Starkwindes hatten die Vorderen die fast lautlose Schneebrettlawine nicht hören können. Auf einer Breite von circa 100 Metern und etwa 100 Meter über den Tourengehern war der Anriss der Lawine, der durchschnittlich etwa 20 Zentimeter hoch war. Hätte die Lawine eine flacher werdende Auslaufstrecke gehabt, wäre wahrscheinlich nicht viel passiert. Aber es gab keine Auslaufstrecke, sondern nur den nahen Talboden, auf dem sich der Lawinenschnee mehrere Meter hoch auftürmte. Insgesamt 14 Tourengeher wurden mitgerissen und verschüttet, fünf von ihnen konnten aus der Lawine geborgen werden, für neun kam jede Hilfe zu spät. Unter Schock stehend, erzählte mir ein weiterer Bergführer, dass er die Rolle des Herrgotts habe übernehmen müssen, als er bei der ersten raschen Lokalisierung und Sondierung eines Tourengehers in zwei Metern Tiefe sich die Fragen stellte: „Lebt der Mensch in dieser Tiefe noch? Und wie viele andere sterben, nur weil das Graben bis dorthin so viel Zeit in Anspruch nimmt?" Er grub dann ein zwei Meter tiefes Loch und rettete einer Frau das Leben.

Einer der beteiligten Bergführer war 25 Jahre vorher mein Lehrer bei der Bergführerausbildung gewesen. Ein umsichtiger, vorsichtiger, gefahrenbewusster Mann mit einer jahrzehntelangen Erfahrung in Fels, Eis und Schnee. Niemals ein Hasardeur. Als ich einen Tag später den Hang querte, ein Schneeprofil an der Anrissstirn der Lawine erstellte, fragte ich mich, ob ich den Hang ebenfalls gequert hätte. Meine Antwort lautete ja. Die Frage, weshalb die Lawine abgegangen ist, kann ich bis heute nicht beantworten. Wenn über 20 Skifahrer und Schneeschuhgeher wenige Stunden vor dem Unfall den späteren Unglückshang queren, erfährt die Schneedecke eine ungeheure Belastung. Bei tatsächlich kritischen Verhältnissen – es herrschte laut Lawinenlagebericht Lawinengefahrenstufe 4 –, hätte sich der Hang schon bei der ersten Querung entladen müssen.

Viele Medien berichteten sachbezogen und objektiv über den Lawinenunfall, einige aber sprachen von einer „Alpenmafia", die diesen schrecklichen Unfall unter den Tisch kehren wollte. In den nachfolgenden strafrechtlichen Prozessen gab es einen Freispruch.

Auch dieses Beispiel zeigt, dass jahrzehntelange Erfahrung, umfangreiches Wissen, erfahrenes Können und große Vorsicht letztlich kein Garant für absolute Sicherheit in den Bergen sind. Prognosen von Vorgängen in der Natur haben eine Fehlerquote. Der Schnee folgt den Gesetzen der Schwerkraft, wir sind aber noch meilenweit von einer exakten Simulation von Lawinenabgängen entfernt. Die Beurteilung wird fehlerhaft bleiben.

Unter Leitung des Organisators und begleitet von drei Bergführern, waren in den Morgenstunden des 21. April 1993 Skitourengruppen nach Scuol angereist. Wegen der Wintersperre der Straße ins Val S-charl war ursprünglich geplant gewesen, die etwa zehn Kilometer lange Strecke vom Parkplatz zu Fuß zurückzulegen. Da die Straße aber wider Erwarten geräumt und nicht gesperrt war, konnten alle Teilnehmer mit dem Auto die Unterkunft im ehemaligen Bergwerksort S-charl erreichen. Es dürfte gegen 10 Uhr gewesen sein, als man beschloss, an diesem sonnigen und milden Frühlingstag noch eine Skitour zu unternehmen. Als Ziel wurde der relativ flache Mot dal Gajer (2796 m) ausgewählt, den nach über drei Stunden Aufstieg alle Gruppen erreichten.

Vom Gipfel boten sich den Teilnehmern nicht nur ein überwältigender Blick auf die Berge der Sesvenna-Gruppe, sondern auch verlockende Hänge nach Norden hinunter ins Val Tavrü. Eine scheinbar ideale Abfahrt, mäßig steil, bis ins Tal. Der Aufstieg war südseitig erfolgt. Aufgrund des dort durchfeuchteten Schnees beschlossen die Bergführer, ins Val Tavrü abzufahren. Alle drei Gruppen fuhren Abstände haltend ab. Etwa 500 Höhenmeter unterhalb des Gipfels musste ein langer Hang gequert werden. Während der Querung der ersten Gruppe, die wie immer auch aus didaktischen Gründen in größeren Abständen erfolgte, brach eine gewaltige Lawine fast 200 Höhenmeter oberhalb der Gruppe auf einer Breite von 350 Metern ab. Inmitten der Lawinenbahn war eine unscheinbare Erhebung. Auf diese konnte sich der Bergführer mit zwei oder drei weiteren Teilnehmern retten. Die Lawine umfloss sie. Aber vier Teilnehmer, die sich in der Querung befanden, wurden von den nassen Schneemassen mitgerissen, hinunter ins Val Tavrü transportiert und bis zu acht Meter tief in der Auslaufstrecke der Lawine begraben. Sie konnten von der herbeieilenden Bergrettung nur noch tot geborgen werden.

Das Kantonsgericht in Chur trat diesen Fall an die Justiz in Österreich ab und ich wurde zum Gutachter bestellt. Mit dem Richter in Chur am Telefon diskutierend, erklärte er mir einen Unterschied zwischen der Schweiz und Österreich in diesem Verfahren: In der Schweiz würde auch der verantwortliche Leiter des gesamten Kurses angeklagt werden und nicht nur die Bergführer.

Für den Lokalaugenschein ein Jahr später mit dem angeklagten Bergführer, seinem Rechtsvertreter, dem leitenden Oberstaatsanwalt von Innsbruck und mir musste die Bestätigung des Justizministeriums in Bern eingeholt werden, da gerichtliche Handlungen an sich nicht in einem anderen Staat stattfinden dürfen. Den ersten Termin für den Lokalaugenschein sagte ich wegen der Lawinensituation ab, und tatsächlich gab es südlich vom Mot dal Gajer einen kleinen Lawinenabgang, der aber glimpflich verlief. Eine Woche später war es dann so weit. Auf den Tag genau ein Jahr nach dem Unfall stiegen wir bei etwa vier Grad niedrigeren Temperaturen in Richtung des Mot-dal-Gajer-Gipfels auf. Aufgrund der von mir zuvor akribisch gelesenen Gerichtsakten erlebte ich diesen Lokalaugenschein, wie wenn ich selbst bei der verhängnisvollen Tour dabei gewesen wäre. Ich wusste von den damaligen Rastplätzen, in welchem Bereich jemand in der Schneedecke eingebrochen war und viele andere Dinge. Vom Gipfel schauten wir ins Val Tavrü hinunter und auch die Abfahrt war für mich nicht unbekannt.

Zur Erstellung des Gutachtens lag mir auch eine Lawinenaufnahme mit einem ausführlichen Schneeprofil im Anrissgebiet der Lawine vom Eidgenössischen Institut für Lawinenkunde in Davos vor. Damals, Anfang der 1990er-Jahre, waren Strategien (wie die Muntermethode, Stop or Go, Snowcard etc.) für ein lawinengemäßes Verhalten erst im Entstehen und man arbeitete mit den klassischen Methoden wie der nivologischen und führungstechnischen Beurteilung des Geländes. Die Steilheit eines Hanges wurde zwar beachtet, war aber allgemein nicht einer der wichtigsten Faktoren.

Eine zentrale Frage bei diesem Unfall war die späte Abfahrt am Nachmittag. Normalerweise, und dies gilt heute noch, sollte die Skitourenabfahrt im Frühling bei milden Temperaturen spätestens bis Mittag erfolgen. Im konkreten Fall war die späte Abfahrt umso erstaunlicher, weil die Gruppen bei ihrem Aufstieg zum Mot dal Gajer von einem einheimischen Bergführer auf die späte Tageszeit hingewiesen worden waren.

Bei einem Gutachten dieser Tragweite habe ich die schneekundlichen Agenden immer mit meinem Freund, dem Experten Bernhard Lackinger, diskutiert. Aus den Fotos der Teilnehmer während der Abfahrt war ersichtlich, dass die Eindringtiefe der Skier im Bereich des Gipfels etwa fünf Zentimeter betragen hatte. Dies war ein etwas tieferer Firn. Weiter unterhalb des Gipfels, bei der Querung, war der Schnee durchnässt und schwer. Mit Bernhard zusammen überlegte ich, warum sich in einem derart nassen Schnee eine Lawine in dieser Größenordnung, 350 Meter breit und bis zu etwa 200 Höhenmeter über der Gruppe, lösen konnte. Welche Mechanismen hatten dafür gesorgt? In einer nur aus Nassschnee bestehenden Schneedecke können Spannungen normalerweise nicht über eine größere Distanz übertragen werden.

Des Rätsels Lösung lieferte das Schneeprofil, das am Tag danach erstellt wurde. Etwa 15 Zentimeter unterhalb der Schneeoberfläche gab es eine Schicht von kompakten, rundkörnigen Schneekristallen, die zudem noch relativ niedrige Temperaturen aufwies. Derartige kalte Schichten sind spröde, können Spannungen übertragen, und so können auch großflächige Lawinen anbrechen. Aufgrund dieser Schicht konnte ich nicht ausschließen, dass die Unglückslawine auch am späteren Vormittag hätte ausgelöst werden können. Das Gericht bestimmte, um eine Entscheidung ringend, noch einen weiteren Gutachter, letztlich erging ein Freispruch.

In Erinnerung geblieben ist mir auch ein tödlicher Absturz an einem Klettersteig im Nordtiroler Oberland. Ein Pater und eine Nonne waren aus dem süddeutschen Raum angereist, um den eben fertig gestellten Klettersteig zu begehen, der laut einer Hinweistafel die Schwierigkeit „schwierig bis sehr schwierig" (nach heutiger Einstufung C/D) aufwies. Die hohen Kosten von circa 600.000 Schilling für die Errichtung hatte der örtliche Verkehrsverein übernommen. Als Sachverständiger musste ich begutachten, ob der Verkehrsverein einen zu schwierigen Steig errichtet hatte.

Der Klettersteig führte über meist griffigen Kalk zur höchsten Spitze. Nach etwa der Hälfte des anstrengenden Steiges wurde ein einfacher Zwischenabstieg über schrofiges Gelände eingerichtet, falls das Wetter umschlagen oder die Kondition für die gesamte Begehung nicht ausreichen sollte. Pater und Nonne waren für diesen Klettersteig nicht adäquat ausgerüstet, und nach der Hälfte des Klettersteiges entschloss sich die mittlerweile müde gewordene Frau, über den Zwischenabstieg ins Tal zurückzukehren. Der Pater lieh sich von seiner Begleiterin den zu engen Brustgurt aus – Sitzgurte waren noch nicht Standard – und verlängerte ihn vorne mit drei ovalen, dreißig Jahre alten Eisenkarabinern. Am Ende der darin eingeknüpften, etwa zwanzig Jahre alten Perlonreepschnüre mit sieben Millimeter Durchmesser befanden sich nochmals zwei Eisenkarabiner für die Sicherung am Drahtseil des Klettersteiges. Schon bald nach dem Zwischenabstieg musste der Pater eine fast senkrechte Platte ohne stählerne Steigbügel am Kletterseil überwinden. Am oberen Rand der Platte verließen ihn die Kräfte und er stürzte zunächst etwa fünf Meter bis zur nächsten Verankerung des Seils ab. Dabei riss die verwendete, für eine Klettersteigbegehung nicht geeignete Reepschnur, und der Mann stürzte schließlich tödlich ab.

Beim Lokalaugenschein zeigte sich zudem, dass die Schnapperöffnung der alten Karabiner für das verwendete Drahtseil am Klettersteig zu eng war und sich nur sehr schwierig und kraftraubend ins Drahtseil einfädeln ließ. Sich mit einem Arm festhaltend, dürfte der Verunfallte in der steilen Platte nicht mehr die Kräfte für das Einhängen des Karabiners aufgebracht haben. Das Verfahren gegen den Verkehrsverein wurde eingestellt, da dieser die entsprechende Schwierigkeit am Anfang des Steiges dokumentiert hatte. Übrigens wurde die Unfallstelle später entschärft und es wurden Steigbügel zur leichteren Begehung eingebaut.

Auch bei einem tödlichen Steinschlagunfall am Großen Löffler (3379 m) in den Zillertaler Alpen war ich als Gutachter tätig. Eine Gruppe bestieg diesen Berg in den Mittagsstunden im Juli 1991 mit einem Bergführer. Unter seiner Leitung hatten die Teilnehmer am Nachmittag im oberen Teil des Löfflerkeeses geübt, ehe die gesamte Gruppe über den mit etwa zehn Zentimeter Schnee bedeckten Gletscher abstieg. Plötzlich löste sich oberhalb ein auf dem Gletscher liegender, tischgroßer Granitblock und sauste mit großer Geschwindigkeit nach unten. Er traf einen Bergsteiger am Unterschenkel und zerfetzte seine Arterie, woraufhin er verblutete. Da der Abstieg auf der üblichen Route verlief, und nicht abseits, und da schon seit Tagen – und nicht erst am Unfalltag – milde Temperaturen herrschten, wurde dieses Verfahren ebenfalls eingestellt.

Fast auf den Tag genau ein Jahr später starb ein Teilnehmer einer geführten Tour an der gleichen Stelle. Wiederum hatte sich ein Felsblock über den Gletscher schnell in Richtung auf eine Gruppe hinbewegt. Einer der Teilnehmer öffnete den Karabiner am Hüftgurt und löste sich so aus der Seilschaft, um davonzurennen. Dabei übersah er eine Gletscherspalte und stürzte in diese. Er erlitt dabei tödliche Verletzungen.

Weil ich mich seit vierzig Jahren mit alpinen Unfällen befasse, bin ich selbst sehr vorsichtig, manchmal sogar ängstlich unterwegs. Ich bin überzeugt, dass richtige Entscheidungen im Gebirge nur in ausgewogener Eigenverantwortung und im Wissen um die Unvorhersehbarkeit von Naturprozessen getroffen werden können. Unfälle anderer gilt es nicht zu verurteilen, stattdessen sollte man versuchen, daraus zu lernen.

GEGEN DEN WEISSEN TOD

Bei meinen Touren abseits der Piste blieb ich trotz aller Vorsicht selbst nicht vor Lawinen verschont.

Während ich in meinen Walkhandschuh biss und mit der anderen Hand den Kopf schützte, transportierte mich im Jänner 1985 eine Lawine im Gipfelbereich des Angerbergkopfes in der Fotsch im Sellrain in Richtung Tal. Bei hoher Geschwindigkeit war ich zeitweise mit dem Kopf über und zeitweise in der Lawine; dies wechselte mehrmals, wie oft – daran kann ich mich nicht mehr erinnern. Seltsamerweise blieb ich ganz ruhig und furchtlos. Statt in Panik zu geraten, überlegte ich mir, wie ich mich in der Lawine richtig verhalten sollte.

Zu dieser Zeit war ich mit meinem Freund Bernhard Lackinger mit der Redaktion der ersten Auflage des Lawinenhandbuches beschäftigt, und der damalige „Lawinen-Papst" von Österreich, der Leiter des Lawinenwarndienstes von Kärnten und Bergrettungsmann Albert Gayl, hatte dafür einen Aufsatz über die Lawinenrettung geschrieben, den ich kurz zuvor gelesen hatte. In seinem Text hatte Gayl empfohlen, einen Handschuh in den Mund zu nehmen, damit kein Schneestaub in die Lunge gelangt. Der in rasendem Tempo nach unten stiebende Schnee zerrte, drückte, zog an meinem Körper, und ich kam gar nicht zu irgendwelchen Schwimmbewegungen, von denen ich sonst in der Literatur gelesen hatte.

Ich verwendete die bei Tourengehern zu dieser Zeit üblichen Fangriemen aus Leder, damit die Skier bei einem Sturz sich nicht selbstständig machen oder, im Steilgelände, gar in der Tiefe verschwinden konnten. Zum Glück riss mir die Lawine einen Ski trotz Fangriemens weg. Deutlich spürte ich im direkten Vergleich aber, wie der andere wie ein Anker wirkte, der mich in die unteren Schichten der Lawine zerren wollte.

Diese Höllenfahrt mit der Lawine wird etwa 150 Meter lang gewesen sein, und langsam wurde ich an den Rand der Lawine gespült, als sich der Ski mit dem Fangriemen am Rand verkeilte und die Schneemassen an mir vorbeiströmten. Glücklicherweise war ich beim Anbrechen der Lawine direkt unter dem Anriss gewesen. Dadurch waren nur wenige Meter der langen Lawine über mir, und der meiste Schnee floss unter mir. Den glimpflichen Ausgang verdankte ich dem flacher werdenden Gelände, in dem die Lawine zum Stehen gekommen war, und das keinen Stauraum für den Schnee bildete. Nun hatte ich zwar meine Stöcke und einen Ski verloren. Wie durch ein Wunder kamen sie aber an der Oberfläche zum Liegen, und bevor meine Kollegen mich erreichten, hatte ich schon die verlorenen Gegenstände einsammeln können. Auf den Gipfel haben wir natürlich alle verzichtet und, anfangs etwas wackelig auf den Beinen, fuhr ich an der Furggesalm vorbei ins Fotschertal hinunter.

Es war eine Tour von sogenannten Experten, bei der ich in diese missliche und nicht ganz ungefährliche Lage gekommen war. Meine Tourenkollegen waren zwei anerkannte Lawinenfachleute: Bernhard Lackinger, der über Gleitschneelawinen habilitierte, und der Bergführer Rudi Sailer, der jahrelang in der Lawinenkommission in St. Anton tätig war. Außerdem begleiteten mich Walter Ploner, der Direktor des ÖAMTC Tirol, und der Journalist Günther Krauthackl. Schon beim Aufstieg wussten wir, dass die Lawinengefahr in diesem sehr kalten und schneearmen Winter nicht zu unterschätzen war. Die Zahl der Lawinentoten in ganz Österreich war bereits überdurchschnittlich. Während im Durchschnitt in Österreich 25 Lawinentote in einem Winter gezählt werden, waren es im Winter 1984/85 insgesamt 41.

Bei unserer Tour dürfte die Lawinengefahrenstufe 3, erhebliche Gefahr, geherrscht haben. Diese Gefahr riefen uns auch die im flacheren Gelände typischen Setzungsgeräusche mehrfach in Erinnerung: „Wumm". Diese bei Tourengehern bekannte, hörbare Setzung der Schneedecke wies auf einen sehr instabilen Aufbau mit einer mächtigen Schicht von Schwimmschnee, also Tiefenreif, hin. Wir nahmen dieses „Wumm" sehr ernst und hielten schon beim Aufstieg in steiler werdendem Gelände und dann bei der Querung im etwa 30 Grad steilen Gelände unterhalb des Gipfels des Angerbergkopfes größere Abstände ein. Zwar hätten wir die Skier auch ausziehen und in wenigen Metern über schrofiges Gelände direkt zum Gipfel aufsteigen können, doch wir wollten mit den Skiern direkt auf den Gipfel.

Rudi querte den Nordwesthang als Erster und erreichte den Grat wenige Meter nördlich des Gipfels. Ich folgte als Zweiter. Plötzlich ein lautes Zischen. Die Schneedecke riss über mir auf. Schon ging es dahin. Der Anriss war etwa einen halben Meter hoch. Zeit zu reagieren, möglicherweise sogar aus der Lawine auszufahren, hatte ich nicht. Sofort zog es mir den Boden unter den Skiern weg.

Bewährt hat sich, dass ich beim Befahren von Hängen abseits gesicherter Pisten die Hände schon damals nicht mehr in den Schlaufen der Skistöcke hatte, nachdem sieben Jahre vorher zwei Freunde von mir, Gerd Gantner und Hans Oberhauser, nach einer nur 20 Meter breiten Schneebrettlawine auf der Wetterspitze im Südtiroler Pflerschtal, die Hände fixiert in den Stockschlaufen, in einer nur wenige Zentimeter hohen Lawinenablagerung ums Leben gekommen waren. Eine Tragödie für die Familien. Hans' Mutter verlor nach ihrem Mann, einem Vermessungsingenieur beim Bau der Kraftwerke Kaprun, auch ihren Sohn in einer Lawine. Und Gerd, ein Teilnehmer unserer Expedition zum Noshaq in Afghanistan, hinterließ seine Frau und zwei Kinder, das jüngere gerade einmal wenige Wochen alt.

Im besagten Lawinenwinter 1985 erwischte es mich noch einmal. Mit Ruth Canal, die mit meiner Frau Edith und mir 1980 in der Cordillera Vilcanota in den peruanischen Anden gewesen war, stiegen Edith und ich zum Muttekopf bei Imst auf, um dann steil nach Südosten zur Latschenhütte abzufahren. Beim Aufstieg trafen wir Regimentskommandant Arthur Klocker vom Österreichischen Bundesheer, dem wir unsere Absicht mitteilten und der uns einlud, nach der Tour bei ihm Kaffee zu trinken. Am Gipfel angekommen, überprüfte ich die Scherfestigkeit der Schneedecke mit dem Schaufeltest, der sogenannten Norwegermethode. Blitzschnell lösten sich die obersten fünf Zentimeter. Ich sorgte mich nicht, da es nur wenige Zentimeter waren. Auf harter Unterlage wedelten wir, Abstände haltend, nach unten. Bei einer Querung sah ich etwa 50 Zentimeter hoch eingewehten Schnee. Da half nur eines: einzeln queren. Ich kam etwa zehn Meter weit, als ich wieder das von der Fotsch her bekannte Zischen, das Anreißen der Schneebrettlawine, über mir hörte. „Karl!", rief Edith noch laut. Ich dachte mir nur noch: „Na, nid scho wieda." Schon ging es auf den grobblockigen Schollen der Lawine sitzend dahin. Ich hatte wieder großes Glück. Nach etwa 40 Metern blieb die Lawine an einer etwas ebener werdenden Stelle des Hanges stehen. Nur wenig weiter und ich wäre hunderte Meter über steiles, schroffiges Gelände mitgerissen worden.

Beim Kaffee erklärte mir Arthur Klocker, dass er sich zwar über unser Ziel gewundert, er aber meiner Erfahrung vertraut habe. Dieser Beinahe-Unfall zeigte mir wieder die Überlegenheit der Einheimischen, die die örtlichen Verhältnisse den ganzen Winter über miterleben und sie so besser beurteilen können. Unter

Gewarnt durch ein Lawinenunglück im wenige Kilometer entfernten Lechtal querte ich mit Thomas Klimmer auf dem Weg zum Stanzkogel nicht wie üblich zwischen Hirschpleiskopf und Glogger direkt ins Furmentatal hinein, sondern machte einen Umweg.

der Woche im Büro sitzend, Millionen Daten ohne örtliche Auswirkungen sichtend, ist die Beurteilung der Lawinengefahr schier nicht möglich.

Wie gut die Einschätzung vor Ort funktioniert, habe ich auch bei vielen anderen Gelegenheiten erfahren. Mit Helmut Falch, einem begnadeten Skifahrer und Skilehrer, dem Bruder von Ernst Falch, Skirennläufer im Österreichischen Nationalteam, durften Norbert „Nori" Alber und ich spätnachmittags nach Dienstende in der Skischule von St. Anton noch „Schule und Gelände" fahren, wie das damals hieß: ein Spezialskikurs für uns Nachwuchsskilehrer. Gegen 16 Uhr näherten wir uns einmal, vom Kapall in ausgedehnten Schwüngen abfahrend, der Einfahrt ins Törli, einer steilen und nur wenige Meter breiten Rinne, die in den Schöngraben hinunter führt. An der oberen Hangkante angekommen, wollten wir sofort einfahren. Doch Helmut wies uns Junge zurecht und ließ uns oben warten. Er kam nur wenige Meter weit, bis ihn eine schmale Schneebrettlawine mitriss. Aufrecht stehend, wurde er durch die Lawine nach unten transportiert. Nach etwa 100, vielleicht auch 150 Metern kam die Lawine zum Stillstand. Helmut hatte großes Glück. Weiterhin aufrecht stehend, steckte er nur bis zu den Oberschenkeln im Lawinenschnee. Als wir ihn erreichten, hatte er sich schon selbst befreit.

Als wir uns dem bewusst nicht gequerten Hang näherten, lösten wir ein Schneebrett aus der Ferne aus. Ohne Vorsicht wären wir beide unter meterhohem Lawinenschnee verschüttet worden.

Nur wenige hundert Meter östlich vom Törli, bei der Leutkircher Hütte, war ich Jahre später mit meinem Freund, Expeditionskollegen und Bergführer Thomas Klimmer auf einer Skitour zum Hirschpleiskopf oder zum Stanzkogel unterwegs; so genau weiß ich das vielleicht deshalb nicht mehr, weil wir den Gipfel erst gar nicht erreichen sollten.

Es war Anfang Jänner in einem bis dahin sehr schneearmen und teilweise kalten Winter. Am Vortag waren im Lechtal, einige Kilometer nördlich von uns, vier deutsche Tourengeher von einer Lawine getötet worden. Es herrschten kritische Verhältnisse. Darum nahmen wir nicht den üblichen Weg über einen steilen, nordexponierten Hang ins Furmentatal hinein – als Furmenta wird im Antoner Dialekt das Murmeltier bezeichnet, das Wort stammt aus dem Rätoromanischen –, sondern wir entschlossen uns, von der Leutkircher Hütte 100 Höhenmeter zu einer Jagdhütte abzufahren. Anschließend zogen wir unsere Spur auf einem kleinen, südexponierten Rücken über dem Furmentatal in Richtung Hirschpleiskopf. Als wir dort aufstiegen und uns dem verdächtigen Nordhang näherten, brach, durch uns fernausgelöst, eine Schneebrettlawine los, die die gesamte Breite des Nordhanges umfasste. Meterhoch türmte sich der Lawinenschnee in dem winzigen Tal. Der Unfall am Vortag und unser Bauchgefühl hatten uns das Leben gerettet. Wir hätten keine Chance gehabt, unter den Schneemassen einen Hilferuf abzusetzen. Zudem war die Unfallstelle von St. Anton aus nicht einsehbar.

Oft stieg ich auch allein zur Leutkircher Hütte auf. Im Laufe der Jahre sammelte ich viel Erfahrung über die Schneeverhältnisse und die kritischen Stellen, an denen Lawinen ausgelöst werden konnten. Knapp vor Erreichen der Hütte, im letzten Hang, war so eine Stelle, die ich immer im flacheren Gelände in einem weiten Bogen ostseitig umging. Einmal, nach der Rast und der beeindruckenden Rundsicht auf die von mir so sehr geliebten Berge des Verwalls und der Lechtaler Alpen, näherte ich mich dem kritischen Hang von oben und dachte mir: Den müsste man doch heute relativ leicht auslösen können. Gedacht, getan. Nicht einmal einen Schritt unter der Hangkante löste sich direkt unter mir ein Schneebrett mit gefährlichen Ausmaßen. Daraufhin fuhr ich beruhigt über die Lawinenbahn ab.

Ein anderes Mal profitierte ich von der Erfahrung des Hüttenwirtes Morf auf der Tschiervahütte in der Bernina. Als er am Abend bei der Anmeldung erfuhr, dass mein AAKI-Klubbruder Rudi Steiner und ich am nächsten Tag die Piz-Roseg-Nordostwand, eine steile, damals noch komplett mit Eis und Firn bedeckte Flanke, begehen wollten, verbot er uns das ausdrücklich. „Die geht ihr nicht", sagte er in rauem, gutturalem Tonfall. Unsere Begeisterung schlug in Fassungslosigkeit um, als er, zur Unterstützung seiner Warnung, mit einer ausladenden Handbewegung unsere Alpenvereinsausweise über den Tresen zog und sich mit beharrlicher Konsequenz weigerte, diese wieder herauszurücken. Er meinte, dass es viel zu warm sei und wir mit nassen Lockerschneelawinen rechnen müssten. „Der kann uns mal", dachten wir uns in unserem jugendlichen Leichtsinn. Wir wussten, dass wir nach der Tour wieder an der Hütte vorbeikommen würden und dann auch die Ausweise abholen konnten.

Nach zwei Stunden Aufstieg von der Hütte erreichten wir in der Nacht gegen 3 Uhr Früh den Wandfuß der etwa 700 Meter hohen Eiswand. Schon beim Queren des Gletschers waren wir immer wieder durch den dünnen, oberflächlichen Harschdeckel gebrochen. Am Fuß der Wand waren dann auch Ablagerungen von Lockerschneelawinen gut zu sehen. Die Warnung des Hüttenwirtes in den Ohren, beschlossen wir, über den Eselsgrat und nicht über die Nordostwand zum Gipfel aufzusteigen. Fast drei Stunden nach uns, knapp vor 6 Uhr, stieg eine Zweierseilschaft in die Nordostwand ein. Wir är-

Blick zurück vom Furmentatal auf Weißschrofenspitze, Fallersteißspitze, Valluga und Roggspitze bei sicheren Schneebedingungen

gerten uns: Die waren mutiger und entschlossener als wir. Doch schon beim Abstieg hörten wir plötzlich einen Helikopter. Er näherte sich der Piz-Roseg-Nordostwand. Wenig später sahen wir einen Toten der Zweierseilschaft auf einer Lawine liegen. Der Zweite war offensichtlich unter ihr begraben. Die Lawine hatte wohl beide mehrere hundert Meter über die Wand in den Tod gerissen.

Abgesehen von der schlussendlich doch beherzigten, eindrücklichen Warnung des Hüttenwirtes hatte sich hier auch bewährt, dass ich meine Angst ernstgenommen habe. Am Weg zum Einstieg fragte ich mich bei schwierigen Touren immer, welche gravierenden Gründe gegen die beabsichtigte Tour sprechen. Nur wenn mir keine ernsthafte Begründung einfiel, bin ich eingestiegen.

Der Weiße Tod hat viele meiner Freunde beim Skifahren und Bergsteigen ereilt. Auch Landesskilehrer und Bergführer, mit denen ich die Ausbildung absolviert hatte, starben in Lawinen. So schön diese Berufe sind, sie gehören zu den gefährlichsten überhaupt. Von den 25 Berg- und Skiführern, mit denen ich 1975 die Ausbildung erfolgreich abschloss, sind neun am Berg gestorben. Die meisten in Lawinen. Darunter Theo Riml und Viktor Giacomelli. Die beiden Führer aus Sölden gehörten neben Franz Kröll aus Kufstein zu den Kursbesten. Theo, mit dem ich als Führer einmal im Wallis unterwegs war, stürzte während eines Lawineneinsatzes in der Nähe der Hohen Wilde in eine Gletscherspalte, und Viktor starb bei einer Führungstour unterhalb des Cevedale in der Nähe der Tre Cannoni in einer Lawine. Der Oberösterreicher Franz Six, mit dem ich im Wallis führte, wurde von einer nassen Lockerschneelawine am Hohen Göll mitgerissen. Die Skiabfahrt über die Nordseite der Valluga zum Pazüeljoch und über das Pazüel nach Zürs ist eine sehr steile, auch von Gästen in Begleitung von Skiführern oft befahrene Route. In diesem Hang starben mein Nachbar Hans Wolfram, ein staatlicher Skilehrer, und einige Jahre später auch der Bergführer Norbert Raich aus Imst. Beide wurden im orografisch rechten Teil des Hanges von einer Schneebrettlawine mitgerissen und über eine mehr als 100 Meter hohe Felswand geschleudert. Jede Hilfe kam zu spät.

Der Bergführer und Skilehrer Christoph Rimml, den ich im Lehrteam des Alpenvereins 1981 kennen- und schätzen gelernt hatte und der auch Mitglied der Lawinenkommission in Zürs war, starb im März 2000 mit zehn Schülern während eines Ausbildungskurses in einer riesigen Lawine am Kitzsteinhorn. Es herrschte die Lawinengefahrenstufe 2. Viele Winter hatte ich fast täglich Kontakt mit Christoph gehabt, auch als im Februar 1999 im Westen Österreichs ergiebigste Schneefälle mit insgesamt fünf Metern Neuschnee und mehr niedergingen und sich die Lawinenkatastrophen in Galtür und Valzur ereigneten. Er schätzte meine Neuschneeprognosen sehr. Aber es half auch die beste Prognose nicht immer. Einmal sprengten sie in Zürs eine Lawine ab, die daraufhin einen Skilift beschädigte. Aber Material ist ersetzbar, ein Menschenleben nicht.

VIER PERFEKTE TAGE AM OGRE

Thomas Huber

Juli 2001, zum zweiten Mal steh ich vor dieser Burg aus Granit und Eis. Ein Bollwerk im Karakorum, das den Namen Ogre trägt. Der Baintha Brakk, wie die einheimischen Baltis diesen Berg nennen, ist mit 7285 Metern der höchste in der Latok-Gruppe und gehört zu den schwierigsten Bergen der Welt. An keinem anderen sind so viele Expeditionen gescheitert wie an diesem. Buchstäblich ein Menschenfresser!

1977 schaffte die englische Seilschaft durch Doug Scott und Chris Bonington die Erstbesteigung. Im Abstieg brach sich Scott bei einem Sturz beide Beine, und die zwei Bergsteiger kämpften sich bei extrem schlechtem Wetter zurück ins Basislager. Diese Besteigungsgeschichte machte den Ogre berühmt. Die zweite Besteigung war ein großes Ziel vieler Alpinisten, aber seither sind über dreißig Expeditionen an dieser Herausforderung gescheitert. Der Grund für diese außerordentliche Quote liegt an der komplexen Struktur des Berges: von allen Seiten steil aufragend, senkrechte Granitwände, Eisflanken, ineinander verschachtelte Séracabbrüche und auf 7100 Meter ein senkrechter Granitturm zum Gipfel. Hinzu kommt die Unberechenbarkeit des Wetters über vier Tage, die man für den Auf- und Abstieg mindestens benötigt.

Schon 1999 waren wir am Ogre gewesen, zu viert, ein perfektes Team. Die Verhältnisse am Berg schienen akzeptabel zu sein und nach der Akklimatisierungsphase hofften wir auf vier Tage blauen Karakorum-Himmel. Damals hatten wir für die Wetterbeurteilung einen Höhenmesser. Wir zeichneten den Druckverlauf auf Papier und verglichen es mit dem aktuellen Wettergeschehen, mit Wolkenbild und Windrichtung. Wir beobachteten den Sternenhimmel, dazu das Bauchgefühl, und mit all diesen Faktoren versuchten wir die richtige Entscheidung zu finden. Wirklich sicher waren wir uns nie. 1999 sind auch wir gescheitert: Einmal starteten wir, dann vermasselte uns das Wetter eine Besteigung; ein anderes Mal blieben wir aufgrund unseres Bauchgefühls im Basislager und konnten es dann kaum erwarten, bis das Wetter nach drei guten Tagen endlich umschlug.

2001 ist vieles anders. Etwas Sicherheit gibt uns das Satellitentelefon, die Verbindung in die Heimat und nach Innsbruck. Bevor ich Charlys Gesicht kenne, ist mir seine Stimme vertraut. Diese Stimme gibt uns Hoffnung, Klarheit und Sicherheit. Nach zwei Wochen schlechten Wetters ist es so weit: Ein kontinentaler Hochdruckkeil schiebt sich ins Karakorum, drei bis vier Tage stabiles Wetter, ab morgen Früh! Dann wieder auf unabsehbare Zeit schlechte Aussichten.

Wir packen alles zusammen und im Stirnlampenlicht verlassen wir das Basislager. Obwohl keine Sterne zu sehen sind, haben wir ein gutes Gefühl. Wir stolpern in stockdunkler Nacht über den Uzun-Brakk-Gletscher in Richtung Berg. In der Morgendämmerung sehen wir endlich die umliegenden verschneiten Berge, die Wolken hängen sehr tief. Es scheint verrückt, bei diesem Wetter unterwegs zu sein, aber wir gehen weiter. Wenig später beginnt es wieder zu schneien und von den prognostizierten perfekten Tagen ist nichts zu erkennen. Wir spuren stoisch durch den immer tiefer werdenden Schnee, keiner spricht den Satz aus: „Zurück ins Basislager!" Wir glauben nicht daran, dass sich der Charly geirrt hat, und steuern auf das Einstiegscouloir zu. Genau in dieser hoffnungslosen Situation hört es auf zu schneien und der Himmel reißt auf. Die dicken Schneewolken geben den Blick zum Gipfel des Ogre frei. „Der Charly hat recht, dieser Fuchs." Diese Gewissheit beflügelt uns und wir graben durch die steile Schneerinne. Es ist extrem gefährlich, aber das Fixseil gibt uns die Sicherheit. Wir wollen es schaffen, wir kämpfen, wühlen durch den Schnee, und als wir endlich die Sicherheit des Felspfeilers erreichen, ist über uns stahlblauer Himmel!

Ohne die Sicherheit, die uns der Wetterbericht gegeben hat, wären wir gar nicht vom Basislager gestartet. Nach drei Tagen harter Kletterei der Gipfel, es ist unfassbar! Wir stehen als zweite Seilschaft auf diesem wilden Berg! Einen Tag später sind wir wieder zurück im Basislager und das Wetter verschlechtert sich. Wir haben es geschafft, und maßgeblich beteiligt war unser „viertes Teammitglied" Charly, der seither mein beständigster Partner bei meinen Abenteuern ist.

FREE SOLO AM GRAND CAPUCIN

Alexander Huber

Der Mont Blanc ist immer eine Reise wert und dieses Mal besonders. Mit dem Vorhaben, den Grand Capucin free solo zu erklettern, machte ich mich auf den Weg nach Courmayeur: Ich wollte den schwierigsten Gipfel der Alpen, einen freistehenden Granitobelisken, aber nicht nur ohne Seil erklettern, sondern auch wieder auf demselben Weg und dieselbe Weise herunterkommen.

Als beste Möglichkeit dazu erschien mir der Schweizerweg mit steilem und extrem exponiertem Granit, vor allem zum Gipfel hin. Speziell die Vereisung kritischer Stellen und das Wasser stellen dabei eine echte Herausforderung dar. Damit herrscht hier im Hochgebirge eine völlig andere Ausgangssituation als etwa in einer Wand in den Dolomiten. Gerade bei „perfektem" Wetter, bei strahlendem Sonnenschein, der angenehme Temperaturen zum Klettern schafft, schmelzen Eis und Schnee, der sich auf den Absätzen in der Wand versteckt. Und zum Abfließen sucht sich das Schmelzwasser genau jene Risse, über die ich nach oben und auch wieder nach unten klettern will. Außerdem spielt auch das Wetter eine entscheidende Rolle, weshalb ich jede Anreise nach Courmayeur mit Charly abstimmte.

August 2008. Ich wagte mich zum ersten Mal an mein Vorhaben am Grand Capucin. Fast zwei Wochen lang musste ich warten, bis das Wetter endlich brauchbar erschien. Dementsprechend motiviert war ich nun. Allerdings hatte mich Charly schon ein wenig eingebremst, mit einer kleinen Warnung, vielleicht auch einem kleinen, aber wichtigen Rat: Das Wetter sei gut, aber nicht wirklich stabil, eine Überentwicklung im Laufe des Tages wahrscheinlich. „Wenn du mich fragst, dann würde ich da ohne Seil nicht einsteigen. Alexander, wart' lieber auf den Tag, wo alles passt und alles so ist, wie du's brauchst!"

Dann stehe ich unten im Gletscherbecken, über mir der Granit und nur ein paar verlorene Wolkenfetzen, die sich um den Gipfel herum bilden und immer wieder verlieren. Und irgendwie habe auch ich das Gefühl, dass nicht alles passt. Gesichert steige ich ein, klettere Seillänge um Seillänge, bis ich dann fast ganz oben mit einer handfesten Überraschung konfrontiert werde: Der Riss am Ausstieg der Schweizerführe ist nach den zwei Wochen Schlechtwetter vereist! Kaum sichtbar durchziehen feine Adern gefrorenen Schmelzwassers die Schlüsselstelle. Das wäre kein Spaß gewesen: 300 Meter free solo hinaufzuklettern, dann kurz vor dem Gipfel umzudrehen und alles wieder free solo abzuklettern.

Den Ausschlag für das Abwarten hatte Charlys Rat gegeben. Entscheiden müssen wir am Berg am Ende immer selbst. Ich bin aber froh, mit ihm nicht nur einen kompetenten Berater an der Seite zu haben, sondern einen Freund, jemanden, der genau weiß, was uns bewegt.

Zwei Tage später sind die Verhältnisse am Grand Capucin perfekt: der Himmel von einer dünnen Wolkenschicht überzogen, die Temperaturen nicht zu hoch, aber auch nicht zu niedrig, kein Schmelzwasser, kein Eis. In 59 Minuten erreiche ich den Gipfel, fast doppelt so lange brauche ich für das Hinunterklettern. Je weiter ich mich vom Gipfel des Grand Capucin entferne, desto mehr kehre ich zurück in meine „normale" Welt. Dann stehe ich wieder unten auf dem Gletscher. Und einer der ersten, bei denen ich mich melde, ist Charly. Denn wir alle, die von ihm beraten werden, wissen, dass er mit Herzblut dabei ist und für unsere Aktionen genauso brennt wie wir selbst.

WETTERWISSEN

Nach dem Studium in Innsbruck arbeitete ich für einige Monate für das Limnologische Institut der Universität Innsbruck unter der Leitung von Roland Pechlaner. Ich unterstützte meinen Freund Wolfgang Gattermayr bei den Messungen der Wasserbilanz des Piburger Sees. Im April 1977 wechselte ich zur Zentralanstalt für Meteorologie und Geodynamik (ZAMG) nach Wien. Dort wurde Wolfgang Kaltenegger aus Klosterneuburg, ein Chemiker im Patentamt, mein Partner bei diversen Touren in der Umgebung von Wien. Im Oktober 1978 übernahm ich die Leitung der damals sogenannten Wetterdienststelle Innsbruck der ZAMG und war damit für die Bundesländer Tirol und Vorarlberg zuständig. Zu Beginn war ich als einziger Meteorologe für sämtliche meteorologischen und klimatologischen Aufgaben und für die Leitung zuständig. Ich hatte sechs Mitarbeiter auf einer vertraglichen Bürofläche von 26 Quadratmetern, außerdem noch fünf hauptamtliche Wetterbeobachter an verschiedenen Orten. Als ich Ende 2011 in Pension ging, waren in Innsbruck insgesamt 13 Meteorologen beschäftigt, von denen elf mit eigenen Einnahmen in der Teilrechtsfähigkeit und nicht vom Bund finanziert wurden. Auf diese Entwicklung bin ich heute noch stolz. Ich muss mich aber bei den damaligen Direktoren der ZAMG in Wien bedanken. Denn ich bin überzeugt, dass dieser Aufschwung im Westen nur unter der Führung des Direktors Peter Steinhauser und des Vizedirektors Fritz Neuwirth möglich gewesen ist. Ich selbst war ein in die Zukunft blickender Mitarbeiter, aber nicht immer ein guter Untergebener.

Als ich 1978 die Leitung der Innsbrucker Dienststelle übernahm, war der Ruf der Prognosen aus Innsbruck denkbar schlecht und die Vorarlberger und Tiroler hörten selbstverständlich den Schweizer Wetterbericht aus Zürich. Das hatte zwei Gründe. Zum einen war die Qualität der Prognosemodelle bis in die 1970er-Jahre äußerst dürftig. Es gab weder Wettersatelliten noch ein engmaschiges Netz von Wetterstationen, das für die Verlässlichkeit von Prognosen in Gebirgsregionen unbedingt erforderlich ist. Wetterradar gab es nur im unmittelbaren Bereich von großen Flughäfen. Wir Meteorologen kamen uns vor wie Mediziner, die ohne Hilfsmittel wie Röntgen, Computer-

Gewitterfront über dem westlichen Innsbrucker Mittelgebirge: Die Zuverlässigkeit der Wetterprognosen hat sich vor allem durch die Optimierung der Prognosenmodelle signifikant verbessert.

tomografie, EKG und EEG genaue Diagnosen zu kompliziertesten Erkrankungen erstellen sollten.

Der zweite Grund für die schlechte Reputation der Prognosen lag in der personellen Ausstattung der Wetterdienststelle. Das Personal war so ausgedünnt worden, dass an der Dienststelle in Innsbruck über mindestens vier Jahre kein Meteorologe für den Frühdienst eingeteilt werden konnte. So schrieben die Kollegen in Wien gegen 3 Uhr nachts in völliger meteorologischer Finsternis eine Frühprognose für Vorarlberg und Tirol. Ein denkbar schwieriges Unterfangen: Mit dem Flughafen in Innsbruck und mit der Zugspitze, einer Station des Deutschen Wetterdienstes (DWD), gab es in der Region nur zwei Beobachtungsstationen, die auch in der Nacht Wettermeldungen absetzten. Ob die Meteorologen in Wien auch die Stationen Vaduz in Liechtenstein und Konstanz am Bodensee für ihre Prognose berücksichtigten, weiß ich nicht. Ohne Satellitenbilder und mit wenigen Beobachtungen glich die knapp vor 8 Uhr im Rundfunk verlautbarte Frühprognose der ZAMG jedenfalls einem delphischen Orakel. „Eine Front wird auf den Westen Österreichs übergreifen", war dort beispielsweise einmal zu lesen, wäh-

Umfassende Informationen über das Wetter bilden die Grundlage für den Erfolg beim Höhenbergsteigen. Der Jetstream und Starkschneefälle sind Hauptursachen für Misserfolge bei Expeditionen.

rend es von Bregenz bis zum Arlberg schon seit Stunden regnete. Der ORF Vorarlberg verlas deshalb den Wetterbericht aus der Schweiz. Die Hörer des ORF Tirol bekamen zwei Versionen serviert. Zunächst wurde die Prognose der Wetterdienststelle und anschließend der Flugwetterbericht des Bundesamtes für Zivilluftfahrt (seit 1993 Austro Control) verlesen. Während die Prognose der ZAMG aus Wien schon fünf Stunden alt war, musste der diensthabende Meteorologe des Flugwetterdienstes nach 7 Uhr nur kurz aus dem Fenster schauen, um einen großen Qualitätsvorsprung zu haben. Nachdem die ZAMG in Innsbruck die Dienststelle auch in der Früh mit einem Meteorologen besetzt hatte, stellte der ORF die Bekanntgabe des ähnlich lautenden Flugwetterberichtes bald ein.

Ich war schon mehrere Jahre – es könnte auch über ein Jahrzehnt gewesen sein – Leiter der Wetterdienststelle, als uns dann auch der Skiklub Kitzbühel zutraute, eine verlässliche Wetterprognose erarbeiten zu können. In den Zeitungen hatte ich vorher über Jahre gelesen, wie die Meteorologen aus Zürich und jene des Wetteramtes in München die Chancen für das Hahnenkamm-Rennen einschätzten. Wir in Innsbruck waren nicht einmal kontaktiert worden. Ich weiß nicht mehr genau, ob ich selbst in Kitzbühel angerufen habe, um uns ins Spiel zu bringen. Auf jeden Fall durften dann auch wir unsere Prognose abliefern, und deren Qualität setzte sich bald durch. Es ging dabei immer nur um die Vorhersage des Wetters. Niemals traute ich mir zu vorherzusagen, ob ein Skirennen stattfinden würde oder nicht. In Kitzbühel fielen einmal 30 Zentimeter Neuschnee innerhalb von 24 Stunden, und dennoch konnte die Streif auf einer verkürzten Strecke befahren werden. Michael Huber, der Präsident des Skiklubs und Vorsitzende des Organisationskomitees, leistete hier gemeinsam mit seinem Team Beachtliches.

Gegen eine meiner Prognosen wurde einmal sogar offiziell Protest eingelegt. Bei den schneearmen und extrem kalten Nordischen Skiweltmeisterschaften von 17. bis 27. Januar 1985 in Seefeld war meine Dienststelle gebeten worden, den offiziellen WM-Wetterbericht zu erstellen. Während die Mannschaftsführungen die Wetterberichte üblicherweise kommentarlos zur Kenntnis nahmen, protestierte Russland gegen meinen Wetterbericht. Denn im letzten Absatz unter der Rubrik „Weitere Aussichten" hatte ich geschrieben: „nicht mehr sibirisch kalt". In der Protestnote wurde festgestellt, dass es in Sibirien nicht so kalt sei wie in Seefeld. Tatsächlich war es an diesem Tag im südlichen Sibirien wärmer als in Seefeld. Das war meteorologisch leicht erklärbar: Tirol befand sich in einer Nordströmung, mit der arktische Kaltluft bis zu den Alpen strömte, während Sibirien von Süden her mit Warmluft versorgt wurde. Derartige verfängliche geografische Anmerkungen habe ich deshalb fortan in Wetterberichten unterlassen.

DIE HALBE MIETE

STEPHAN SIEGRIST

Das Satellitentelefon piepst. Wie hungrige Tiger stürzen wir uns darauf. Wir befinden uns im Kashmir-Himalaya, abgelegen und inmitten wunderbarer Berge. Um uns Gipfel, die noch nie bestiegen wurden.

Seit Tagen herrscht schlechtes Wetter. Seit Stunden befinden wir uns in unserem Esszelt, sitzen wie Kinder in einem Kreis vor dem Weihnachtsbaum. Wann endlich dürfen wir das Geschenk aufmachen? Endlich der erlösende Ton, wir können jetzt das SMS „aufmachen": „Ruft mich bitte in drei Stunden an." So höflich, als ob er etwas von uns möchte, der Charly. Doch wir wollen etwas von ihm – und nicht wenig: einen Wetterbericht für die nächsten sechs Tage in unserer Region. Zurzeit schneit es herunter bis ins Basislager, und wir können die Schneemenge in der Gipfelregion schlecht abschätzen. Wie viel Wind wird es wohl in den nächsten Tagen in 6000 Meter geben? Aus welcher Windrichtung welches Wetter in dieser Region kommt, haben wir in den letzten drei Wochen beobachtet. Doch dies ist nur ein kleiner Stein im ganzen Gebilde. Charly ist seit Jahren für viele von uns Alpinisten (auch Profibergsteiger) so etwas wie ein Bergwettergott, mitverantwortlich für viele Gipfelerfolge weltweit, von Alpinisten von überall her – und gleichzeitig mitverantwortlich für viele wetterbedingte „Nicht-Tragödien"!

Endlich sind die Stunden des Wartens vorbei. Wir tippen Charlys Handynummer ein. Er ist zurzeit in den Ferien, selber irgendwo beim Bergsteigen. Gleichwohl hat er seinen Laptop mit dabei und schaut sich, zurück in seiner Unterkunft, die Wettermodelle an, dann erstellt er eine Prognose für uns, unentgeltlich. Er opfert viele Stunden seiner Freizeit für ein paar Bergsteiger, die mit Hilfe seiner Prognosen Erfolge verzeichnen, sich dann zuhause möglicherweise feiern lassen dafür.

Charly gibt Antwort, freundlich und ruhig (seine Sätze beginnen immer gleich): „Hallo Steff, wie geht es Euch? Also, ich habe Dir jetzt nachgeschaut..."

Nur wenige Minuten telefonieren wir. Viel länger darf das Telefongespräch nicht dauern; nicht wegen der Kosten, nein, hier in dieser politisch angespannten Region sind Satellitentelefone streng verboten. Aber wenn man nur kurz mit der Außenwelt verbunden ist, kann man vom Geheimdienst nicht geortet werden.

Nun haben wir die wertvollen Informationen. Es ist so beruhigend für einen Bergsteiger, wenn er weiß, wie sich das Wetter entwickelt. So können wir planen, Taktiken und Strategien entwickeln. Bestiegen ist der Gipfel damit noch nicht – doch bei stabilem Wetter und bei sicheren Verhältnissen unterwegs zu sein, ist die halbe Miete.

Natürlich hat der Charly nicht immer Zeit, um uns zu helfen. Doch das macht seine Arbeit noch wertvoller. Es fordert uns auch, dass wir uns nicht allein auf ihn verlassen können. So müssen wir uns zurückversetzen in eine Zeit, in der Bergsteiger unterwegs auf sich gestellt waren.

Inzwischen gibt es auch andere Anbieter, die Bergsteigern das Wetter prognostizieren. Doch diese Prognosen sind erstens unpersönlich und zweitens teuer. Zudem haben sich mit Charly über die Jahre ein Vertrauen und eine Freundschaft entwickelt. Ich möchte seine großartige Arbeit nicht eintauschen.

FAMILIENWEGE

Über den Sport lernte ich meine Frau Edith kennen. Sie arbeitete für meinen späteren Schwager Norbert Köll im Stüberl des Restaurants bei der Bergstation des Sesselliftes am Kapall. Als Skilehrer aß ich bisweilen dort zu Mittag. Eines Tages hatte ich für das vergünstigte Skilehreressen und ein Getränk zu wenig Geld dabei und ich lieh mir von Edith fünf Schilling aus. Obwohl sie mich nicht kannte, gab sie mir bereitwillig das Geld. Wahrscheinlich rechnete sie nicht damit, dass ich das Geld zurückgeben würde. Als ich am nächsten Tag meine Schulden bei ihr beglich, trug sie ein T-Shirt mit der Aufschrift „Universität Innsbruck". Ich wunderte mich über das akademische Service. So redeten wir länger miteinander, und ich erfuhr, dass Edith in Innsbruck Geografie und Englisch studierte. Und weil sie mir sympathisch war, lud ich sie zur geplanten Silvester-Feier in meine Bar ein, die ich mir im Keller meines Elternhauses eingerichtet hatte.

Schon im ersten Winter ging ich mit Edith Skifahren am Arlberg und die ersten kurzen Skitouren. Im darauf folgenden Sommer ging sie mit in die Berge – zum Klettern und Bergsteigen. Edith war „erblich vorbelastet", denn ihr Vater Karl Joos, ein Schwabe, hatte schon um 1920 Hochtouren in der Silvretta unternommen. In den 1930er-Jahren stürzte er über ein Schneefeld an der Zimba im Rätikon ab. Schwerstverletzt verbrachte er drei Monate im Unfallkrankenhaus Valduna bei Rankweil. Ihre Mutter Edith, geborene Steiner, dürfte eine der ersten Frauen – oder die erste überhaupt – in Zams gewesen sein, die Anfang der 1930er-Jahre auf den Spiehlerturm in den Lechtaler Alpen kletterte. Die erste gemeinsame Tour führte Edith und mich über den Normalweg auf den Patteriol. Die zweite war dann schon die Südwand der Weißschrofenspitze (IV+) im oft typisch brüchigen Fels der Lechtaler Alpen. Zusätzlich gab es auch einen Kamin mit einem heiklen Quergang. Im oberen Teil hielt sich Edith an einem großen lockeren Block, der dann auf ihre Hüfte fiel. Es gab Tränen und einen dunklen Bluterguss an der Hüfte. Am Gipfel lachten wir aber schon wieder, und anstatt mich irgendwohin zu wünschen, blieb sie bei mir. Es war der Beginn einer über Jahrzehnte dauernden gemeinsamen Leidenschaft für die Berge.

Mit unseren Kindern Anne und Martin am Südpfeiler an der Roggspitze.

Wir unternahmen viele Skitouren in Südtirol, dem nahen Engadin und in den heimatlichen Bergen. Wir fürchteten uns bei Gewittern am Patteriol-Nordostgrat und in der klassischen Leuchs-Führe am Cimone della Pala, den wir bei einem zweistündigen Dauergewitter überklettern mussten. Nach dem Aufstieg über die Dibonakante an der Großen Zinne gerieten wir beim Abstieg in einen starken Gewitterregen. In der südlichen Pala genossen wir den rauen Fels und die Einsamkeit. Manchmal waren wir zwölf Stunden unterwegs, ohne irgendjemanden zu treffen. Wir bewunderten gemeinsam Paul Preuß, als wir an der kleinsten Zinne seinen legendären Riss kletterten. Die Velebitski (VI) im Nationalpark Velebit in Kroatien schafften wir auch gemeinsam. Wir genossen den warmen Fels in Sardinien und auf Korsika. Allein waren wir am Patteriol-Westgrat, aber auch am Roggalpfeiler (VI) unterwegs. Ich konnte ihr in der Fleischbank-Ostwand die Dülferroute (V) mit dem Seilquergang zeigen. Viele, viele klassische Genusstouren im vierten und fünften Schwierigkeitsgrad erkletterten wir. In Arco an den Sonnenplatten gehörte die Teresa (VI–) zu unseren Lieblingstouren. Obwohl ich nie ein ausgezeichneter Kletterer war, konnten wir sogar einige wenige Routen im

Anne ist nach der Hälfte des Pfeilers sichtlich müde.

siebten Grad klettern. Darunter die Gabri Camilla an den Sonnenplatten und die Fischzuchtplatten an der Martinswand. Einmal in der Route Flying Grass (VII–) am Sockel der Martinswand war ich mit Hakenhilfe über die Schlüsselstelle geklettert. Als Edith an der Reihe war, bemerkte sie eine Seilschaft daneben in der Tour Beam me up Scotty. Sie traute sich nicht, den von mir benützten Haken zu verwenden, sondern kletterte souverän die Stelle hinauf. Zu diesen Touren in den heimischen Bergen kamen viele Routen an den Granitdomen von Tuolomne Meadows im Yosemite. Wir standen zusammen auf einigen Fünf- und Sechstausendern in Südamerika und im Himalaya. Am Uhuru Peak am Kilimandscharo umarmten wir uns, auf Hawaii waren wir auf den über 4000 Meter hohen Vulkanen Mauna Kea und Mauna Loa. Im hintersten Tibet wanderten wir um den heiligen Berg Amnye Machen. Und unsere Reisen führten uns auch nach Ladakh.

Nachdem 1979 Martin und 1983 Anne zur Welt gekommen sind, haben Edith und ich mit den Kindern viel im Freien unternommen. Das fing an, als sie erst wenige Monate alt waren. Im Winter fuhren wir, den Kinderwagen im Auto, nach Seefeld zum Langlaufen. Einer passte auf die Kinder auf, wäh-

Anne als Fünfjährige im Klettersteig Lehner Wasserfall im Ötztal

rend der andere Runden auf der Loipe drehte. Ideal waren auch Klettergärten mit flachen Wiesen davor. Die Kinder spielten und wir konnten uns gegenseitig in diversen kurzen Routen sichern. Als Anne fünf und Martin neun Jahre alt war, fingen wir an, auch Klettersteige zu begehen. Wir durchquerten die Brenta auf dem Bochette-Weg mehrere Tage bis zur Dodici-Apostoli-Hütte. Noch heute erinnere ich mich an die anstrengenden, aber doch unbeschreiblich schönen Tage mit Lichtstimmungen, wie man sie nur in den Dolomiten vorfindet.

Einmal, beim Einstieg des Klettersteiges beim Wasserfall in Lähn im Ötztal, hatte ich große Bedenken wegen des steilen und fast überhängenden Beginns. Die fünfjährige Anne spürte meine Zweifel, stellte sich vor mich hin, stemmte die Arme in die Hüfte und meinte: „Papa, das werden wir leicht schaffen!" Und so war es auch. Allerdings musste ich sie oft hochheben, da sie für die Abstände der Steigbügel zu klein war. Auch bei Quergängen am Seil des Klettersteiges hängend, berührten ihre Füße den Boden kaum. Es waren unbeschreibliche Erlebnisse.

Auf die Klettersteige folgten lange, zum Teil ausgesetzte Klettertouren an Wänden und Graten. Dabei kletterten wir mit einem Doppelseil. An einem Strang war Martin eingebunden, am zweiten hingen Anne und etwa einen

Martin, Anne und Edith in der Ausstiegslänge der Route Great White Book (5.6) in Tuolomne Meadows im Yosemite

Meter hinter ihr Edith. Edith durfte nicht stürzen, konnte Anne aber bei schwierigen Stellen mit der Hand unterstützen.

Dreimal fuhren wir gemeinsam mit unseren Kindern in den Westen der USA. Als ich auf einer Expedition war, nutzte Edith einmal sogar die Gelegenheit und fuhr mit Anne alleine nach Amerika. Die USA sind ein ideales Reiseland, wenn man mit Kindern unterwegs ist. Jedes Mal besuchten wir dabei auch den Yosemite National Park. Weil das Valley zu heiß und die Kletterrouten zu schwer waren, campierten wir in der oberen Region Tuolumne Meadows. Keine schroffe, sondern eine von Wäldern, Bergwiesen, Bächen und vor allem von Granitdomen geprägte Landschaft. Ideal zum Spielen, Wandern, Beobachten von Tieren und Betrachten von Blumen. Regelmäßig kamen Braunbären in der Nacht leise zu unserem Zeltplatz und hielten nach etwas Fressbarem Ausschau.

Bei der zweiten Amerikareise war Anne acht und Martin zwölf Jahre alt. Wir beschlossen, am Stately Pleasure Dome, direkt neben dem Lake Tenaya, die Route Great White Book im Schwierigkeitsgrad 5.7 (UIAA-Skala V) zu klettern. Ein Riss war dabei heikel, weil er sich nach unten verjüngte und für Anne und Martin gefährlich war, sie konnten hineinrutschen. Aber die beiden meisterten das trotz ihrer jungen Jahre bravourös. Besonders sind

Anne, Edith, Martin und der Pfarrer von St. Anton, Bruno Decristoforo, über dem Moostal beim Aufstieg zur Roßfallscharte

mir die Ausstiegslängen dieser Mehrseillängen-Route wegen des eindrucksvollen Tiefblickes auf die Straße und den Lake Tenaya in Erinnerung. Im gleichen Sommer kletterten wir in Boulder, Colorado, auf das „Dritte Bügeleisen", das Third Flatiron. Laut Literatur die „finest beginners route of the world", eine kompakte, etwa 400 Meter lange geneigte Granitplatte ohne einen einzigen lockeren Stein. Der Aufstieg war für die gesamte Familie ein Genuss. Am sehr schmalen Gipfel angekommen, braute sich über unseren Köpfen ein schweres Gewitter zusammen und es fing zu regnen an. Der Abstieg in den darunter liegenden Wald erfolgte mittels zweier Abseilstellen, wobei das Seil mehrere Meter von der überhängenden Wand entfernt war. Schnell ließ ich Edith zum ersten Stand hinunter, den sie nur pendelnd erreichte. Danach folgten die Kinder, die Edith zu ihrem Standplatz hereinziehen musste. Alles verlief gut, nur nass wurden wir alle bei der zweiten Abseilstelle.

Bei dieser zweiten Amerikareise besuchten wir mit Anne und Martin Nationalparks und State Parks von der mexikanischen Grenze (Organ Pipe Cactus National Monument) bis zum Yellowstone National Park im hohen Norden, den wir bei unserem ersten Besuch wegen der aufflammenden

Edith, Anne, Nichte Nicole, Martin und Pfarrer Bruno Decristoforo von der Roßfallscharte ins Malfontal wedelnd

Waldbrände verlassen hatten müssen. In der Cascade Range, die vom nördlichen Kalifornien über Oregon bis zum Staat Washington reicht, bestiegen wir sieben Vulkane. Mit Edith war ich auf Mount Shasta und Mount Rainier, mit Martin auf dem Mount Hood. Für uns alle interessant war die Besteigung des Vulkans Mount St. Helens (2549 m), der einige Jahre zuvor ausgebrochen war. Im weiten Umfeld dieses Schichtvulkans waren die Auswirkungen der Eruption noch zu erkennen. Die Gipfelkalotte war seitlich explodiert und insgesamt verringerte sich die Höhe des Mount St. Helens um 400 Höhenmeter, was meine Kinder beim langen Aufstieg sehr freute.

Ein weiteres unvergessliches Abenteuer in Amerika erlebten wir am Colorado Fluss: die zweitägige Befahrung des Lake Powell. Der durch einen Damm in Page, Arizona, gestaute Colorado im Glen Canyon bildet dort einen über 250 Kilometer langen, schmalen See, der von roten Sandsteinfelsen eingerahmt wird. Die Küstenlinie mit über 90 Seitencanyons erreicht eine Länge von über 3000 Kilometer. Damit ist sie sogar länger als die amerikanische Westküste.

Auch beim Klettern in den Dolomiten war ich mit den Kindern. Zwei Routen würde ich heute nicht mehr mit ihnen wiederholen. Eine davon ist die

Rampenführe am Piz Ciavaces in der Nähe des Sellajochs (Schwierigkeit IV). Diese Führe leitet über eine 400 Meter hohe Wand auf ein Band inmitten dieser steilen Felsmauer. Ich hatte zwar keine Bedenken, dass wir der Schwierigkeit in bewährter Manier, mit dem Doppelseil, gewachsen waren, aber die Gefahr von Steinschlag, der durch die zahlreichen Seilschaften ausgelöst wird, ist doch erheblich. Zudem nervte mich eine jüngere, langsame italienische Seilschaft, deren Erster bei jeder Seillänge in unsere Familienseilschaft hineinkletterte und für Verwicklungen der Seile sorgte. Die zweite Route, die Nordkante des Daumens an der Fünffingerspitze, war für meine Kinder, Anne war damals acht, Martin zwölf Jahre alt, aufgrund der kühlen Temperaturen, der äußersten Ausgesetztheit der Gratkante und des längeren Abstiegs kein Genuss.

Auch auf Skitour waren wir öfters mit Anne und Martin. Anne war fünf Jahre alt, als sie ihre erste Skitour zur Flirscher Skiklubhütte unternahm. Wenige Wochen später war ich mit meinen Kindern und Nicole, der Tochter meines Neffen, zur Hinteren Rendlscharte unterwegs, um anschließend ziemlich steil ins Malfontal abzufahren. Wir hatten keine Felle und mussten daher etwa 100 Höhenmeter zur Scharte im Neuschnee hinaufstapfen. Als letzter gehend, trug ich meine Tourenski und drei Paar Kinderski auf dem Rucksack und auf der Schulter. Ich sah nicht, dass direkt im Bereich der Scharte ein stürmischer Südföhn den Neuschnee weggeblasen und eine harte, fast eisige Schneedecke freigelegt hatte. Auf dieser rutschte Nicole aus und ich musste zusehen, wie sie im sehr steilen Schrofengelände etwa 80 Meter abstürzte. Mir stockte der Atem. Wie durch ein Wunder blieb sie scheinbar unverletzt, ein Erwachsener hätte, durch sein größeres Gewicht, mindestens schwerwiegende Verletzungen davongetragen. Wir fuhren bis zur Hinteren Malfonalpe ab und entdeckten eine blutende Wunde an Nicoles Knie. Von der Malfonalpe transportierte ich Nicole dann auf meinem Rücken nach Pettneu, dem Herrgott dankend, dass nicht mehr passiert war.

Weitere Touren mit meinen Kindern im Kühtai und im Moostal bei St. Anton folgten. Einmal war auch mein Schulfreund Bruno Decristoforo, der damalige Pfarrer von St. Anton, auf einer kurzen Tour zur Roßfallscharte dabei. Von dort wollten wir nach Pettneu abfahren. Bei Martin und Anne hinterließ Bruno den Eindruck einer Respektperson, fast hätten sie ihn ehrfurchtsvoll „Eminenz" genannt. Bruno, ein stilistisch ausgezeichneter, etwas gewichtiger Skiläufer, fuhr als Erster von der Scharte in Richtung Malfontal ab. Bald wechselten die Schneeverhältnisse von einem harten, tragfähigen Wind-

Über die Route Snake Dike (5.7) auf den Gipfel des Half Dome im Yosemite: Zur Feier unserer Silbernen Hochzeit kletterte ich mit Edith diese elegante Route mit Hakenabständen von bis zu 25 Metern.

harsch zu Bruchharsch und Bruno stürzte. Meine Kinder trauten sich nicht laut zu lachen, aber an das leise, belustigte Kichern über den Sturz „Seiner Eminenz" kann ich mich gut erinnern. Wenig später aber wedelten der Pfarrer, meine Kinder und Edith in einem berauschenden Pulverschnee ins Malfontal hinunter.

Ein weiterer Höhepunkt war sicherlich, dass ich meinen Sohn Martin 2001 auf dem Gipfel des Huayna Potosí (6086 m) in der Cordillera Real in Bolivien umarmen konnte. Statt Edith war diesmal Martin auf die Reise mitgekommen, bei der ich wieder als Führer unterwegs war. Höhepunkt dieser Reise sollte der Vulkan Sajama (6542 m) in der Cordillera Occidental sein. Wegen Nebels und leichten Schneefalls erreichten wir den Gipfel aber nicht. Dafür blickten wir wenige Tage später vom Gipfel des Illimani (6439 m) auf die bolivianische Hauptstadt La Paz hinunter.

Anlässlich unserer Silberhochzeit fuhren Edith und ich Anfang August 2003 wieder in den Westen der USA und nach Hawaii. Damals kletterte ich mit Edith den Snake Dike am Half Dome. Diese Route gilt bei den Amerikanern als „one of the most glorious moderate climbs on the planet" und weist den Schwierigkeitsgrad 5.7 (oder UIAA V+) auf. Damals musste man diese

Route mit dem langen Abstieg über den Normalweg in einem Tag bewältigen, wenn man wie wir kein Permit für eine Übernachtung im Little Yosemite Valley Campground bekommen hatte. Wir mussten deshalb für Auf- und Abstieg mit der nicht unbeträchtlichen Weglänge von 25 Kilometern rechnen. Früh am Morgen starteten wir im Valley und in etwa dreieinhalb Stunden, schnell vorbei an einer übelriechenden Bärenhöhle, erreichten wir nach 1000 Höhenmetern Aufstieg den Einstieg der 8-Seillängen-Route. Die ersten zwei Seillängen habe ich noch in Erinnerung. Sie waren die schwierigsten. Auf 23 Metern konnte ich keine Zwischensicherung mit einem Klemmkeil oder einem Friend anbringen. Auf der restlichen Tour waren die wenigen Zwischenhaken und auch die Standhaken zum Teil sehr alt und rostig. Es gab aber auch einige wenige neue Bohrhaken. Vor uns kletterte ein junges amerikanisches Paar, Sportkletterer, die im Klettergarten weit höhere Schwierigkeiten als wir bewältigten. Obwohl sie sonst Routen der Schwierigkeit 5.12a (UIAA VIII) kletterten, waren sie hier aber nicht schneller als wir. Wieder einmal auf einem Stand angekommen, musterte mich der Amerikaner und sagte voller Respekt: „You must be from the Alps." Ihn hatte beeindruckt, wie schnell wir doch im Umgang mit dem Seil waren.

Nach acht Seillängen lehnte sich die Wand zurück, und gemütlich, aber immer noch sichernd, strebten wir im leichten Gelände in vielen Seillängen dem von Wanderern total überlaufenen Gipfel zu. Nun lagen 1500 Höhenmeter und 17 Kilometer Wanderung im Abstieg vor uns. Über einen mit Eisenketten versicherten Steig ging es zunächst über den Monolithen hinunter. Im Wald angekommen, wanderten wir mehrere Stunden unter herrlich blauem, mit malerischen Kumuluswolken garniertem Himmel ins Valley zurück.

Ein Menschenleben besteht aus vielen Höhen und Tiefen. Ich habe in meinem Leben die Wolken vielfach von oben und unten gesehen. Der größte und am schwersten zu verkraftende Schicksalsschlag in meinem Leben war der Tod meiner Frau Edith im Mai 2006. Es war eine Katastrophe für die ganze Familie. Und es dauerte viele Jahre, bis ich diese Tragödie einigermaßen bewältigt hatte. Fast zehn Jahre danach habe ich wieder geheiratet und mit Stephanie kam wieder Optimismus in mein Leben. Ich habe mit ihr eine Partnerin, die eine ähnlich intensive Leidenschaft für die Berge hegt wie ich.

IM VERTRAUEN

Simone Moro

Vertrauen ist ein Pfeiler im Leben, auf den sich Entscheidungen und Verhaltensweisen gründen sollten. Vertrauen kann man nicht kaufen oder verkaufen. Es ist etwas immer seltener Werdendes, das zwischenmenschliche Beziehungen verändert oder sogar intensiviert. Damit zwischen zwei Menschen bleibendes Vertrauen entstehen kann, sind normalerweise Jahre nötig, und manchmal genügt eine Sekunde, um es zu verlieren. Vertrauen ist keine Einbahnstraße, es muss etwas Gegenseitiges sein. Zudem ist es nie nur in bestimmten Phasen vorhanden. Es ist also kein Schalter, den man beliebig ein- oder ausschaltet. Man schenkt entweder immer Vertrauen, oder man schenkt es eben nicht.

Diese scheinbar abstrakten Überlegungen haben mit der Beziehung zu tun, die ich zu Karl Gabl habe. Sehr oft hat man mehr Vertrauen in sich selbst oder in den eigenen Eispickel als in einen anderen Menschen. Doch wenn man einem Menschen sogar dann vertraut, wenn man eine einzigartige, vielleicht noch nie durchgeführte Begehung oder Forschungsreise – vielleicht sogar von historischer Tragweite – unternimmt, wird einem klar, wie groß dieses Vertrauen sein muss.

In Karl Gabl habe ich einen idealen Reise- und Seilgefährten gefunden, der mich, obwohl er sich nicht von seinem Computer wegbewegt, seit 2003 auf allen alpinistischen Expeditionen auf der ganzen Welt begleitet und unterstützt. Ich habe ihn zufällig per Telefon kennengelernt. Ein Freund gab mir im Basislager unterhalb der Diamir-Flanke am Nanga Parbat Karl Gabls Telefonnummer. Im Laufe der Zeit durften wir uns nicht nur begegnen und kennenlernen, sondern auch Freunde werden – mit dem ganzen Respekt vor der jeweiligen Rolle des anderen und im absoluten Vertrauen auf den anderen.

Sich zu irren, ist ein wesentlicher Teil der menschlichen Natur. Wir alle machen Fehler. Ich habe deshalb nie von Karl Gabl erwartet, dass er in einer so komplizierten Materie wie der Meteorologie immer absolut richtig liegt. Wenn ich darüber nachdenke, dass diese Wettervorhersagen, von denen möglicherweise auch Menschenleben abhängen, abgelegene Gegenden auf diesem Planeten betreffen, wird mir bewusst, welch große Verantwortung ich ihm abverlange.

Karl Gabl ist ein echter Expeditionsgefährte, nicht nur jemand, der mich mit Informationen zum Wetter versorgt. Egal, wann ich ihn anrufe, zu jedem Zeitpunkt an jedem x-beliebigen Tag im Jahr, hebt er ab. Es ist, als wäre er mit mir im Zelt, als nähme auch er mit meinen Gefährten und mir an der Begehung teil, als wollte auch er den Gipfel erreichen oder sich aus einem Schneesturm retten. Er lässt sich die Wettervorhersage nicht nur von mathematischen Berechnungsmodellen erstellen, sondern er liefert seine eigene Interpretation der Daten.

Die seltenen Male, in denen seine Vorhersagen nicht mit den tatsächlichen Wetterbedingungen übereinstimmten – das betraf nur ein paar Stunden oder ganz wenige Tage –, musste ich mich mit den Gefährten, die sich mit mir am Berg befanden, anlegen. Einige von ihnen sagten zu mir, dass es besser sei, dem Instinkt zu folgen und nicht zu sehr auf die Wettervorhersage von Gabl oder irgendjemand anderem zu vertrauen. Man ist, wenn einer einen Fehler macht, schnell dabei, alles und jeden in Frage zu stellen. In diesen Situationen habe ich immer exakt dieselbe Antwort gegeben: „Indem ich Karl Gabl vertraut habe, bin ich letztlich immer mit dem Leben davongekommen und habe die Gipfel meiner Berge erreichen können. Mit ihm habe ich eine Bergsteigerkarriere – mit Erfolgen und Misserfolgen – aufgebaut. Das beweist mir, dass das Vertrauen, das wir einander entgegenbringen, letztlich immer mit einer positiven Bilanz belohnt wird. Ihm zu jeder Zeit zu vertrauen – auch nach eventuellen Fehlern –, war sinnvoll, nützlich und weise."

Unsere Freundschaft beruht auf vielen tollen Momenten; wie damals, als wir ein plötzliches, sehr selten auftretendes 30-Stunden-Zeitfenster mit schönem Wetter nutzten und eine Aufstiegsstrategie entwickelten, mit der wir die erste Winterbegehung eines Karakorum-Achttausenders, nämlich des Gasherbrum II, erfolgreich durchführen konnten. Ich habe Karl Gabl komplett vertraut, so sehr, dass meine Gefährten und ich drei Tage im Schneesturm aufgestiegen waren, da wir absolut sicher waren, dass wir die dreißig schönen Stunden, die er fünf Tage im Voraus prognostiziert hatte, am Gipfeltag nutzen können würden. Beim Auf- und Abstieg setzten wir unsere Fähigkeiten und seine Informationen nutzbringend ein.

Ich erinnere mich auch an einen bewegenden Moment, der mich damals erschüttert hat. Karl hatte gerade seine Frau verloren. Ich wusste das jedoch noch nicht, als ich ihn anrief, um ihn um eine Wettervorhersage zu bitten. An seiner Stimme hörte ich, dass etwas geschehen sein musste, und, da wir Freunde sind, erzählte er mir vom Tod seiner Frau. Ich entschuldigte mich, versuchte, ihm mein Beileid auszusprechen und das Telefonat zu beenden, um ihn nicht mit banalen Wetterangelegenheiten zu stören. Aber er ließ es nicht zu. Er sagte, er brauche Leben, Anregungen, positive Energie, und die Erstellung von Wettervorhersagen könne ihn vielleicht etwas vom Schmerz ablenken. Trotz meiner verlegenen Versuche, dies abzulehnen, rief mich Karl nach etwa dreißig Minuten zurück und lieferte mir einen Wetterbericht.

Mit diesen Begriffen – Vertrauen, Freundschaft, Fehlbarkeit, Freude und Schmerz – beschreibe ich meine Beziehung zu Karl. Diese Elemente charakterisieren das menschliche Leben, das in seiner Gewöhnlichkeit jedoch das Geheimnis außergewöhnlicher Schönheit birgt.

DIE ARLBERGER BARUNTSE-EXPEDITION

In den 1980er- und 1990er-Jahren führte ich im Auftrag der Hochgebirgsschule Tyrol und des DAV Summit Clubs viele Trekkingreisen im Himalaya: ins Marsyangdital zum Pisang Peak, ins Langtang, auf Gokyo Peak und Island Peak, ins Markha Valley in Ladakh in Nordindien. Unvergesslich bleibt das Mani Rimdu, das Fest des Mondes im Kloster Tengboche, während eines Trekkings im Solukhumbu. Mitten in der Vollmondnacht hörten wir die Trommeln der Mönche. Eindrucksvoll war eine Reise nach Bhutan. Auf dem Chomolhari-Trek hatte ich nach der Kibo-Reise den zweiten Teilnehmer, der höhenkrank wurde. Mit Hilfe eines Certec-Bags, einer mobilen Überdruckkammer, auf einem Pferd und schließlich mit einem Hubschrauber, was die erste touristische Heli-Bergung in Bhutan sein sollte, brachte ich ihn zurück in die Zivilisation.

Wieder einmal aus dem Himalaya zurückgekehrt, traf ich im Dezember 1993 zufällig Gertrud und Gilbert Hörschläger in einem Sportgeschäft in St. Anton. Voller Begeisterung erzählten sie mir zwischen Skiunterwäsche und Daunenjacken von ihrer ersten Nepalreise, bei der sie den Manaslu umrundet hatten, und von ihrem Wunsch, einen Siebentausender in Nepal zu besteigen. Unter anderem erwähnten sie auch den Pumori ganz in der Nähe des Everest, der mir schon bei der Besteigung des Island Peak als ein wunderschöner, steiler, pyramidenartiger, von Gletschern und Schneefeldern eingehüllter Gipfel aufgefallen war.

Steile Schneeflanken auf hohen Bergen jagten und jagen mir jedoch immer Angst ein. An den wenigen Plätzen an steilen Flanken, an denen Zelte einigermaßen lawinen- oder eisschlagsicher aufgebaut werden können, ist man nach starken Schneefällen in den Hochlagern immer in der Falle. Weder ein Aufstieg noch ein Abstieg ins Basislager ist dann möglich. Es gab einige Lawinenunglücke am Pumori, und auch an der nahe gelegenen Ama Dablam rissen abbrechende Séracs fast ein ganzes Lager mit vielen Höhenbergsteigern in die Tiefe.

Ich weiß nicht mehr, wer den Baruntse ins Spiel brachte. Aber seine Besteigung schien mir unter den damals für eine Besteigung vom Tourismus-

Die Arlberger Expedition zum Baruntse 1994: Thomas Klimmer, Günther Hafele, Ulrich Walser, Reinhard Brunhumer, Franz Kleinhans, Peter Schuler, Gilbert und Gertrud Hörschläger und Herbert Alber. Außergewöhnlich: Alle zehn Teilnehmer erreichten am selben Tag den Gipfel (7129 m).

ministerium vorgesehenen Siebentausendern am wenigsten objektive Gefahren zu bergen. Nach Überwindung einer Steilflanke vom flachen Gletscher zum Lager I (6100 m) zieht sich am Baruntse ein weites Gletscherbecken zum Lager II (6600 m), das auf einem breiten Schneegrat liegt. Von dort geht es dann bald über eine scharfe Gratschneide bis zum Gipfel.

Gertrud und Gilbert waren begeistert. Und weil die beiden hervorragend organisieren und bestens motivieren können, wurde für den Herbst 1994 eine Arlberger Baruntse-Expedition geplant. Relativ rasch waren Teilnehmer in St. Anton gefunden: Hebi Alber, Peter Schuler, Franz Kleinhans, Reinhard Brunhumer, Thomas Klimmer, Ulrich Walser und wir drei, Gertrud, Gilbert und ich. Es war für die ganze Expedition ein großes Glück, dass auch ein Kaunertaler Interesse zeigte: Günther Hafele, ein exzellenter Bergführer. Wie Günther zu uns kam, weiß ich nicht mehr genau. Wahrscheinlich durch Gertrud und ihr riesiges Netzwerk.

Organisiert wurde unsere – aufgrund der vielen Selbstständigen um fast eine Woche verkürzte – Reise vom DAV-Summit-Club. Dieser hatte fast gleichzeitig ein Team einer im Katalog buchbaren Expedition neben uns im

Peter Schuler beim Aufstieg zum Gipfel des Baruntse. Alle zehn Teilnehmer der Gruppe schafften es am selben Tag auf den Gipfel.

Basislager. Konkret zeigte sich hier der Vorteil einer privaten Gruppe. Wir St. Antoner kannten uns alle. Alle Männer waren Mitglieder der Bergrettung St. Anton oder im Kaunertal. Und viele gemeinsame Touren während der Vorbereitung hatten unser Team noch mehr zusammengeschweißt. Die Unstimmigkeiten, die es unter den Teilnehmern der anderen Expedition gegeben haben muss, spürten wir etwa, als plötzlich eine Schnur unsere Lager voneinander abgrenzte. Uns interessierte das nicht. Offensichtlich verbrauchten die Teilnehmer dieser anderen Expedition zu viel Kraft für die Organisation ihres Miteinanders, anstatt sich auf den Berg zu konzentrieren. Das Ende vom Lied: Von ihnen schaffte es nur ein einziger auf den Gipfel.

Wir waren Anfang Oktober 1994 nach Kathmandu geflogen. Nach einem kurzen Aufenthalt sollten wir mit einem ehemaligen Helikopter der russischen Armee mit 20 Passagieren und zwei Tonnen Gepäck am späteren Nachmittag nach Lukla fliegen. Sollten, denn wenige Flugminuten unterhalb von Lukla konnte der Hubschrauber infolge dichten Nebels nicht mehr weiter und musste Richtung Kathmandu umdrehen. Ich weiß nicht mehr, wie viele Hügelketten der Helikopter dann jeweils von unten nach oben und von

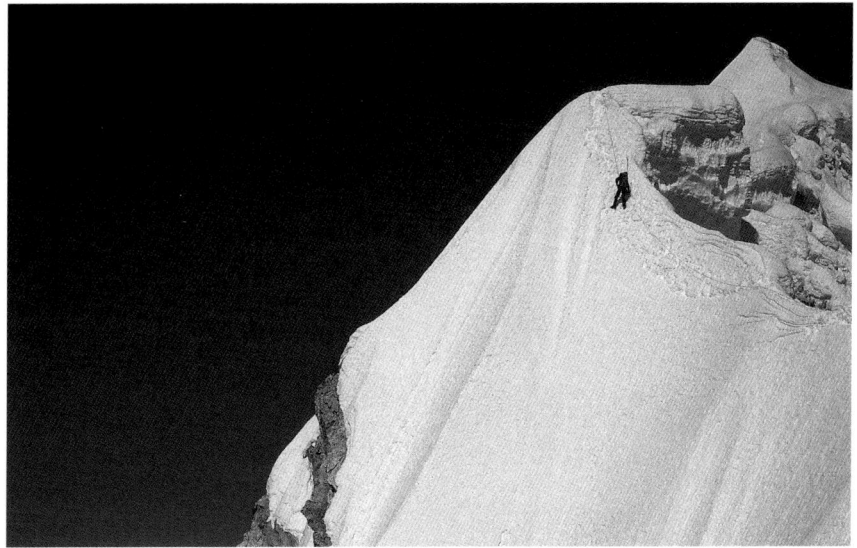

Günther Hafele im letzten Steilaufschwung, bevor der Grat sich etwas zurücklegt. Auf beiden Seiten der Gratschneide fallen die Eiswände 1500 Meter in die Tiefe.

oben nach unten im Nebel überwinden musste. Jedenfalls landeten wir beim letzten Dämmerungslicht am Flughafen in Kathmandu. Dafür hatten wir am nächsten Tag prächtiges Wetter und unserem Flug nach Lukla stand nichts im Wege.

Einen Tag später ging es steil bergauf bis unter den 4580 Meter hohen Zatrawala-Pass, den wir am darauf folgenden Tag, noch nicht akklimatisiert, mit großer Mühe überschritten. Wir wanderten hinunter ins spärlich besiedelte Hinku-Tal weiter nach Norden und, uns langsam akklimatisierend, zum 5400 Meter hohen Mera-Pass. Von dort erreichten wir das zweite menschenleere Hochtal, das Honku. Diesem aufwärts folgend, kamen wir zu unserem Basislager auf 5450 Meter unterhalb eines großen Sees.

Nun begann eine 14-tägige Schönwetterperiode, die wir nützten. Zuerst trugen wir die Lasten über die steile, mit wenigen Fixseilen versehene Flanke zum Westcol. Ganz in der Nähe errichteten wir auf einem weiten, ebenen Platz Lager I. Nach einer Nacht zur Akklimatisation auf über 6000 Meter waren wir bereit für den Gipfel.

Die Nacht im Lager II auf den dünnen und leichten Schaumstoffmatten war sehr ungemütlich und eisig kalt. Ich, mit 48 Jahren ältester Teilnehmer, fühlte mich nicht so gut, aber irgendwie schaffte ich es, im Sog der Gruppe nach oben zu kommen. Besonders spürte ich die große Höhe beim Fotografieren. Zum einen, weil ich für jedes Foto meinen Rucksack aufmachen und meine Mittelformatkamera herausholen musste, was mit zunehmender Höhe immer anstrengender wurde; nach dem Foto wiederholte sich

Die Initiatoren der erfolgreichen Baruntse-Expedition: Gilbert und Gertrud Hörschläger.

das Spiel in umgekehrter Reihenfolge. Zum anderen wog diese Spiegelreflexkamera sage und schreibe zwei Kilo. Jedes Kilo extra merkt man in dieser Höhe dreifach. Aber mir war es das wert.

Der Grat steilte sich weiter auf und ich sehe heute noch Günther Hafele, wie er als erster über die schmale Gratschneide, den Körper wie die Gallionsfigur eines Schiffes nach vorne geneigt, nicht nur nach oben stieg, sondern geradezu in Richtung Gipfel flog. Günther war einfach unser Bester. Schließlich gelangten alle zehn von uns auf den Gipfel des Baruntse (7129 m). Es ist sicherlich ungewöhnlich, dass alle Teilnehmer einer Expedition auf den Gipfel kommen. Und das am selben Tag.

Nach einer weiteren Nacht am Berg stiegen wir zum Basislager ab. Als wir am ebenen Gletscher zu unserem Schuhdepot gelangten, wo wir unsere schweren Expeditionsschuhe ablegen wollten, vermissten Thomas und ich unsere leichten Wanderschuhe. Jetzt fiel es uns wie Schuppen von den Augen. Am Abend im Lager I hatten wir zwei Nepalesen mit je einem Steigeisen vom Westcol her kommen sehen. Gertrud meinte: „Schau, der hat die gleichen Schuhe wie Du." „Ja, richtig, ich habe auch solche Schuhe", pflichtete ich ihr noch bei, nicht ahnend, dass es nicht nur die gleichen, sondern sogar dieselben waren. Wer den Schaden hat, braucht für den Spott nicht sorgen. Wir lachten und waren uns einig, dass unsere ungewollte Spende den Einheimischen sicherlich wertvolle Dienste erwiesen hat.

STURM AM DHAULAGIRI

Alix von Melle

„Kawumm, kawumm, kawumm" – im Stakkato peitschten die Sturmböen unser winziges Hochgebirgszelt, das auf einem felsigen, ebenso winzigen Gratabsatz stand. So unerbittlich rüttelte und zerrte der Wind an unserer Behausung, dass beide Apsiden während der Nacht komplett zerrissen. Einige Male hatten wir das Gefühl, regelrecht abzuheben. Zum Glück hatten wir das Zelt gut am felsigen Untergrund fixiert, doch die Wucht der Böen drohte die dünne Schutzhaut aus Nylon, die unser Leben vor den unnachgiebigen Elementen schützte, zu zerfetzen. Abwechselnd stemmten wir uns dem Zorn des Windes entgegen und hielten Gestänge und Plane fest. An viel Schlaf war nicht zu denken.

„Ob es wirklich so schlimm kommen wird?", fragte ich Luis nach seinem Telefonat mit Karl Gabl am frühen Abend im letzten Hochlager auf 7250 Meter Höhe. Ich hatte seinen – während des Gesprächs immer tiefer werdenden – Sorgenfalten entnommen, dass Charly keine guten Neuigkeiten für uns hatte. Seit Jahren verband uns eine vertrauensvolle Freundschaft mit dem Meteorologen und Bergführer, der uns bei all unseren Expeditionen fürsorglich beraten hatte. Zu jeder Tages- und Nachtzeit war er für uns da und gab uns die neuesten Wetterdaten über Satellitentelefon durch. 2009 hatten wir uns als Ziel den siebthöchsten Berg der Erde, den 8167 Meter hohen Dhaulagiri I in Nepal, ausgesucht, der seinem Beinamen, „der Berg der Stürme", alle Ehre machen sollte.

„Die Prognose hat sich eher noch verschlechtert", antwortete Luis besorgt. „Er hat heute Nacht noch einmal Sturmböen von mehr als 100 km/h angekündigt, die Jetstream-Achse liegt noch immer über dem Himalaya." Das waren in der Tat keine guten Nachrichten. Ein einziger Tag schönen und ruhigen Wetters sollte dem nun schon seit Tagen anhaltenden Sturm folgen. Kaum einer der anderen Bergsteiger im Basislager hatte dieser Prognose Glauben schenken wollen. Zu gering war ihnen die Möglichkeit auf Erfolg erschienen. Alle waren sie unten geblieben.

Noch vor zehn Jahren wäre es unmöglich gewesen, ein so kurzes Wetterfenster überhaupt als Chance wahrzunehmen. Mehr als alle innovative Ausrüstung und Bekleidung hatte der Expeditionswetterbericht das Höhenbergsteigen in den letzten Jahren revolutioniert. Noch vor kurzem brachen wir Bergsteiger förmlich ins Blaue auf, nichts ahnend, was uns bevorstehen würde. Dabei ging es nicht nur darum, seine Chancen zu erkennen, sondern vor allem auch, die Gefahren vorherzusehen, mit denen man an den hohen Bergen konfrontiert wird. Große Sturmkatastrophen, wie 1986 am K2 oder 1996 am Mount Everest, werden heute durch einen präzisen Wetterbericht immer unwahrscheinlicher. Charly präsentierte uns wie gewohnt die Fakten, nüchtern und ungeschönt, ohne uns in die eine oder andere Richtung zu manipulieren. Wir überlegten hin und her, ob wir die Gelegenheit nützen sollten. Letztendlich musste man sich doch auf die eigene Intuition verlassen und selbst eine Entscheidung treffen. Das konnte einem keiner abnehmen.

Schon kurz nach Mitternacht mussten wir uns für die Gipfeletappe bereitmachen. In den frühen Morgenstunden lagen die Temperaturen unter minus 30 Grad. Noch immer heulte draußen der Sturm, und uns graute vor dem Moment, in dem wir vor das Zelt treten mussten. Ein erster steiler Eishang führte uns zur Gratschneide hinauf. Dort biss sich der Wind noch aggressiver durch unsere Bekleidung hindurch. Zweifel, ob der Wind jemals nachlassen würde und es überhaupt einen Sinn hätte weiterzugehen, kamen auf.

Die ersten wärmenden Sonnenstrahlen trafen uns endlich am Beginn der Traverse, die vom Nordostgrat in die Gipfelflanke leitete. Mit dem Sonnenaufgang war auch der Sturm schlagartig abgeflaut. Wie es Charly vorhergesagt hatte. Wir konnten unser Glück kaum fassen. Seine präzise Prognose und unser Vertrauen hatten uns den schönsten Gipfeltag der Saison beschert. Im Schutz einer Schneerinne machten wir Pause und genossen die warmen Temperaturen. Wie wenig doch in diesen Höhen ein höllisches Inferno von einem traumhaften Bergtag unterscheidet: etwas Sonnenschein und Windstille. Alle Bedenken, die eben noch so groß gewesen waren, lösten sich in wenigen Momenten in nichts auf. Dies war unser Tag, wir konnten es schaffen!

Unterhalb der felsigen Krone des Nordostgrats traversierten wir weit in die Schneeflanke hinein. So schwierig der Sturm der letzten Tage für uns gewesen war, er war indirekt auch ein Segen, wie wir jetzt erkannten: Die Schneeoberfläche war so windgepresst und hart, dass wir beim Spuren kaum einsanken. Dies erleichterte unser Vorwärtskommen enorm. Eine kleine

Felsinsel markierte den Einstieg in die Gipfeleisrinne, die etwas seitlich des Hauptgipfels auf eine felsige Schulter und den Westgrat leitete. Der letzte Abschnitt des Couloirs wurde nun noch einmal steiler, den Ausstieg der Rinne bildete eine abschüssige Wechte. Zwei kurze Felsaufschwünge trennten uns nur noch vom höchsten Punkt. Die Steigeisen knarzten und quietschten bei jedem Schritt auf dem harten, plattigen Fels. Nur wenige weiße Eisschollen bedeckten den grauen Kalk des Gipfelgrats, der sich zu einigen wenige Meter hohen Gendarmen auftürmte, ehe der letzte und höchste Felsgipfel erreicht war. Im Tagesverlauf hatten sich Quellwolken gebildet, die nun träge über den Tälern schwebten oder als vereinzelte Nebelschleier über die Südwand heraufzogen. Doch noch immer war der Blick ins tief eingeschnittene Kali Gandaki, das mehr als 4000 Meter unter uns lag, nahezu ungetrübt. Gegenüber lag die dunkle Mauer des Annapurna-Massivs, im Norden die unendlich weite tibetische Hochebene. Wir sogen das einmalige Panorama um uns herum auf und umarmten uns glücklich.

Viele Menschen können nicht verstehen, wie man derartige Mühen auf sich nehmen und sein Leben riskieren kann, um auf einen Berg hinaufzusteigen. Uns Bergsteigern kommt die Besteigung eines Berges nicht sinnlos vor. Wir empfinden Glück und Freude dabei und hüten diese Momente wie einen Schatz in unserem Herzen. Zu diesem Juwel heute hatte uns Charly verholfen. Noch bevor wir unsere Familien verständigten, riefen wir ihn an, der die ganze Zeit mitgefiebert und vermutlich genauso wenig geschlafen hatte wie wir. Wir wollten ihn wissen lassen, dass alles gut gegangen war.

IN RICHTUNG ACHTTAUSENDER

Nach der für mich weitgehend problemlosen Besteigung des Baruntse kam mir der Gedanke, einen Achttausender im Himalaya zu versuchen. Es sollte einer der niedrigeren sein, technisch eher einfach und vom Gefahrenpotential, vor allem hinsichtlich der Lawinengefahr, einschätzbar. Meine Wahl fiel auf den sechsthöchsten Berg der Erde, den 8201 Meter hohen Cho Oyu. Diesmal nahm ich an einer ausgeschriebenen Expedition teil.

Ende März 1995 fuhr ich mit dem DAV-Summit-Club nach Tibet. Ich war nicht der Expeditionsleiter, sondern ein normal zahlendes Mitglied dieser Expedition, zu der sich Bergsteiger aus Österreich und Deutschland angemeldet hatten. Geplant war die Anreise über Nepal und der Weiterweg auf dem Landweg nach Tibet. In Kodari, der nepalesischen Grenzstadt, wechselten wir über die sogenannte Friedensbrücke nach Zangmu, das schon damals durch einheitlich monumentale Häuser aus Betonplatten verschandelt war. Zangmu blieb mir als recht dreckige, schattige, kalte und feuchte Stadt in 2200 Metern Höhe in Erinnerung. Unser Hotel passte zu dieser Stadt. Auf ein Bad in der Wanne, in der eine riesige dunkelgraue Spinne herumkroch, verzichteten wir gerne.

Einen Tag später ging es dann weiter nach Nyalam. Dort, auf 3700 Metern Seehöhe, waren die meisten Bauten im tibetischen Stil mit weiß getünchten Wänden, kleinen Holzfenstern und viel Holzvorrat auf den Flachdächern. An das Hotel dort erinnere ich mich noch wegen einiger ganz besonderer Auffälligkeiten. Der hohe chinesische Teppichboden war mindestens ebenso hoch mit einer Staubschicht bedeckt, und die Latrine in unserem Stock – Klo wäre zu vornehm ausgedrückt – erforderte vom Benutzer nahezu die Lungen eines Apnoetauchers. Immerhin waren aber neben den Klomuscheln 25 Nachttöpfe, die jedoch niemand benützte. So schäbig das Hotel, so vorzüglich schmeckte das Essen in den kleinen, holzgetäfelten tibetischen Restaurants neben dem Hotel.

Zwei Tage wollten wir uns dort akklimatisieren, bevor es dann zum Cho-Oyu-Basislager weitergehen sollte. Inzwischen hatte ich mich mit Andreas Steger, einem Alpingendarmen aus dem Nordtiroler Unterland, angefreun-

Das Grausamste und Anstrengendste bei Expeditionen ist für mich immer das Packen. So war das auch bei der Expedition zum Cho Oyu 1995.

det. Bei einer Eingehtour auf einen der unschwierigen Fünftausender entdeckte ich unweit der Gipfelkuppe in einem Schneerest den Abdruck der Pranke eines Tieres, ähnlich der eines großen Bären. War dies eine Spur des von allen gejagten, legendären Yeti?

Die Freundschaft mit Andreas währte nur kurz. Er rutschte beim Überqueren eines schmalen, eisigen Rinnsals aus und brach sich die Hand. Für ihn war damit die Expedition in Nyalam beendet, bevor sie überhaupt richtig begonnen hatte.

Der Rest der Mannschaft fuhr weiter nach Tingri auf 4350 Metern, ein gottverlassenes Nest mit wenigen Häusern am Beginn des tibetischen Hochplateaus. Es erinnerte mich an staubige Poststationen im Wilden Westen. Tingri ist der Ausgangspunkt für die Expeditionen zur Nordseite des Mount Everest und des Cho Oyu. Der Ort war vor der Grenzschließung durch die Chinesen ein wichtiger Handelsplatz gewesen.

Tingri bietet nicht nur einen spektakulären Blick auf die rund 50 Kilometer entfernten Gipfel von Everest und Cho Oyu, auch Lhotse und Makalu sieht man von dort. Einen hervorragenden Blick auf Everest und Cho Oyu hatte man vom ersten Stock einer einfachen, nicht überdachten Toilette, die viele von uns nicht nur wegen des Durchfalls, sondern auch wegen der Aussicht gerne öfters aufsuchten.

In Tingri waren für uns die Auswirkungen der Chinesischen Kulturrevolution, die von Mitte der 1960er- bis Mitte der 1970er-Jahre wütete und während der in Tibet unzählige Klöster vollständig zerstört wurden, deutlich sichtbar. Das Kloster Shegar Dzong in Tingri beispielsweise war 1995 nur noch eine Ruine. Zwar wurden in den letzten Jahren viele Klöster, auch mit chinesischer Unterstützung, wieder aufgebaut. Viele davon dienen aber nicht mehr als religiöse Stätten, sondern haben eher musealen Charakter.

Von Tingri fuhren wir mit zwei Geländewagen über eine karg bewachsene Hochebene mit trockenen Flussläufen 45 Kilometer nach Süden zum sogenannten Fahrerlager (5010 m). Dort erwarteten uns Tibeter mit ihren wollig zotteligen, wilden Yaks, deren Hörner uns Furcht einflößten. Im Fahrerlager telefonierten wir zum ersten Mal mit unserem Satellitentelefon. Es war noch ein Modell mit einer 20 Zentimeter langen Stabantenne. Handlich war es nicht gerade. Es war vielmehr ein größerer Koffer, dessen Deckel als Antenne diente. Bei laufendem Motor an die Autobatterie angeschlossen, war eine durchaus brauchbare Verbindung in die Heimat möglich. Später im Basislager versagten die mitgeschleppten Autobatterien allerdings. Aus war es mit dem Telefonerlebnis via Satellit. Auch ein 40 Kilogramm schweres, extra von einem Yak ins vorgeschobene Basislager transportiertes Benzinaggregat versagte seinen Dienst. Aber nicht nur beim Telefon war der Wurm drin.

Unser Team wurde von einem österreichischen Arzt begleitet. Er war in den Sechzigern und hegte keinerlei Gipfelambitionen. Ob er viel Erfahrung mit dem Höhenbergsteigen hatte, weiß ich nicht mehr. Wahrscheinlich war sie eher theoretischer Natur. Jedenfalls redete er dem Expeditionsleiter ein, dass die Akklimatisation nur bis 5500 Meter Höhe funktioniere und darüber nicht mehr. Das hatte zur Folge, dass unser Basislager zwar nur 250 Höhenmeter unter dem eigentlich dafür vorgesehenen Ort aufgeschlagen wurde, allerdings zwei Gehstunden davon entfernt und in einem schattigen Loch. Alle anderen Expeditionen bauten ihre Zelte am gewohnten Platz des vorgeschobenen Basislagers auf, auf einer mit großen Blöcken übersäten Moräne in 5650 Metern Höhe. Durch diesen – meines Erachtens – taktischen Fehler verloren wir zwei bis drei Tage am Berg und mussten auch ein Hochlager zusätzlich errichten. Noch heute verstehe ich nicht, wieso ich mich darauf eingelassen und nicht

Am Cho Oyu (8201 m) drehte ich aus Angst vor Erfrierungen auf dem Schneefeld rechts unterhalb des Gipfels in einer Höhe von 7750 Metern um.

auf das normale und bewährte Basislager bestanden habe. So viele Expeditionen waren vom eigentlichen Basislager aus erfolgreich gewesen. Wieso sollte dieser Ort plötzlich der Akklimatisation abträglich sein?

Nachdem wir unser Basislager eingerichtet hatten, begannen wir mit dem Aufbau der Hochlager. Wir schleppten Zelte, Verpflegung, Kocher und Ausrüstung nach oben und stiegen wieder ab. Beim nächsten Mal schliefen wir wegen der besseren Höhenanpassung bereits in Lager I. Dann stiegen wir wieder ab und schliefen beim nächsten Aufstieg im Lager II.

Als extreme Schinderei empfand ich eine fast senkrechte, etwa 20 Meter hohe, zerklüftete Séraczone zwischen Lager II und III, in der zwar ein Fixseil hing, die aber auf 7000 Metern Höhe meine letzten Reserven forderte. In dieser Höhe traf ich einen alten Bekannten, den ich vom DAV-Summit-Club kannte, Ralf Dujmovits. Er bewegte sich so flink, wie wir es nur 3000 Meter tiefer könnten. Wir redeten natürlich auch über das Wetter und darüber, dass wir für den Cho Oyu Ende April vielleicht noch zu früh dran wären. Noch immer hatte sich der Jetstream nicht in einer respektablen Entfernung nördlich

Im Lager III in 7100 m Höhe riß uns der Höhensturm beim Aufbau ein Zelt aus den Händen und es verschwand in der Tiefe.

von uns positioniert. Ralf war mit seiner Expedition deshalb etwa zehn Tage nach uns ins Basislager gekommen. Das war eine kluge Entscheidung.

Beim Aufstieg zum Cho Oyu war die Gefahr, in eine Gletscherspalte zu fallen, nicht besonders groß, dennoch hatte ich im Lager II ein unangenehmes Erlebnis. Auf dem Weg zurück von unserer aus einem Schneeloch bestehenden Toilette am Rande der mehrere hunderte Meter abfallenden Westwand kürzte ich die vorhandene Spur ab. Natürlich hätte ich es besser wissen müssen. Plötzlich brach ich mit dem rechten Bein bis zum Schritt in eine Spalte ein. Ich hatte Glück, denn es war nur eine schmale Spalte und ich konnte mich leicht aus ihr befreien. Abkürzungen von bereits gestapften Spuren habe ich dann vermieden.

Nach drei – auch durch den Höhensturm bedingten – Rasttagen im Basislager begannen wir mit dem Aufstieg zum Gipfel: Über Lager III auf knapp 7000 Meter und Lager IV in 7400 Meter wollten wir den höchsten Punkt erreichen. Wir waren zu viert und trugen zwei Kuppelzelte mit. Plötzlich ein Malheur: Eine Sturmbö riss im Lager III ein noch nicht fixiertes Zelt in die Tiefe. Über hunderte Höhenmeter konnten wir das gelbe Zelt noch auf dem Gletscher dahinfliegen sehen. Wir hatten aber Glück im Unglück: Ein Zelt

Weil es am Gipfel häufig stürmte, eigneten sich während unserer Expedition im April nur wenige Tage für den Aufstieg zum Gipfel.

einer anderen Gruppe blieb leer. Mühsam ging es am nächsten Tag in Richtung Lager IV über eine steile, mit einem Eisfilm überzogene Schneeflanke, die keinen Fehltritt erlaubte.

Mühsam bedeutete für mich auch sehr langsam. Einem Anstieg von 100 Höhenmetern pro Stunde beim Höhenbergsteigen stehen im alpinen Gelände auf etwa 2000 Metern Seehöhe mindestens 700 Höhenmeter pro Stunde gegenüber.

Auf Lager IV in 7400 Meter angekommen, verkrochen wir uns in den Zelten und schmolzen Schnee für Teewasser und Suppe. Vielleicht liegt es auch daran, dass ich nie ein großer Koch war und die schönen Seiten des Kochens erst in jüngerer Zeit entdecke – jedenfalls hasste ich das Kochen im Zelt immer. Der mit kaltem Schnee gefüllte Topf drohte immer umzufallen und das Wasser schaffte ein sehr feuchtes Klima im Zelt. Was das Kochen beim Höhenbergsteigen zudem enervierend macht, ist der Schneetransport ins Zelt. Immer wieder muss man raus, um für Nachschub zu sorgen.

War der Schnee geschmolzen und die Arbeit erledigt, hielt sich der Komfort in Grenzen. Zu dritt lagen wir dicht an dicht in unsere warmen Daunenschlafsäcke gehüllt im Zelt. Und wieder sollte sich erweisen, dass ich kein großer „Höhenschläfer" bin. Während andere in der Nacht beneidens- und hassenswert laut schnarchten, sank ich auf über 7000 Meter Höhe nur in eine Art Halbschlaf, der noch dazu bald vorbei war. Diese Nacht war wenig entspannend und alles andere als eine gute Vorbereitung für die Gipfeletappe. Dafür bot sich mir ein atemberaubender Anblick, als ich in der Nacht bei mondhellem Himmel das Zelt verließ. In diesem so knapp unter dem Firmament befindlichen besonderen Zeltlager blickte ich nach Norden, weit nach Tibet hinein. Berge reihten sich an Berge und darüber unzählige Sterne. Ich fühlte mich dem Himmel unbeschreiblich nah.

Die Hölle dagegen ist, sich in dünner Luft in einem engen Zelt anziehen zu müssen. Es ist anstrengend und ziemlich unbequem, und es dauerte und dauerte, bis ich endlich fertig war. Eine halbe Stunde reichte sicherlich nicht. Dick angezogen krabbelte ich schließlich aus dem Zelt. Es war bitterkalt und ich fror fürchterlich. Ich hoffte auf die Bewegung. Wir gingen seilfrei und konnten im Lichtschein der Stirnlampen die Gletscherspalten gut umgehen. Zunächst über flaches, dann über steiler und eisiger werdendes Gelände näherten wir uns dem Quarzband, das bei Tageslicht weithin sichtbar den Gipfel des Cho Oyu wie ein nach unten gerutschter Heiligenschein umrahmt. Irgendwo fanden wir einen Durchschlupf und, nach Südwesten querend, erreichten wir ein bis zum Gipfel reichendes Schneefeld. Wir waren auf 7750 Metern Höhe angelangt. Der Gipfel war greifbar nahe. Die größten Schwierigkeiten lagen hinter uns. Ein Kinderspiel schien, was jetzt noch kommen würde.

Doch schon bei der Querung blieb ich immer wieder stehen, um die Hände aneinander zu reiben, in die Hände zu klatschen und große kreisende Bewegungen mit den Armen zu machen. Durch Klopfen der Schuhe gegeneinander versuchte ich, meine Zehen aufzuwärmen. Vergeblich. Erfrierungen schmerzen nicht, man verliert nur das Gefühl. Genau das ist die große Gefahr. Finger und Zehen wollte ich aber keinesfalls opfern. Das ist kein Berg der Welt wert.

Ich zog meine Handschuhe aus und biss in meine Finger, die bis zur Handwurzel zurück gefühllos waren. Meine Zehen spürte ich schon länger nicht mehr. Den Gipfel erreichen oder Finger und Zehen erhalten? Für mich war das keine Alternative. Die Entscheidung war klar. Ich musste umdrehen. Schon zu Hause habe ich mich mental auf Situationen vorbereitet, bei denen man umdrehen muss. Meine Frau Edith wusste, dass ich nur vorhatte, zum

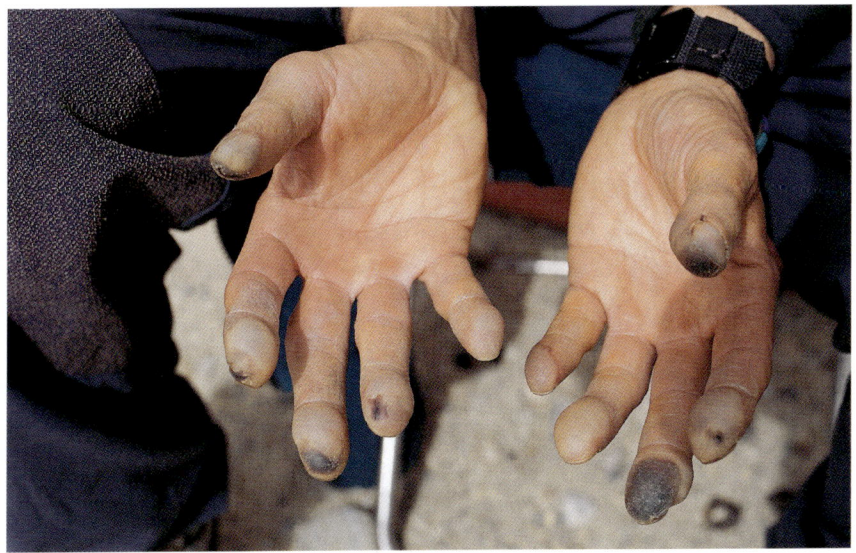

„Aufgeben tut man nur einen Brief", hatte ein Teilnehmer unserer Expedition gesagt und sich beim Gipfelgang schwere Erfrierungen an den Fingern zugezogen.

Gipfel zu gehen, solange mir alles sicher und überschaubar erschien. Ich war niemals zu feige, umzudrehen und aufzugeben.

Natürlich war ich enttäuscht, als ich langsam zum Lager IV abstieg. Sicher ist aber, dass ich mir an diesem Tag schwere Erfrierungen erspart habe. Im Zelt angekommen, waren alle Finger und Zehen gefühllos. Viele Stunden verbrachte ich damit, sie zu massieren und im lauwarmen Wasser unseres Suppentopfs anzuwärmen. Größere Schäden habe ich damit vermieden. Allerdings erinnert mich ein feines samtenes Gefühl in den Fingerspitzen und an den Zehen auch mehr als zwanzig Jahre später noch immer an den Cho Oyu.

Das Abenteuer Cho Oyu war noch nicht beendet. Auch Hans, ein Bayer, musste aufgeben. Zwei von unserer Gruppe erreichten schließlich spät den Gipfel. Der letzte kam beim Abstieg in die Dunkelheit und stürzte 200 Meter oberhalb der Zelte in eine Gletscherspalte. Glücklicherweise verklemmte sich sein Rucksack am Rand der Spalte. Wir hörten ihn um Hilfe rufen. Weil wir uns anziehen mussten, dauerte es ewig, bis wir ihn erreichten. Zu diesem Zeitpunkt hatte er sich aber schon selbst befreit und beschwerte sich, dass wir nicht schneller zu Hilfe geeilt wären. Das war sein Dank. Im Schein der Taschenlampe sahen wir, dass sein Zeigefinger bis zum ersten Glied schwarz war. Aber nicht nur das. Am nächsten Morgen wollte er nicht mehr aufstehen. Es brauchte alle Überredungskünste, von lautem Schimpfen bis zum einfühlsamen Zureden, um ihn aus dem Zelt zu bringen.

Beim Abstieg nahm ich ihn an den steilen Stellen ans kurze Seil und führte ihn, seine Seilklemmen ins Seil umhängend und mit zwei kurzen, senkrechten Abseilstellen, in zwei Tagen ins Basislager. Er war nicht mehr in der Lage, seinen Jümar selbst zu bedienen.

Da wir beim Abstieg enorm schwere Rucksäcke hatten und einer von uns nicht mehr in der Lage war, viel zu tragen, mussten wir ein Zelt im Lager IV zurücklassen. Drei Wochen später erreichte ein Paket mit eben diesem Zelt den DAV-Summit-Club in München. Ralf, der den Ernst unserer Lage mitbekommen hatte, hatte unser Zelt vom Lager IV bis ins Basislager getragen und brachte es zurück nach Europa. Er ist ein echter Freund. Nicht nur deshalb.

OHNE ERFRIERUNGEN

Ralf Dujmovits

1995, Tibet, Cho Oyu: Er kam von oben. Von sehr weit oben. Die Anstrengung war seinem Gang von Weitem anzusehen, die Enttäuschung erst, als wir uns näherkommen. Dick eingepackt, wie er war, erkenne ich ihn erst, als wir uns quasi schon gegenüber stehen. Während meiner Bergführerausbildung vor zehn Jahren war er mein Lehrer in Meteorologie: Dr. Karl Gabl, Meteorologe, Bergführer und Expeditionsbergsteiger. Jetzt, auf fast 6500 Meter und fast zehn Jahre später, treffen sich zwei Kollegen. Er, ein alter Hase an den hohen Bergen, im Abstieg. Ich, berstend vor Ehrgeiz und noch grün hinter den Ohren, im Aufstieg. Auf 7750 Meter hatte er beschlossen, dem Leben den Vorrang zu geben und umzukehren. Er berichtete von zehrend kalten Umständen und dass er sein Zelt hatte zurücklassen müssen. Mir war sofort klar, dass ich es herunterbringen wollte, aus Dankbarkeit. Dafür, dass ich in der Bergführerausbildung von ihm lernen durfte und jetzt erlebe, dass man auch ohne Gipfel erfüllt nach Hause gehen kann. „Die Gesundheit ist das Wichtigste, was wir haben", gibt mir Charly mit auf den Weg nach oben.

Vier Jahre später: Pakistan, Broad Peak. „Ruf mich morgen um die gleiche Zeit wieder an", hat Charly gesagt. Jetzt sitzen alle Teilnehmer im Messzelt im Broad-Peak-Basislager und lauschen gespannt. Den riesigen Kasten des Satellitentelefons habe ich auf „laut" gestellt, sodass alle mithören können. Zuerst lässt sich Charly wieder die aktuelle Wettersituation schildern: „grau in grau, kaum Sicht nach oben, leichter Schneefall". Dann rückt er zurückhaltend heraus: „Eineinhalb Tage gutes Wetter sind zu erwarten", sagt er, und windschwach soll es sein. Kein Wort von „Starten" oder „Abwarten", kein Anschieben oder Einbremsen. Freundliche, aber nüchterne Prognosen.

Sehr zum Erstaunen aller anderen Expeditionen im Basislager starten wir geschlossen am nächsten Tag bei üblem Wetter. Und Charlys Prognose passt zu 100 Prozent. Zweieinhalb Tage später stehen wir bei Windstille auf dem Hauptgipfel des Broad Peak, danach wird das Wetter wieder schlecht. Bis auf unsere Gruppe und zwei Bergsteiger, die sich uns angeschlossen hatten, war in der gesamten weiteren Saison niemand anderes mehr am höchsten Punkt.

Noch einmal zehn Jahre später: Nepal, Lhotse, 2009. Inzwischen kann ich es nicht mehr zählen, wie oft ich Charly die Frage nach der Wetterentwicklung gestellt habe. Eine Freundschaft ist dabei entstanden, die weit über die reine Prognosen-Vermittlung hinausgeht. Dieses Mal sitzen wir schon seit zehn Tagen bei traurigstem Wetter im Basislager. Viele nebenan am Everest haben schon zusammengepackt. Charly beruhigt und rät abzuwarten. Nach 14 Tagen kündigt er eine Wetterberuhigung an. Nach 17 Tagen stehen wir im dritten Anlauf auf dem Gipfel des Lhotse; für mich der 14. Achttausender.

Charly gilt mein erster Anruf über das mitgebrachte Mini-Satellitentelefon im letzten Hochlager: Ihm habe ich ein großes Stück weit alle vierzehn Achttausender zu verdanken. Sowie alle meine Finger und Zehen.

SCHIENEN DURCH ST. ANTON: WIE ES ZUR BAHNVERLEGUNG KAM

Zwar in Innsbruck arbeitend, habe ich dennoch das soziale, kulturelle und politische Leben in meiner Heimatgemeinde St. Anton am Arlberg ständig, manchmal auch aus einer kritischen Distanz, verfolgt. Über Jahre war ich an Wochenenden zuhause in der etwa aus dem Jahr 1680 stammenden, niederen, gemütlichen, mit Zirbenholz getäfelten Stube meines Elternhauses. Weil ich aber fast immer am Berg unterwegs war, war der Kontakt zu vielen von mir geschätzten Einheimischen eher lose.

Die Bewerbung St. Antons für die Alpine Ski-Weltmeisterschaft 2001 verlief natürlich nicht reibungsfrei. Nach vielen Überlegungen und mit Unterstützung von Karl Schranz, der auch die Politiker im Land Tirol und in Wien motivierte, sprach sich der Tourismusverband in St. Anton aber einstimmig dafür aus. Auch der Gemeinderat, an dessen Spitze Bürgermeister Herbert Sprenger, stimmte mit zwei Gegenstimmen für eine Bewerbung.

Der Österreichische Skiverband (ÖSV) mit seinem Präsidenten Peter Schröcksnadel entschied sich bei der Wahl zwischen der Sportwelt Amadé in Salzburg und St. Anton ebenfalls für den Arlberg. Beim FIS-Kongress 1996 in Christchurch (Neuseeland) setzte sich St. Anton schließlich gegen St. Moritz durch.

Da ein sportliches Großereignis für eine Region nicht nur eine willkommene Werbung, sondern immer auch eine große Belastung ist, wird generell versucht, Strapazen für die Bevölkerung durch infrastrukturelle Verbesserungen abzufedern. Auch St. Anton sollte so ein „Zuckerl" bekommen. Neben dem Bau einer Veranstaltungshalle und der notwendigen Verbauung der Hänge, von denen St. Anton im Winter Lawinen drohten, musste vor allem eine Lösung für die mitten durch den Ort führende Bahntrasse gefunden werden. Der Bahnübergang Richtung Oberdorf war für die WM ein massives Hindernis, da die Bahnschranken aufgrund des regen Schienenverkehrs ständig geschlossen waren. Einen scheinbar endgültigen Vorschlag legten die WM-Verantwortlichen und der Bürgermeister schnell auf den Tisch: Man wollte die bestehende Strecke weiter ausbauen und hatte auch für den

Bahnübergang im Oberdorf eine Lösung. Alles ging so schnell, dass sich Widerstand erst formierte, als die Verträge für die sogenannte Nordtrasse schon unterschrieben waren.

Ausschlaggebend für meine Aktivität für das Projekt „Bahn 2001–2101" war die Präsentation der Nordtrassen-Pläne durch die Österreichischen Bundesbahnen (ÖBB) im Arlbergsaal. Von Berufs wegen auf der Grundlage von Wetterkarten, Wetterdaten und Modellanalysen täglich Prognosen erstellend, entwarf ich auch für die Pläne der ÖBB ein Zukunftsszenario. Anstatt der Wetterkarten dienten mir hier die vorgelegten Baupläne für eine langfristige Prognose für St. Anton. Dabei kam ich zu einem desaströsen Szenario für die Zukunft des Ortes: St. Anton liegt an der Schienenverbindung von Wien nach Zürich, der Schienenverkehr würde in Zukunft nicht abnehmen. Der Ort wäre bei Umsetzung des Vorschlags sogar noch mehr belastet worden, auch während der Bauphase der Nordtrasse. Denn infolge der Ausschachtung des Tunnels bis zum Moos in der Nähe des Heimatmuseums wäre die Skiabfahrt dort nicht möglich gewesen; die Lifte auf den Gampen und der Slalomhang-Skilift hätten während der dreijährigen Bauarbeiten nicht benützt werden können; genauso der Sammelplatz der Skischule mitten in der projektierten Nordtrasse; und der Zugang zu den Übungswiesen am Kindlisfeldlift wäre nicht frei gewesen. Noch dazu hätte der Aushub aus dem Tunnel mit fast 55.000 Lkw-Fahrten über die Bahnunterführung in Nasserein entsorgt werden müssen. Ganz zu schweigen von der Zerstörung des Ortsbildes: Die Nordtrasse hätte den St. Antonern nördlich der Kirche eine 16 Meter hohe Stützverbauung aus Beton beschert, und von dort bis zum Ortsende in der Seiche in Nasserein würde heute eine etwa 8 Meter hohe Stützmauer den Ort verschandeln. Ohne diese Stützmauer wäre der zweigleisige Ausbau zwischen den Häusern nicht möglich gewesen. Und vom Bahnlärm hätte man Einheimische und Gäste nicht entlasten können.

So wie mir ging es vielen anderen. Wir hatten ein ungutes Gefühl, wollten nicht irgendeinen Ausbau, sondern eine vernünftige Lösung für den Ort. Dabei dachten wir nicht nur an die Ski-WM, sondern weit darüber hinaus. Wenn auch in den Reihen der sich in der Villa Resi bei Otto und Rosmarie Schuler zu einer Initiative zusammengefundenen St. Antonern einige waren, die zunächst gegen die Weltmeisterschaft votiert hatten, war das nun kein Thema für uns. Der Ort hatte den Zuschlag bekommen, und wie alle anderen St. Antoner freuten auch wir uns auf dieses skisportliche Großereignis. Wir wollten unseren Heimatort erfolgreich präsentieren. Um uns den Wind aus den Segeln zu nehmen, wurde aber versucht, uns als WM-Gegner zu diffamieren. Doch wir ließen uns von dieser Unterstellung nicht aufhalten. Die zeitliche Koinzidenz von Bahnverlegung und Weltmeisterschaft war einfach außerordentlich unglücklich.

Zum Kreis der Initiative gehörten Willi Salzmann, Professor und glänzender Redner, Reinhard Falch, ein erfahrener Raumplaner, Brigitte Mallner, eine direkt von der Nordtrasse betroffene Grundstückseigentümerin mit der Aussicht auf eine monströse, über die hintere Haushöhe reichende Stützmauer, mein Jugendfreund und Bergkamerad Walter und sein Bruder Hermann Strolz und noch viele andere. Auf Tage mit hitzigen Diskussionen folgten oft schlafgestörte Nächte. Die Behauptung, weder der Bahnhof noch die Bahntrasse könnten verlegt werden, drückten ein ums andere Mal auf unser Gemüt. Selbst wenige Meter neben den ratternden Bremsgeräuschen der Lastzüge wohnend, sah ich die Entlastung der Oberdörfler von den Bahnschranken und die Verbesserung des Zuganges zum Skigebiet als eine absolute Notwendigkeit an. Und natürlich war mir schleierhaft, wie ein Hotelier wollen konnte, dass seine Gäste weiterhin den Bahnlärm ertragen sollten.

Mit der Verschiebung des Bahnhofes wäre die Nordtrasse für die Zukunft fixiert worden. Das ganze Ausmaß wäre dann zehn, zwanzig oder dreißig Jahre später zum Tragen gekommen, wenn der zweigleisige Ausbau der Strecke Wien–Bregenz, der zum damaligen Zeitpunkt bis auf wenige Kilometer am Arlberg schon fertig gestellt war, realisiert worden wäre. Mit „Gewalt" – die Eisenbahn wäre im sprichwörtlichen Sinne darüber gefahren – wären die Züge irgendwann über die eingleisige Nordtrasse, das Interesse der europäischen Gemeinschaft vorgebend, durch den Ort gedonnert.

Außerdem wären die Nordtrasse und der WM-Bahnhof, wenige Meter neben dem Skistadion geplant, bei der Ski-WM kein Vorteil, sondern im Organisationsablauf ein massiver Nachteil gewesen. Massenpaniken bei Großereignissen haben ja im Nachhinein gezeigt, welch schlimme Folgen es haben kann, wenn viele Menschen auf engstem Raum zusammenkommen. Bei den zehntausenden Schlachtenbummlern, die der Bahn für die Anreise den Vorzug gaben, ermöglichte die Südtrasse, für die wir eintraten, den Fans einen Auslauf, bevor sie konzentriert und mit Begeisterung dem neuen Stadion zustrebten. Bei der Nordtrassenlösung hätte das zu nicht mehr überschaubaren Massenaufläufen geführt.

Sitzungen über Sitzungen, meist in den Abendstunden, fanden statt, im „Hauptquartier" bei Otto und Rosmarie. Wie oft ich damals nach St. Anton gefahren bin, kann ich heute nicht mehr sagen. Ich weiß nur, dass es sehr viele Male waren. Es werden einige tausend Kilometer zusammengekommen sein. Irgendein mir unbekannter Zeitgenosse, der mein Engagement nicht goutierte und dem es wohl lieber gewesen wäre, wenn ich nicht mehr nach St. Anton gekommen wäre, hat sich während dieser aufreibenden Monate mehrfach an meinem Auto zu schaffen gemacht und dort laufend Schäden angerichtet. Drei Holzschrauben fand ich in meinen Reifen, wobei zwei Reifen repariert werden konnten und ein Reifen ersetzt werden musste. Das Türschloss des Autos wurde mit Superkleber unbrauchbar gemacht und der rückwärtige Scheibenwischer wurde mir einmal abgerissen. Wie hätte ich aber mit einem „Plattfuß" nach Innsbruck fahren sollen? Wie hätte ich mein Auto aufsperren sollen, wenn das Türschloss verklebt ist? Dass das der falsche Weg war, um mich loszuwerden, hat derjenige nicht ganz durchdacht. In Anbetracht des letztendlichen Erfolgs waren mir die Schäden aber völlig egal.

Im Rahmen der Initiative hat jeder sich dort eingebracht, wo er es am besten konnte. Meine Aufgabe war es, in Innsbruck Kontakte nicht nur zu den Medien, sondern auch zu zahlreichen Institutionen und einflussreichen Persönlichkeiten in Politik, Wirtschaft und Skisport zu knüpfen. Alle meine Aktionen und Gespräche waren mit dem Hinweis verbunden: „Wir sind keine Gegner, sondern Befürworter der Alpinen Ski WM 2001." Es war nicht gelogen.

Meine Bemühungen in Innsbruck könnte man mit den Aufgaben eines Botschafters im diplomatischen Dienst vergleichen. Das scheint zwar ein etwas großspuriger Vergleich, aber er ist zumindest in zwei Punkten treffend: Erstens war St. Anton weit weg von der Landeshauptstadt, und zweitens musste ich mit aller Vorsicht vorgehen, um das Projekt nicht zu gefährden. Ich musste Politik, Behörden, Institutionen und den Menschen – davon war ich absolut überzeugt – den Standpunkt unserer Initiative näherbringen.

Ich habe im besten Sinne Lobbying für unsere Südtrassen-Idee betrieben. Es hätte mir in Innsbruck nichts genützt, mit großer Rhetorik und Emotion für unsere Sache zu werben, wie es in St. Anton förderlich und notwendig war. Es gelang mir, dass die Ziele der Südtrassen-Initiative in einer Diskussionsrunde in ORF Tirol und in einem Beitrag in der Tirol-Heute-Sendung vorgestellt wurden. Letzteres sehr zum Leidwesen eines Sportjournalisten, der mich für lange Zeit keines Blickes mehr würdigte, weil er fest davon überzeugt war, ich torpediere die WM. Ein Leichtes wäre es gewesen, dieses Missverständnis aus der Welt zu räumen, hätte er nur ein einziges Mal mit mir darüber gesprochen. Der damalige ORF-Tirol-Landesintendant Helmut Kaiser, bei dem ich kurz vorher zu einer Geburtstagsfeier geladen war, mischte sich in diese Angelegenheit dankenswerterweise nicht ein. Und so ging ich weiter dem Auftrag der Freunde aus St. Anton nach.

Neben dem ORF kontaktierte ich Peter Schröcksnadel vom ÖSV. Peter kannte ich bereits seit zwanzig Jahren über seine überaus erfolgreiche und anerkannte Tätigkeit beim Österreichischen Kuratorium für alpine Sicherheit. Natürlich war er unglücklich über unsere Initiative, da er bei der Organisation der WM keine zweite Front eröffnen konnte und wollte. Aber er torpedierte unsere Bemühungen nicht und betraute mich später mit dem WM-Wetterservice vor Ort.

Vorstöße zu verschiedenen politischen Parteien folgten, wobei mir einzig die Kommentare des Grünen Nationalratsabgeordneten Peter Pilz aus dem fernen Wien, vor und während des Bahnbaues, als negativ, unsachlich und unqualifiziert in Erinnerung geblieben sind. Bei den in Innsbruck kontaktierten Politikern erwartete ich zwar keine Begeisterungsstürme, aber ich konnte – oder wollte vielleicht – bei allen eine gewisse Sympathie für unser Anliegen orten. Der damalige Verkehrslandesrat Lugger von der FPÖ erklärte sich für das Problem nicht zuständig – tatsächlich sind Bahnangelegenheiten ja Sache des Bundes – und zog sich damit geschickt aus der Affäre.

Mit Otto Schuler besuchte ich zweimal Landeshauptmannstellvertreter Herbert Prock von der SPÖ, der spontan seine Hilfe anbot und den Kontakt zu Verkehrsminister Caspar Einem herstellte; eine, wie sich später herausstellen sollte, unschätzbar wichtige Verbindung. Als sich abzeichnete, dass unsere Variante realisiert werden sollte, bedankten Otto und ich uns bei Herbert Prock – bei einem Besuch, der mir besonders gut in Erinnerung geblieben ist: Tief bewegt und voller Dankbarkeit überreichte Otto ihm das Buch der Gemeinde St. Anton von Hans Thöni.

Sehr angetan war ich von der Reaktion des damaligen ÖVP-Nationalrats, späteren Verteidigungs- und Innenministers und jetzigen Landeshauptmanns von Tirol. Günther Platter besuchte mich schon einen Tag nach meinem Anruf und hörte sich unser Anliegen an. Er fiel seinen Parteifreunden in meiner Gegenwart nicht in den Rücken, er äußerte sich weder positiv noch negativ zur Nordtrasse, aber die Sympathie, die ich zu spüren glaubte, gab mir viel Auftrieb in meinen täglichen Bemühungen. Gleiches galt auch für meinen Nachbarn in Innsbruck, den Tiroler Landtagsabgeordneten Heinrich Juen (ÖVP).

Den Termin bei Helmut Krieghofer, dem Parteisekretär der ÖVP Tirol, verschaffte mir seine Sekretärin ohne dessen Wissen. Es war eine kurze und eher kühle Unterredung mit dem Hinweis, dass wir in dieser Sache ja auch schon früher etwas unternehmen hätten können, und nicht erst jetzt, da die Verträge schon unter Dach und Fach waren. Im Nachhinein betrachtet, war aber auch dieses Gespräch sehr wichtig. Neben vielen anderen informierte ich auch Josef Margreiter, den Chef der Tirol Werbung, Jakob Edinger von der Edinger Tourismusberatung, Heinz Klier, Seilbahnpionier und Freund meiner Familie, und Georg Gschnitzer, Stadtratsmitglied und Rechtsanwalt, über die Vorteile der Südtrasse. Auch an den Abenden des Rotary Clubs Innsbruck Goldenes Dachl, dem ich zu der Zeit schon viele Jahre angehörte, rührte ich kräftig die Werbetrommel für unser Vorhaben. Meine rotarischen Freunde hielten unser Anliegen für äußerst sinnvoll.

Natürlich versuchten wir auch, die rechtlichen Möglichkeiten auszuschöpfen. Deshalb holte ich zunächst von verschiedenen Instituten der Universität Innsbruck Informationen ein. Karl Weber, Professor an der juridischen Fakultät, erklärte uns unter anderem die Wesenszüge der Umweltverträglichkeitsprüfung und räumte unserer Initiative zumindest Chancen für eine Verzögerung des ursprünglichen Bauvorhabens ein. Er zeigte auf, dass es für die ÖBB nicht einfach sein würde, ihr Vorhaben durchzusetzen. Daraufhin schaltete Otto Schuler die bei Bahnverlegungen bewährte Anwaltskanzlei von Gerhard Mory in Salzburg ein. Mory hatte die Interessen der Anwohner bereits bei einem Bahnprojekt der ÖBB im Gasteinertal mit großem Erfolg vertreten.

Neben dem juristischen Verfahren interessierten mich speziell die technische Seite des Vorhabens und die Kosten. Ich wollte die projektierte Nord- und Südtrasse in einen direkten Vergleich stellen. Der Ingenieur Manfred Handler, früherer Betriebsleiter der Arlberger Bergbahnen und energischer Befürworter der schon viele Jahre vorher von ihm propagierten Südumfahrung, stellte uns die Kontakte zur Ingenieursgemeinschaft Lässer-Feizlmayr (ILF) her, einem renommierten technischen Büro mit Sitz in Innsbruck und München. Empfohlen worden ist mir Pius Lässer vom Bruder meines früheren Spielkameraden Tino, also von Guido Schmidt-Chiari, der zu diesem Zeitpunkt Generaldirektor der Creditanstalt in Wien war. Auch er wäre ein Betroffener des Bahnausbaus gewesen, unter seinem Haus wäre die Nordtrasse verlaufen. Das Ergebnis, zu dem Lässer kam: Die Südvariante hat sowohl in technischer und wirtschaftlicher als auch in zeitlicher Hinsicht Vorteile.

Umfangreiche technische Informationen gab es von Seiten der technischen Fakultät der Universität Innsbruck, unter anderem vom Institut für Tunnelbau, an dem der mit einer St. Antonerin verheiratete Professor Walter Netzer lehrte. Von Bernhard Lackinger erhielten wir die Daten (Länge, Querschnitte, Informationen über die Bauzeit) aller vorherigen Tunnelbauten in Österreich. Dabei kam zu Tage, dass der Vortrieb im Schöngraben-Schotter (Nasserein–Rafalt) etwa das Vier- bis Siebenfache der Kosten für den Vortrieb auf der Südtrasse verursachen würde. Die Vorstände der Institute für Eisenbahnwesen und Straßenbau, Günter Prager und Heinz Tiefenthaler, habe ich über die beiden Varianten der Trassenführung informiert. Kein einziger der universitären Experten äußerte sich negativ zur Südvariante. Alle sahen diese ausnahmslos als zukunftsweisend und für St. Anton vorteilhafter an.

Durch die Ingenieure von ILF knüpften wir Kontakte zum Institut für Baubetrieb, Bauwirtschaft und Baumanagement an der Universität Innsbruck. Dessen damaliger Vorstand Eckart Schneider war aus meiner Sicht schließlich der entscheidende Mann, äußerst kompetent und aufgrund seiner praktischen Erfahrung in leitender Position bei verschiedenen Tunnelbauten. Auch er erkannte sofort, dass die Südtrasse nicht nur für die Kommune vorteilhafter war, sondern von den Kosten her günstiger und von der Bauzeit her machbar. Darüber hinaus könnte die Beeinträchtigung des Tourismus in der gesamten Region mit der Südtrasse auf ein Mindestmaß reduziert werden, stellte er fest. Mit der Entscheidung der ÖBB, Eckart Schneider mit der Begutachtung der Machbarkeit der Südtrasse zu beauftragen, wandte sich das Blatt. Die Expertise von Schneider war der Durchbruch für die Süd- und das Ende der Nordvariante.

Zum zweiten Mal war es aufmerksamen Bürgern gelungen, größeren Schaden von St. Anton abzuwenden. Bei den Planungen zum Arlberg-Tunnel war schon einmal versucht worden, eine Verkehrstrasse auf die Nordseite des Tales zu legen. In der ersten Projektphase war das Tunnelportal nordwestlich vom Haflingerhof, beim Schützlis Rain, geplant gewesen; etwa zwischen Haflingerhof und der Kegelbahn war der Trassenverlauf über die Wiesen bis

Rafalt und südlich der Häuser von St. Jakob über das Gsör hinaus bis nach Pettneu auf den südexponierten Flächen vorgesehen. In der Vadiesen wäre das Stanzertal dann mittels einer Brücke in Richtung Strohsack überquert worden. Ein ökologischer und touristischer Wahnsinn.

Die Straßen- und Eisenbahngesellschaften beschreiten oft den Weg des geringsten ökonomischen Widerstandes und streben die Realisierung der billigsten Varianten an. Das Wohl der Bevölkerung und die Umwelt geraten da allzu oft ins Hintertreffen. Ohne zu berücksichtigen, dass es sich um Bauwerke handelt, die als Jahrtausendprojekte bezeichnet werden können, wird die kürzeste, augenscheinlich finanzgünstigste Trasse projektiert. Lärm und Luftverschmutzung belasten die Menschen enorm und fügen dem Tourismus unermesslichen Schaden zu. Beim Bau des Arlbergtunnels war es die Vorsprache von besorgten St. Jakober Bürgern bei Eduard Wallnöfer, die das Schlimmste verhinderte. Der nicht umsonst so beliebte Landeshauptmann hat weitblickend sofort eine Neuprojektierung für die jetzige Trasse angeordnet. Diese engagierte Delegation hat Nasserein und St. Jakob eine stinkende Verkehrshölle erspart, den aufstrebenden Tourismus ermöglicht und das Leben in unserem Tal lebenswert erhalten, ein ungeheures Verdienst.

Wenn eine Sache gut läuft, dann findet sie plötzlich viele Unterstützer. Auch solche, die zunächst vehement dagegen waren. So war es auch in St. Anton. Ich freue mich sehr darüber, dass der Kreis der Südtrassen-Befürworter und Möchtegern-Mitstreiter in den vergangenen Jahren so gewachsen ist. Und es ist schön zu sehen, dass die damals aufgerissenen Gräben längst wieder zugeschüttet wurden und die Südtrasse fast ausnahmslos akzeptiert wird. Vielleicht kann unsere Initiative eine Aufforderung an andere Bewegungen sein, die vorgelegten Bahn- und Straßenbauprojekte kritisch zu hinterfragen und sich nicht schicksalsergeben dem Diktat der Planung zu beugen.

Wenn ich könnte, würde ich Otto Schuler posthum das Ehrenzeichen der Gemeinde St. Anton verleihen. Seinem entschlossenen Auftreten verdankt der Ort sehr viel. Insbesondere durch seinen Mut und Einsatz haben wir schier Unmögliches geschafft und für St. Anton die bestmögliche Lösung erreicht. Der einzige Wermutstropfen für das Tal ist, dass die Bahntrasse nicht parallel zum Arlbergstraßentunnel bis nach Pettneu geführt werden konnte. Dieser Schritt hätte eine jahrelange Umweltverträglichkeitsprüfung erforderlich gemacht. So viel Zeit gab es vor der Ski-WM nicht mehr. Aber vielleicht lässt sich ja auch das noch realisieren.

NICHT OHNE CHARLYS HANDYNUMMER

Axel Naglich

Mein allererstes Mal in Nepal, die großen Berge – die wirklich großen! Wie die Jungfrau zum Kind kam ich um die Jahrtausendwende zu einem Trip nach Nepal, um für den österreichischen Speedskier Harry Egger eine Speedstrecke in großer Höhe zu finden. Sein Plan war, bei dem dort herrschenden geringeren Luftwiderstand größere Geschwindigkeiten zu erreichen als auf 1000 oder 2000 Meter Seehöhe. So kam der Himalaya ins Spiel und mit ihm meine Person, weil ich damals Harrys Projekte mitbetreute.

So weit, so gut, doch um ehrlich zu sein, hatte ich keine Ahnung vom Höhenbergsteigen. Auch mein Kollege, ein Holländer, der in Österreich wohnte, hatte keine Erfahrung damit. Nichtsdestotrotz flogen wir voller Tatendrang nach Nepal und starteten unseren Trek. Ziel war ein über 7000 Meter hoher Berg südlich des Baruntse. Wenn er einen Namen hat, habe ich ihn vergessen. Jedenfalls glaubten wir zu wissen, dass dort eine schräge Schneefläche über etwa 500 Höhenmeter mit einem Übergang zu einem mindestens zwei Kilometer langen, fast horizontalen Auslauf zu finden sei – also genau das, was ein Speedskier braucht, um den Weltrekord von damals etwa 245 km/h zu knacken. Uns hatte man losgeschickt, um diese Annahmen zu bestätigen und dabei gleich einen „Fußweg" zu eruieren, sozusagen als Backup für den Hubschrauber, der Harry normalerweise zur Strecke transportierte.

Unser Plan schien uns simpel: Wir steigen jeden Tag, soweit wir kommen, und drehen nur um, wenn es einem von uns schlecht geht. Zwei Wochen Zeit hatten wir dafür veranschlagt und davon gleich zwei Tage in Kathmandu verbracht. Bald war klar, dass sich das zeitlich nur dann ausgehen kann, wenn wir Etappe an Etappe reihen und auf jegliche übliche Akklimatisation verzichten. So kamen wir bis zum Amphu-Laptsa-Pass. Dann hatte uns das schlechte Wetter eingeholt, und wir suchten in Chukhung Unterschlupf, einem der höchstgelegenen Dörfer im Khumbu auf 5000 Meter. Etwas ratlos und sehr müde kamen wir dort an, und wer saß dort – ebenso müde? Hans Kammerlander, der gerade von einem gescheiterten Erstbesteigungsversuch der Nuptse-Nordwand gekommen war. Hans hatte ein Satellitentelefon und ich die Nummer von Charly Gabl, den ich zwar nicht persönlich kannte, der mir aber als „Wetterfrosch" für solche Bergexperimente empfohlen worden war. Etwas irritiert über den Anruf von einem völlig Unbekannten, gab Charly uns dennoch bereitwillig Auskunft und prognostizierte uns ein Wetterfenster von etwa zwei Tagen, beginnend am nächsten Tag. Damit war unser Plan klar: hinauf auf den „Pass" (er ähnelt in Wahrheit eher einem recht steilen und eisigen Grat), hinunter in ein „Niemandsland", hinüber zum Gletschersee, um diesen rundherum, hinten hinauf auf „unseren" Berg, vermessen, Fotos machen und sofort wieder retour auf dem gleichen Weg; geschätzter Zeitaufwand: zweieinhalb Tage.

Nach dem Abmarsch in aller Früh stand ich nach ein paar Stunden allein auf dem Pass. Nur ein Sherpa war bereit gewesen, mit uns weiterzugehen, und ich hatte nicht abwarten wollen, bis alles Nötige auf zwei Rucksäcke verteilt war. Daher bin ich, motiviert durch schönes Wetter und angetrieben von unserem ambitionierten Zeitplan, losgegangen. Auf der anderen Seite unten angekommen, stellte ich fest, dass unsere vermeintliche Funkverbindung nicht funktionierte, also hieß es Warten auf meine zwei Kollegen; all dies in blindem Vertrauen auf Charlys Prognose, außer einer Daunenjacke und einer Trinkflasche war nicht viel drin in meinem Rucksack. Als die beiden mich eingeholt hatten, war auch der letzte Sherpa erschöpft und blieb zurück. Mittlerweile waren aber unsere letzten Zeitreserven fast aufgebraucht. Noch zu Beginn der kalten Nacht brachen wir auf und erreichten am frühen Morgen völlig ausgefroren den Berg. Unser Plan, den Amphu Laptsa noch am gleichen Tag zu überwinden, scheiterte jedoch am Zustand des Sherpas, auf den wir auf dem Rückweg wieder getroffen waren. Nach mühsam überstandener Nacht im – für drei Personen viel zu kleinen – Zelt stiegen wir zum Amphu Laptsa auf, ehe das schlechte Wetter endgültig über uns hereinzog.

Das Speedskiprojekt an diesem Berg haben wir übrigens aufgegeben, kaum genug Schnee und dann doch etwas zu entlegen, als dass man die unerlässlichen Pistenmaschinen zum Einsatz hätte bringen können. Was aber seither zu meinen Bergtouren gehört: Charlys Nummer im Umschlag meines Tagebuches, und meistens war er vorher informiert über meine Pläne. Er hat fast ausschließlich treffende Wetterprognosen geliefert, auch wenn ich mich heute nicht mehr so blind wie damals auf den Wetterbericht verlasse!

VON GOLDMEDAILLEN, WARNSYSTEMEN UND WETTER-RADARSTATIONEN

Nachdem St. Anton den Zuschlag für die Alpine Ski-WM 2001 bekommen hatte, kontaktierte ich den Präsidenten des Österreichischen Skiverbandes, Peter Schröcksnadel. Ich schlug ihm vor, aufgrund der besonderen Wetterbedingungen am Arlberg, während der WM einen Wetterdienst vor Ort zu installieren. Mein Vorschlag wurde sofort akzeptiert, rasch wurde ein Konzept ausgearbeitet. Mit Peter Schröcksnadel hatte ich vorher nicht nur über das Kuratorium für alpine Sicherheit Kontakt gehabt. Wenn er bei Sportveranstaltungen eine Auskunft zum Wetter brauchte, habe ich ihm immer gerne weitergeholfen.

Das Konzept für den Vor-Ort-Wetterdienst sah vor, neben der bestehenden automatischen Wetterstation am Galzig zusätzliche Funkmessstationen im Zielstadion, beim Slalom-Start, am Gampen und beim Abfahrtslauf-Start am Kapall zu errichten. Weitere Themenschwerpunkte waren meteorologische Beobachtungen vor Ort, eine Wetterzentrale in der WM-Halle sowie eine Klimastudie über den Zeitraum der WM. Das wichtigste waren aber die Wetterprognosen für den Veranstalter, die Sportlerinnen und Sportler und die Medien.

Kurz vor Beginn der WM erfuhr ich, dass der ORF ebenfalls einen eigenen, medienwirksamen Wetterbericht vor Ort machen würde, mit Carl Michael Belcredi, der einige Jahre vor mir die Stella Matutina besucht hatte. Belcredi war ein österreichweit bekannter Journalist und Pilot, der den Wetterbericht im Fernsehen mit humorvollen, manchmal auch flapsigen Sprüchen und vor allem frei von verbeamtetem Deutsch präsentierte. Mit Glanz und Glamour nahm er die Huldigungen der Fernsehzuschauer bei zutreffenden Prognosen entgegen. Und elegant zog er sich bei Fehlprognosen aus dem Schussfeld. Dann verwies er gekonnt auf die Meteorologen und ihre Modellsimulationen.

Mit Belcredi haben wir vom ersten Tag der WM an freundschaftlich zusammengearbeitet. Wir hatten auch viel Spaß miteinander. Eines Tages war Belcredis im Freien auf einem Stock balancierender und täglich im Fernsehen gezeigter Wetterhahn aus Metall verschwunden. Statt seiner thronte ein noch nicht gebratenes, küchenfertiges Huhn ohne Kopf auf dem Stock. Weil wir vom Wetterdienst der ZAMG alle ein scheinbar einwandfreies Alibi hatten, weiß man bis heute nicht, wer diese Schandtat begangen hat. Nach kurzer Zeit jedenfalls tauchte Belcredis Blechhahn wieder auf. Das ORF-Wetter war gerettet.

Die Alpine Ski-WM dauerte vom 29. Januar bis 10. Februar 2001. Jeden Tag fing ich gegen 5 Uhr früh mit meinem Dienst in der WM-Halle an. Gegen 19 Uhr wankte ich müde zu meiner Wohnung in Nasserein. Die Prognosen für die ersten Bewerbe waren nahezu perfekt. Oft kamen auch Einheimische an unserem Stand vorbei und lobten uns: „Gestern habt ihr das Wetter wieder gut d'erraten". Meine Standardantwort lautete dann immer: „Unsere Prognosen haben wir nicht erraten, sondern stundenlang und mühevoll erarbeitet."

Wie hilfreich der lokale Wetterdienst während der WM war, sollte sich noch erweisen. Am Samstag, dem 3. Februar 2001, sollte der Herrenabfahrtslauf vom Kapall mit großer Prominenz – auch Bundespräsident Thomas Klestil wurde erwartet – stattfinden. Am Freitag traf aber eine Kaltfront den Arlberg mit stürmischem Wind, heftigem Schneefall und eineinhalb Meter hohen Schneeverwehungen auf der Abfahrtsstrecke. Am Nachmittag kontaktierte mich der persönliche Adjudant des Bundespräsidenten, ob aufgrund der Wettersituation der Abfahrtslauf am nächsten Tag abgehalten würde. Steif wienerisch redete er mich mit meinem Amtstitel an: „Herr Hofrat", schepperte es durch das Telefon. Wie aus der Pistole geschossen reagierte ich: „Lassen'S den Blödsinn." Kurz stockte ihm der Atem. Er war ziemlich konsterniert. Das war ihm wohl noch nie passiert. Aber immerhin hielt er sich fortan an meine bestimmt formulierte Bitte. Dann einigten wir uns auf einen Anruf am Samstag gegen 6 Uhr früh. Pünktlich klingelte das Telefon. Ein Rennen war undenkbar, wir beschlossen, den Bundespräsidenten schlafen zu lassen.

Nach der Absage des Abfahrtslaufes fand zu Mittag eine Sitzung des FIS-Rennkomitees unter dem Vorsitz des Präsidenten Gian Franco Kasper statt. Dabei sollte ein Ersatztermin für den Abfahrtslauf bestimmt werden. Kurz vor der Sitzung kam Peter Schröcksnadel aufgeregt zu mir. Er sorgte sich um ein faires Rennen: In einer Sprintabfahrt hätte der Zufall mehr Gewicht bei der Entscheidung des Rennens, bei voller Länge dagegen könnten nur die

Besten und Konditionsstärksten gewinnen. Für die gesamte Strecke waren aber drei Tage neuerliche Präparierung notwendig. Kilometerlange und meterhohe Schneeverwehungen mussten am Kapall von der Piste geräumt werden. Schröcksnadel strebte daher den Mittwoch als Tag für den Abfahrtslauf an. Meteorologisch gesehen war der Dienstag aber ein perfekter Renntag mit Hochdruckeinfluss, Sonnenschein und schwachem Wind. Die Prognosen für den Mittwoch dagegen zeigten für die Alpen stürmischen Südföhn an.

Hier half mir die Kenntnis der lokalen Auswirkungen des Wetters. Als St. Antoner wusste ich, dass der Südföhn generell nur südlich von St. Anton, im Moostal bei der Rifflbahn, ein Problem ist. Die Rennstrecken haben bei Föhn normalerweise nur einen mäßigen Ostwind zu verkraften. So sah ich keine Probleme darin, der FIS den Mittwoch vorzuschlagen.

Am Mittwoch um 5 Uhr erschrak ich, als die Wettermeldungen angezeigt wurden. Im nur 60 Kilometer entfernten Vaduz wehte bereits ein Föhnsturm mit Windspitzen von 120 km/h. Östlich wurden auf der Zugspitze 100 km/h und am Patscherkofel bei Innsbruck 120 km/h gemessen. Ich war gespannt, zu welchem Zeitpunkt sich der Südföhn am Kapall melden würde.

Am späteren Vormittag musste die Rifflbahn II im Moostal wegen des starken Windes ihren Betrieb einstellen. Der Start wurde vorsichtshalber nach unten verlegt und befand sich etwa 15 Fahr-Sekunden unter dem Kapall im Fasch. Pünktlich startete der erste Rennläufer um 12 Uhr. Und letztlich gewann Hannes Trinkl die Goldmedaille; die Auswirkungen des Südföhns auf die Strecke am Kapall hatte ich richtig eingeschätzt. Mir fiel ein riesengroßer Stein vom Herzen.

Mit der FIS hatte ich über Jahre engen Kontakt. Die Rennleiter Günther Hujara und Kurt Hoch wurden laufend von mir, oft noch zu nachtschlafender Zeit, beraten. Am intensivsten war aber die Zusammenarbeit mit Robert Trenkwalder, dem Abfahrtstrainer des ÖSV, der später zu Red Bull wechselte und auch Lindsey Vonn trainierte. Schon bei der Planung des Trainings waren wir in engem, oft täglichem Kontakt. Selbst die kürzesten Schönwetterphasen wurden von ihm für Trainingseinheiten genutzt. Auch vor und während der Rennen telefonierten wir miteinander. Besonders in Erinnerung geblieben ist mir der Abfahrtslauf in Garmisch-Partenkirchen am Tag vor der Eröffnung der Alpinen Ski-WM in St. Anton. Am Vormittag schneite es große Flocken und zudem war es nebelig. Ein Start war unmöglich. Kurz nach 11 Uhr rief mich Robert an. Die österreichischen Abfahrer wollten Mittags-

Mein Foto einer Schneelast auf einem Haus im Pitzi in St. Anton wurde auf der Titelseite des Tagungsbandes der First International Snow Conference im kalifornischen Santa Barbara abgedruckt.

pause mit einem Bierchen machen und dann nach St. Anton zur WM weiterreisen. Ein kurzer Blick auf die Satellitenbilder, die Prognosen und vor allem auf das Wetterradar genügte. Am Nachmittag müsste sich das Wetter rasch bessern. So war es auch. Und wenn ich mich richtig erinnere, hat ein Österreicher ohne Mittagsmenü und Bier im Bauch das Rennen gewonnen.

Neben den Prognosen arbeitete ich auch als Klimatologe. Vom Österreichischen Normungsinstitut, jetzt Austrian Standard, erhielt ich die goldene Ehrennadel, weil ich für das gesamte Bundesgebiet die „ÖNORM B 4103 (1983): Schneelasten in Österreich" in aberhunderten Freizeitstunden ehrenamtlich ausarbeitete. Anhand von über 10.000 Messungen des Wasserwertes der Schneedecke, der sich aus Schneehöhe und -dichte zusammensetzt, und von 800 Schneemessstationen des Hydrographischen Dienstes und der ZAMG in ganz Österreich berechnete ich die für Statiker zu berücksichtigenden Schneelasten auf Dächern, wie sie alle fünfzig Jahre einmal vorkommen. Im Jahr 2006 wurde diese inhaltlich reiche, aber nur acht Seiten umfassende Norm durch die von mir in diesem Jahr durchgeführte Änderung in den sogenannten „Eurocode ÖNORM B 1991-1-3" übergeführt. Das Resultat waren vierzig Seiten mit fast identischem Inhalt.

Seit nunmehr vierzig Jahren beschäftige ich mich mit Schneelasten und habe zunächst dienstlich und seit einigen Jahren als zertifizierter Sachverständiger insgesamt etwa 1700 Schneelastgutachten für Bauwerke, insbesondere im Gebirge, erstellt. Obwohl ich in Pension bin, erstelle ich noch immer regelmäßig Gutachten zu Schnee- und Windlasten. Noch nie ist ein Nachweis eines Schneelastschadens für ein von mir begutachtetes Bauwerk erbracht worden.

Gemeinsam mit meinem Freund Bernhard Lackinger war ich Ende der 1990er-Jahre in der Gegend von Krasnaja Polyana tätig, wo während der Olympischen Spiele 2014 in Sotschi die alpinen Skiwettbewerbe abgehalten wurden. Ich war während der Vorplanungen zu Olympischen Spielen als lawinenmeteorologischer Sachverständiger dort. Bei meinem ersten Besuch im Süden Russlands flogen wir mit Hubschraubern der russischen Armee, an deren Unterseite geladene Maschinengewehre montiert waren. Während ein Hubschrauber entlang der Grenze zur Unruheprovinz Abchasien patrouillierend flog, landeten wir mit dem zweiten in einiger Entfernung im Gelände der späteren olympischen Wettkampfstätten.

Die Besuche in Krasnaja Polyana waren aber harmlos gegenüber dem Aufenthalt in Nordossetien, das wir wenige Jahre später, auch als Sachverständige, besuchten. Unser Auftrag war es, eine lawinenkundliche und meteorologische Expertise zur georgischen Heerstraße zu erstellen. Nordossetiens Hauptstadt Wladikawkas ist nur knapp 90 Kilometer Luftlinie von Grosny, der Hauptstadt Tschetscheniens, entfernt. Bombenanschläge islamistischer Tschetschenen waren 2004 in Nordossetien alltäglich. Vierzehn Tage vor unserem Besuch waren am Marktplatz in Wladikawkas 45 Menschen durch eine explodierende Bombe getötet worden. Und drei Monate nach unserem Besuch ereignete sich die Tragödie von Beslan, bei der 300 Schulkinder starben. Wie in einem Agentenfilm fuhren wir einem Polizeiauto mit heulenden Sirenen hinterher. Wir wurden von der Geheimpolizei, auch in unserem Hotel, Tag und Nacht bewacht. Bemerkenswert war ein Flug mit einem Armeehubschrauber, gemeinsam mit dem Innenminister von Nordossetien, oberhalb der Straße Richtung Georgien. Die Straße war auf einer Länge von zehn Kilometern nicht lawinensicher. Die aufgestellten Zehn-Zentimeter-Kanonen, mit denen in die Anbruchgebiete der Lawinen geschossen wurde, reichten für die Lawinensicherung bei Weitem nicht. Nur Lawinengalerien hätten eine sichere Straßenverbindung ermöglicht, aber ohne finanzielle Mittel blieb das utopisch.

ZUR WARNUNG VOR NATURGEFAHREN: DAS VALLUGA-WETTERRADAR

Am 11. August 1995 um 18:56 Uhr ging im Masontobel an der Westrampe der Arlbergbahn bei Bludenz eine Mure ab, die die 30 Meter lange Masonbrücke einstürzen ließ. Durch die Schlammmassen wurden die Lokomotive und drei Waggons des ÖBB-Intercity-Eilzugs IC 566 „Niederösterreichische Tonkünstler", der mit rund 250 Reisenden besetzt war, in eine 40 Meter tiefe Schlucht gerissen. Es gab vier Tote: der Lokführer, ein Kind und zwei Erwachsene. Weitere hundert Fahrgäste, darunter auch zahlreiche Kinder, mussten, zum Teil schwerstverletzt, von den Rettungsmannschaften meist mit Hubschraubern geborgen werden. Auslöser dieses Murenabgangs war ein heftiger Gewitterregen, der über dem Roggelskopf niederging.

Um die Warnung vor intensiven, kleinräumigen Niederschlägen und damit auch vor Murenabgängen zu verbessern, regte Horst Schaffhauser, der Leiter des Lawineninstitutes in der Hofburg in Innsbruck, die Errichtung einer Wetterradarstation in der Arlbergregion an. Sie sollte auch für die Alpine Ski-WM 2001 in St. Anton zur Verfügung stehen. Als Standort war der Gipfel der Valluga, eine bekannte Seilbahnstation in 2811 Meter Höhe, vorgesehen. Den Großteil von etwa 80 Prozent der Finanzierung sollte das Landwirtschaftsministerium übernehmen. Für den Rest waren die Bundesländer Tirol und Vorarlberg sowie die ÖBB als Nutznießer vorgesehen.

Persönlich war ich von der Möglichkeit einer Realisierung innerhalb von fünf Jahren, bis zur Alpinen Ski-WM, überzeugt. Einige Jahre vorher war ich nämlich als Konsulent für ein Projekt der Weltbank in der Türkei tätig gewesen, bei dem etwa 200 meteorologische und hydrografische Stationen sowie drei Radarstationen errichtet werden sollten. Es dauerte nur drei Jahre, bis das Messnetz funktionierte und die Radarstationen in Betrieb gingen, obwohl dafür eigens bis zu 40 Kilometer lange Schotterstraßen gebaut werden mussten. Wenn so ein Mammut-Projekt in der Türkei innerhalb kürzester Zeit realisiert werden konnte, dann musste doch eine Radarstation in Tirol innerhalb von fünf Jahren zu schaffen sein. Hier sollte sich aber zeigen, dass sich meine prognostischen Kompetenzen doch eher auf das Wetter beschränken.

Ich bin mir nicht sicher, ob es nur eine typisch österreichische oder mitteleuropäische Eigenheit ist, dass sich nach der Bekanntgabe von Projekten mehr Leute aufraffen, gegen ein Vorhaben zu agieren als für dieses, jedenfalls zogen sich die Gespräche über das Radar auf der Valluga in die Länge – Tage, Wochen, Monate und schließlich Jahre gingen ins Land. Die Ski-WM war schon Geschichte, als mir Horst Schaffhauser resigniert vom wahrscheinlichen Ende des Projektes erzählte. Das Landwirtschaftsministerium habe Finanzierungsprobleme, wolle deswegen seinen Anteil um einige Millionen Euro kürzen und statt 80 Prozent nur mehr 50 Prozent der Kosten übernehmen.

Bei schlechten Aussichten aufzugeben – das kommt für mich nie in Frage. Mich spornt das an. Ich versprach Horst Schaffhauser, ihn zu unterstützen, und erinnerte mich an meinen Nachbarn Heinrich Juen, den aus Kappl stammenden Abgeordneten zum Tiroler Landtag, der sich unermüdlich und erfolgreich für unseren Heimatbezirk Landeck einsetzte; insbesondere was die Bedrohung durch Hochwasser, Muren und Lawinen betraf. Das war auch notwendig: Im Jahr 1988 starben durch die Wolfsgrubenlawine in St. Anton 7 Menschen den weißen Tod, 1999 gab es im Paznaun 37 Lawinentote in Häusern, Ende August 2005 wurden das Paznaun und das Stanzertal von einer Hochwasserkatastrophe heimgesucht, die die Existenzen von Vielen gefährdete.

Heinrich Juen, der mich Stanzertaler immer „Karali" rief, sagte mir spontan seine Unterstützung zu und erbat von mir einen Bericht über die projektierte Errichtung eines Naturgefahrenwarnsystems auf der Valluga zur Vorlage an den Tiroler Landtag. Außerdem forderte Heinrich Juen beim damaligen Landwirtschaftsminister Wilhelm Molterer die Finanzierung der Station auf der Valluga ein. Es war eine ungewöhnliche Situation, als ich Molterer über die Valluga informieren durfte. Wir saßen nicht steif in Anzug und Krawatte in irgendeinem Büro, sondern standen zwischen tausenden von Speckseiten bei Speck Handl in Pians. Bei einer Führung durch den Betrieb waren wir in weiße Plastikhauben und weiße Mäntel gehüllt. In weißen Gummistiefeln stapften wir mit Karl Handl durch dessen Speckimperium. Der Speck hatte die Bereitschaft des Landwirtschaftsministers zur Unterstützung des Projekts offensichtlich mehr angeregt als sterile Zahlenkolonnen an einem ungemütlichen Schreibtisch; von der Notwendigkeit des Wetterradars war er jedenfalls überzeugt: Der gut informierte Minister bestätigte Heinrich Juen, dass der Bund seinen früher bereits zugesagten Beitrag zur Finanzierung leisten werde.

Ein wenig stolz saß ich dann Wochen später bei einer Landtagssitzung in Innsbruck unter den wenigen Zuhörern. Der Landtagsabgeordnete und Bürgermeister von Sölden, Ernst Schöpf, las den Antrag für die Valluga vor und

Als die Bubbles zur Abdeckung der Liftsessel erfunden wurden, schlug ich Doppelmayr vor, anstatt eines teuren Versuches im Windkanal der ETH Zürich den Südföhn auf dem Patscherkofel bei Innsbruck zu nutzen, um die Auslenkung zu messen.

Heinrich Juen begründete dann den Abgeordneten die Notwendigkeit für das Wetterradar. Alle Parteien sprachen sich einstimmig für das Naturgefahrenwarnsystem Valluga aus. Meine Mühen waren erfolgreich, da sich auch der Vorarlberger Landtag den Tiroler Argumenten anschloss. Allerdings zog sich die ÖBB elegant aus der Finanzierung zurück, was ich nicht weiter kommentieren möchte. In der Türkei waren drei Radarstationen innerhalb von drei Jahren gebaut worden, in Österreich dauerte es mehr als zehn Jahre, bis eine einzige gebaut worden war.

Über die „Vorarlberger Nachrichten" ließ ich dem damaligen Landeshauptmann Herbert Sausgruber die Frage stellen, ob die Radardaten im Internet für den Steuerzahler zugänglich gemacht würden. „Selbstverständlich", war seine Antwort, und damit war zumindest dieser Punkt von mir in den Vertrag hineinreklamiert. Die Austro Control, die Österreichische Gesellschaft für Zivilluftfahrt, hatte dies nämlich nicht vorgesehen. Stattdessen hätte jeder für die Daten des steuerfinanzierten Radars zahlen müssen. Nach der Ausgliederung der Austro Control vom Bund zählte die Wirtschaftlichkeit offensichtlich mehr als die Orientierung am Gemeinwohl.

Die Wetterradarstation auf der Valluga (2811 m) ist für die Beurteilung der Naturgefahren in Tirol und Vorarlberg sehr wichtig. Mithilfe des Radars lassen sich Gewitterzellen genau lokalisieren.

Zwar sind die Daten nun öffentlich zugänglich. Nach wie vor lässt die von der Austro Control zur Verfügung gestellte Auflösung aber zu wünschen übrig. Die Radardaten zu Vorarlberg bestehen im Web, zeitlich noch verzögert, aus unter 30 Pixeln, obwohl die gemessene Auflösung mindestens 1 mal 1 Kilometer, also 2300 Pixel, beträgt. Warum die Verantwortlichen so verfahren? Diese Frage sollte man einmal stellen.

MURENGEFAHR AM HAHNTENNJOCH

Immer wieder wurde die bei Bikern beliebte, kurvenreiche Straße über das Hahntennjoch bei Imst während Gewittern vermurt. Auf einer Länge von etwa 2,5 Kilometer vom Sparketgrat bis zum Hahnleskopf befinden sich dort mehrere Murengänge. Das bereitete der Bezirkshauptmannschaft Imst und dem Baubezirksamt Imst große Sorgen wegen der Sicherheit der Straßenbenützer.

Anfangs wurde der Hirte auf der Maldonalpe beauftragt, die Straße bei starkem Regen und vermuteter Murengefahr zu sperren; eine unbefriedigende Lösung. Später ließ die ZAMG in Innsbruck der Bezirkshauptmannschaft und dem Baubezirksamt in Landeck bei intensiven Niederschlägen eine kleinräumige Niederschlagswarnung zukommen, die von einem Meteorologen erstellt worden war. Das war zwar ein Fortschritt, aber nicht der Weisheit letzter Schluss. Um Fehler durch Meteorologen auszuschalten, schlug ich ein automatisches System mit sogenannten Ombrografen, also Niederschlagsmessern, vor. So etwas hatte es noch nie gegeben. Aufgrund der sehr differierenden Auswirkungen der Starkregen in diesem Gebiet wurden ein registrierender Regenmesser am Hahntennjoch und ein zweiter – für die aus Südwesten aufziehenden Gewitter – bei der Muttekopfhütte aufgestellt. Als Alarmschwelle wurde eine Intensität des Starkregens von fünf Liter/Quadratmter in fünf Minuten festgelegt. Bei einem Alarm wurden zwei Ampeln, eine am Hahntennjoch, die andere oberhalb der Teilwiesen, auf Rot gestellt, gleichzeitig wurde die Polizei informiert. Diese wiederum hatte die Aufgabe, die Straße auf eventuelle Murenabgänge zu prüfen und entweder eine Räumung durch den Straßendienst zu veranlassen oder die Ampeln wieder auf Grün zu schalten. Fehlalarme wurden in Kauf genommen, da die Straße danach relativ rasch wieder freigegeben werden konnte.

DAS UNSICHTBARE TEAMMITGLIED

Tamara Lunger

Wirklichen Kontakt zwischen Karl und mir gab es erst 2015 bei der Winterexpedition mit Simone Moro am Nanga Parbat. Karl war für mich immer so ein besonderer Mensch, dass ich fast Angst hatte, das Satellitentelefon in die Hand zu nehmen und ihn anzurufen.

Um mir diesen Respekt zu nehmen, hat mir Simone aufgetragen, Karl wegen des Berichts anzurufen, nachdem er selbst eine Stunde zuvor um die Prognose angefragt hatte. Allein Karls Verfügbarkeit hat mich immer überrascht. Vor allem im Winter, wo man skifahren, Skitouren gehen und langlaufen kann. Er war wirklich immer bereit, zu jeder Tages- und Nachtzeit.

Als er mir bei einer dieser Prognosen, Anfang März, mitteilte, dass wir übers Wochenende einige Meter Schnee bekommen würden, war ich fast sprachlos. Ich fragte ihn: „Wie? Einige Meter Schnee? Das gibt es doch gar nicht!" Aber irgendwie gefiel mir der Gedanke auch, denn so etwas hatte ich noch nie erlebt und ich glaubte, es auch nicht so schnell wieder zu erleben. Karl bestätigte mir seine Prognose und fragte noch, ob unser Basislager wirklich an einem sicheren Ort stehe. Simone hatte hier schon am Beginn den richtigen „Riecher" gehabt und einen guten Platz gefunden.

In den verschiedenen Telefonaten, die wir in dieser Zeit führten, habe ich gespürt, dass Karl sehr besorgt um uns war. Nach sieben Tagen ununterbrochenen Schneefalls – wir waren um sechs Meter Schnee reicher – brachen wir langsam auf in unser Lager I, das in einer Höhe von 5700 Metern lag. Trotz 90-minütigen Schaufelns und Grabens haben wir es nicht mehr gefunden, es blieb unter dem Schnee begraben. Das war wohl ein Wink von oben und wir gaben den Traum von unserer Manaslu-Überschreitung auf.

Im Basislager angekommen, riefen wir Karl an, dessen Stimme fröhlich aus dem Hörer klang: „Hallo Tamara, ihr müsst euch noch ein bisschen gedulden, ich war grad auf Skitour und bin jetzt beim Bier, es wird noch ein bisschen dauern, aber dann mache ich euch gerne eine Prognose." Ich schmunzelte und sagte: „Nein, Karl, ich habe eigentlich nicht deswegen angerufen. Wir wollten dir nur mitteilen, dass wir unsere Expedition hier und jetzt abbrechen. Das ganze Lager I ist futsch!" Sein strahlendes Gesicht habe ich förmlich vor mir gesehen: „Tamara, du kannst dir nicht vorstellen, wie froh ich darüber bin. Ich war wirklich im ganzen Winter um nichts so besorgt wie um euch beide."

Selten begegnet man Menschen mit so viel Herz, und das spürt man schon über den Hörer eines Satellitentelefons. Auch wenn er uns „nur" von zuhause aus verfolgt, gehört Karl ganz klar zum Expeditionsteam, denn das Wetter sehe ich als einen der wichtigsten Faktoren an, vor allem im Winter.

WETTERFENSTER IN SICHT – EXPEDITIONSBERATUNGEN

Vor einigen Jahren läutete am frühen Vormittag mein Telefon in der ZAMG-Dienststelle. Der renommierte Schweizer Bergsteiger und Bergführer Roger Schäli hatte mit seinem Gast bereits die Einstiegsfelsen, die Querung beim Stollenloch, den Schwierigen Riss und den berüchtigten Hinterstoißer-Quergang überwunden. Nun saßen sie nach rund einem Viertel der Nordwand im Schwalbennest, und von Westen drängten dunkle, bedrohliche Wolken zur Wand. Es schaute nach Regen aus. Roger fragte, ob sie die Wand noch vor dem Umschlagen des Wetters gehen könnten. Da ich mir die Prognosen nicht aus den Fingern saugen kann und es einige Zeit dauert, bat ich um einen zweiten Anruf etwa eine halbe Stunde später.

Der Schweiz näherte sich eine markante Kaltfront, die am Abend des nächsten Tages das Berner Oberland erreichen sollte. Die von Roger beobachteten Wolken waren demnach Staubewölkung an der Wand, die höchstens für einen leichten Regenschauer gut waren. Bei seinem zweiten Anruf musste er mir versprechen, dass sie spätestens am nächsten Tag zu Mittag am Gipfel sein würden, da die Kaltfront auch schneller sein und vor dem Abend die Wand erreichen könnte. Zwei Tage später erhielt ich von Roger eine E-Mail mit Fotos, die seinen Gast in den Ausstiegsrissen der Eiger-Nordwand und am Gipfel zeigte, und ich musste mir keine Sorgen mehr machen.

Als Meteorologe fürchte ich mich immer vor Fehlprognosen, und auch nach vierzig Jahren Wetterberatung leide ich bei jeder Prognose. Vor allem, weil ich die möglichen Konsequenzen beim Bergsteigen kenne, insbesondere beim Höhenbergsteigen. Für mich direkt körperlich fühlbar wird bei den Expeditionsberatungen regelmäßig die Kälte. Von meinem Versuch am Cho Oyu (8201 m), wo ich auf einer Seehöhe von 7750 Meter aus Angst vor Erfrierungen an Fingern und Zehen umdrehte, ist mir, neben einigen beleidigten Zehen, ein samtiges Gefühl in den Fingerspitzen geblieben. Nicht selten ertappe ich mich bei Prognosen mit extremen Temperaturen dabei, dass ich unbewusst meine Fingerspitzen an den Oberschenkeln reibe, um sie wieder warm zu bekommen, obwohl ich im Büro sitze.

Besonders starke Nerven brauchte ich bei den Alleinbegehungen von Alexander Huber: bei der Free-Solo-Begehung der Hasse-Brandler-Direttissima in der Nordwand der Großen Zinne oder bei der Schweizer Führe (6b+) am Grand Capucin (Mont Blanc), die er im Auf- und Abstieg solo beging. Fehlprognosen können tödlich sein. Fängt es an zu regnen oder zu schneien, wird die Route unbegehbar. Darauf ist ein Kletterer, der free solo unterwegs ist, nicht vorbereitet. Es muss einfach alles passen. Eben auch und gerade das Wetter.

Dass einfach alles passen muss, gilt ganz besonders für das Höhenbergsteigen im Winter. Der Italiener Simone Moro hat das bis zur Perfektion entwickelt. Viermal stand er als Erster im Winter auf einem Achttausender. Immer holte er sich von mir die Wetterprognosen. Angefangen hat es 2005 mit der Winter-Erstbesteigung der Shisha Pangma. 2009 erreichte er im Winter den Gipfel des Makalu. Bei dieser Expedition riet ich ihm dazu, einen Tag später auf den Gipfel zu steigen und anschließend möglichst weit abzusteigen, weil am nächsten Tag auf Gipfelniveau wieder mit einem Orkan mit Windgeschwindigkeiten um 130 km/h zu rechnen war. 2011 bestieg er mit dem Gasherbrum II als Erster einen Karakorum-Achttausender im Winter. Und Ende Februar 2016 stand er auf dem Gipfel des Nanga Parbat. Damit ist er der Einzige, dem vier Winter-Erstbesteigungen von Achttausendern gelangen. Ein historischer Erfolg.

An meine erste Wetterberatung für Expeditionen an Achttausendern kann ich mich nicht mehr genau erinnern. Gut möglich, dass es im Sommer 1999 die Expedition von Ralf Dujmovits am Broad Peak (8051 m) war. Ralf veranstaltete zu dieser Zeit kommerzielle Expeditionen auf Achttausender. Im Juli 1999 wartete er im Broad-Peak-Basislager auf besseres Wetter, das einen Gipfelerfolg möglich machen könnte. Doch der Blick zum Himmel verhieß den Bergsteigern nichts Gutes. In dieser Situation rief Ralf mich an. Ich studierte die Prognosemodelle und entdeckte einen Tag, der sich als Gipfeltag eignen könnte. Das gab ich Ralf durch. Während die anderen Expeditionen im Basislager auf blauen Himmel warteten, machte sich Ralf mit seiner Gruppe auf den Weg in Richtung Gipfel. „Wir starteten in das schlechte Wetter hinein", erzählte er vor wenigen Jahren beim Alpinforum in Innsbruck. Die anderen Expeditionen schüttelten offensichtlich den Kopf. Wie konnten diese Deutschen nur bei so schlechtem Wetter aufbrechen? Ralfs Team blieb 1999 das einzige, das den Hauptgipfel des Broad Peak erreichte. Fortan verließ Ralf das

Basislager öfter bei schlechtem Wetter. Irgendwann dann auch gemeinsam mit Gerlinde Kaltenbrunner. Auch am K2, als Gerlinde ihren 14. Achttausender erfolgreich bestieg, war das Wetter mehr als bescheiden, als die Bergsteigergruppe das Basislager verließ.

An verschiedene Beratungen für Ralf und Gerlinde erinnere ich mich heute noch sehr gut. Wie an die Prognosen für den Kangchendzönga (8586 m), den dritthöchsten Berg der Erde. Ralf und Gerlinde mussten dort auf 7200 Meter sofort umkehren, weil die Prognosemodelle ergiebige Neuschneehöhen bis über einen Meter anzeigten.

Unsere Gespräche verliefen immer freundschaftlich, manchmal geradezu familiär. So bewegte auch mich das Gipfelfoto, das Gerlinde und Ralf im Mai 2009 am Lhotse zeigte. Es war der erste Achttausender nach ihrer Hochzeit. Gerlinde war eine Stunde schneller und weit voraus gewesen. Sie hatte wenige Meter unterhalb des Gipfels auf Ralf gewartet, um dann gemeinsam mit ihrem Mann den höchsten Punkt zu betreten. Es war der letzte der 14 Achttausender, auf denen Ralf als erster Deutscher stand. Insgesamt ist er 18-mal auf Gipfeln über 8000 Metern gewesen. Eine fantastische Leistung.

Ein anderes Mal leitete Ralf als Führer eine Expedition auf den 8163 Meter hohen Manaslu und ich erstellte eine klassische Fehlprognose. Ich sagte für den Nachmittag ein paar konvektionsbedingte Schauer vorher, diese sorgten aber für rund 60 Zentimeter Neuschnee in zwei Stunden. Daher mussten die Expeditionsteilnehmer wegen der Lawinengefahr vom obersten Lager bei wolkenlosem Himmel ins Basislager absteigen. Allerdings war der nächste Versuch bei schwierigen Wetterbedingungen erfolgreich. Ich war berührt, als sich alle zehn Teilnehmer, die am Gipfel gewesen waren, mit lautstarkem Beifall via Satellitentelefon vom Basislager aus bedankten.

Mein Kontakt zu Ralf war über Jahre kein rein technischer, erfolgsorientierter Kontakt, bei dem streng formalistisch irgendwelche Wetterdaten über den Bedeckungsgrad in Achteln, Temperaturen, Windrichtungen und Windgeschwindigkeiten in Knoten ausgetauscht wurden. Wir sprachen auch über persönliche Dinge, wir zitterten oft auch gemeinsam um Gerlinde. Vor allem am K2 waren wir eine Seilschaft, die über mehrere tausend Kilometer hielt. Ralf war ein verlässlicher, exzellenter Wetterbeobachter im Himalaya und Karakorum. Bei seinen E-Mails war oft ein Foto dabei, und manchmal zeigten die Aufnahmen durch den Jetstream bedingte hunderte Meter lange Schneefahnen am Gipfel an. Besonders berührt hat mich ein Bild mit Gerlin-

Ralf Dujmovits schickte mir eine E-Mail mit diesem Foto von Gerlinde Kaltenbrunner bei einem ihrer Versuche auf der Česen-Route am K2.

de vor dem K2 im Sommer 2010, beim fünften und sechsten Versuch, über die Česen-Route auf den Gipfel zu gelangen. Auf dem Foto war Gerlinde zu sehen, bei wolkenlosem Himmel vor der steil aufragenden Silhouette des K2 mit einem Schild in der Hand sitzend, auf dem geschrieben stand: „Charly, wir wünschen Dir heute einen schönen Tag". Das war die perfekte Motivation für einen Beamten im Dienst.

Über Jahre hatte ich mit Gerlinde und Ralf bei jeder Expedition Kontakt. Ich freute mich über ihre Erfolge, fürchtete mich aber auch. Wie am Dhaulagiri, als eine Lawine die Zelte von Gerlinde und zwei Spaniern überspülte und die beiden spanischen Bergsteiger starben. Gerlinde konnte das Zelt mit einem kleinen Taschenmesser aufschlitzen und ihr Leben retten.

Gerlinde ist nicht nur unglaublich leistungsfähig, sondern auch eine schöne Frau. Sogar auf den höchsten Gipfeln – das muss ich neidvoll erkennen – zeigte sie auf den Gipfelfotos einen makellosen Teint und niemals Falten im Gesicht, so auch auf dem Gipfelfoto vom Lhotse. Monate später erinnerte ich mich an dieses Foto, um mit Gerlinde mein erstes und einziges Honorar für meine Wetterberichte auszuhandeln. Das kam so: Gerlinde und Ralf versuchten den Mount Everest über die tibetische Nordseite. Ursprünglich war es der Plan gewesen, den Gipfel über das Hornbein-Couloir zu erreichen. Als mir Ralf am Beginn der Expedition E-Mails mit Fotos von der projektierten Route schickte, fürchtete ich um die beiden. Im untersten Teil der Route war das Gelände über hunderte Höhenmeter mit einer glasigen Schicht von Wassereis überzogen. Da sie keine Fixseile anbringen würden, wäre damit – auch bei einem kleinen Unfall – der sichere Rückweg zum Fuß des Everest versperrt gewesen, da für die notwendigen Abseilstellen viel zu wenige Eisschrauben zur Verfügung standen. Das sahen Gerlinde und Ralf auch so und beschlossen, im unteren Teil eine andere, vom Normalweg über die Nordflanke abweichende Variante zu begehen. Vom Lager III auf 8300 Metern konnte Ralf aus gesundheitlichen Gründen nicht weiter aufsteigen und musste im Zelt zurückbleiben. Bevor Gerlinde um 2 Uhr Ortszeit aufbrach, rief mich Ralf in St. Anton an. Es war dort 23 Uhr. Es schneite und er wollte wissen, ob Gerlinde eine Chance auf den Gipfel hätte. Dies bejahte ich und fortan hatte ich mit Ralf mehrmals Kontakt, während Gerlinde auf dem Weg zum Gipfel und wieder zurück ins Lager war. Sie rief mich an, bedankte sich und brach in Tränen aus, ich tat dasselbe. Nun fragte ich Gerlinde um ein Honorar. Dies dürfte die höchstgelegene Honorarverhandlung gewesen sein, die jemals stattgefunden hat. Sie fragte mich lachend, was ich verlange. Ich erinnerte sie an das Foto vom Gipfel des Lhotse (8516 m) und dass sie auf diesem Foto keine einzige Falte hätte, während ich schon auf Meeresniveau so viele Falten habe: Ich verlangte eine Dose ihrer Gesichtscreme. Diese Creme verwende ich heute noch. Von ihrer Wirkung bin ich aber nicht ganz überzeugt. Gegen meine Falten hat sie nichts ausgerichtet.

Warum mir die Bergsteiger mehr vertrauen als vielen anderen Meteorologen, kann ich mir nicht erklären. Vielleicht, weil ich fast immer, auch außerhalb der Amtsstunden, erreichbar bin und durch meine Bergfahrten von den Anden bis zum Himalaya selbst eine große Ortskenntnis habe. Bei den Beratungen für die höchsten oder schwierigsten Berge fiebere ich immer zu Hause mit. Die Kommunikation per Satellitentelefon lässt mich indirekt an den Expeditionen teilnehmen. Das Knattern der Zelte im Höhensturm, die Anspannung in den Hochlagern, aufkommende Zweifel über das Gelingen, der durch die Trockenheit der kalten Luft hörbare Reizhusten, alles erlebe ich live am Telefon mit.

Heute rufen Bergsteiger aus der ganzen Welt bei mir an. Die meisten kenne ich nicht einmal persönlich. Sophie aus Belgien ist in der Minute, in der ich

Mit der Profikletterin Ines Papert bei einem Privatissimum zu Wettermodellen und -prognosen. Wenige Tage später machte sie sich auf den Weg nach Patagonien.

diese Zeilen schreibe, am Mount Everest unterwegs. Chris, ein Niederländer, von dem ich nur durch ein paar E-Mails weiß, war vorgestern auf dem Manaslu. Werner habe ich heute Mittag eine Prognose für den Elbrus geschickt. Von irgendwoher haben sie meine Nummer. Vielleicht von anderen Bergsteigern, vielleicht auch einfach nur aus dem Telefonbuch. Andere begleite ich schon seit vielen Jahren. Thomas Lämmle war im Vormonsun 2016 am Cho Oyu und wenig später am Everest. Auch mitten in der Nacht schickte er mir SMS. Und mit David Göttler und Ueli Steck war ich zur selben Zeit an der Shisha Pangma in Kontakt.

Christian Stangl wurde von mir bei seinem vermeintlichen Gipfelerfolg am K2 im Jahr 2010 ebenfalls beraten, 2012 war er dann nachweislich auf dem Gipfel. Stolz bin ich heute noch darauf, Hans Kammerlander bei zahlreichen Unternehmungen beraten zu haben, so beispielsweise auch am Jasemba. Den Huber-Brüdern und Stephan Siegrist musste ich nicht nur für die Antarktis Wetterinformationen geben, sondern auch bei vielen anderen Unternehmungen. Und Jochen Hemmleb beriet ich bei der Suchexpedition nach George Leigh Mallory am Everest.

In der ORF-Fernsehsendung von Barbara Stöckl war ich mit Reinhold Messner und Alexander Huber zu Gast.

Nicht immer kontaktierte man mich, während ich im Büro war. Einmal kletterte ich gerade am Kleinen Falzaregoturm, als mein Mobiltelefon, mitten in einem kleinen Überhang, läutete. Ich konnte nicht abheben. Wenige Minute später erreichte mich Ralf, der für die Kasachen am Lhotse eine Vorhersage benötigte. Am späteren Nachmittag erstellte ich eine Prognose, nicht ahnend, dass einer von ihnen, Serguey Samoilov, wenige Tage später in einer Lawinen sterben würde.

Der Extremkletterer, Profifotograf und Slackliner Heinz Zak versuchte eine Woche lang bei stürmischem Westwind, eine Slackline vom bekannten Felsen Omu di Cagna im südlichen Korsika zu spannen. Ich riet ihm, noch einen Tag länger zu bleiben. Und tatsächlich: An diesem Tag konnte er dann seine Slackline spannen und atemberaubende Fotos machen.

Es waren ohne Übertreibung hunderte Expeditionen, vielleicht sogar mehr als tausend, die ich im Laufe der Jahre beraten habe.

Der ehemalige Bundespräsident Heinz Fischer besuchte mich einmal an der Dienststelle in Innsbruck, um sich an Ort und Stelle über meine Expeditionsberatungen zu informieren, insbesondere über jene für Gerlinde. Ich wusste, dass David Lama während des Besuchs des Bundespräsidenten eine Prognose für die Begehung des Cerro Torre benötigen würde. Bei der Begrüßung am Parkplatz bat ich den Bundespräsidenten darum, mich bei der Wetterberatung von David Lama zu vertreten. Er willigte sofort ein, und rasch erklärte ich ihm das Wetter, das in den nächsten Tagen in Patagonien herrschen würde. Es war wahrscheinlich weltweit die erste Expedition, die von einem Staatsoberhaupt beraten wurde.

Von Anfang an galt für mich die Devise, für meine Unterstützung bei Expeditionen kein Geld zu verlangen. Das ist auch heute noch so. Oft werde ich gefragt, warum ich meine Prognosen kostenlos mache. Gegenfrage: Soll ich, wenn es bei einer Expedition zu einem Unglück gekommen ist, der Familie eine Rechnung schicken? Aber natürlich verstehe ich meine Arbeit, die unter meinem Lebensmotto „Mehr Sicherheit am Berg" steht, auch als Freundschaftsdienst. Viele der Bergsteiger, die ich über lange Zeit beraten habe, sind mir sehr ans Herz gewachsen.

Immer wieder hat es im Umfeld der von mir betreuten Expeditionen auch tragische Unfälle gegeben, andere gingen glücklicherweise glimpflich aus. Unbeschreibliches Glück hatten Simone Moro, Denis Urubko und Cory Richards bei der ersten erfolgreichen Winterbesteigung eines Achttausenders im Karakorum im Jahr 2011. Nach einem 36-Stunden-Wetterfenster gerieten sie beim Abstieg in dichten Nebel und starken Schneefall. Auf dem Weg von Lager I zum Basislager wurden alle drei von einer Lawine mitgerissen. Alle überlebten.

Die Spuren von Gerfried Göschl, Cedric Hählen und Nisar Hussain verlieren sich dagegen wenige hundert Meter unter dem Gipfel des Gasherbrum I, den sie Anfang März 2012 über eine neue Route überschreiten wollten. Es herrschte damals eine unglaublich tiefe Lufttemperatur von minus 46 Grad und wahrscheinlich Wind um die 40 km/h, der später auffrischte. Die polnischen Bergsteiger Adam Bielecki und Janusz Golab erreichten diesen Gipfel am 9. März 2012 bei strahlend blauem Himmel. Im Sommer danach stürzte der Leiter der polnischen Gasherbrum-I-Winterexpedition, mein Freund Artur Hajzer, dort tödlich ab.

Als Karl Unterkircher in der Nanga-Parbat-Südwand in einer Gletscherspalte ums Leben kam, konnte ich Simon Kehrer und Walter Nones für ihren Ausstieg aus der mit Séracs übersäten Wand wettermäßig Entwarnung geben. Walter Nones starb zwei Jahre später in einer Gletscherspalte am Dhaulagiri.

Noch eine Chance am K2

Gerlinde Kaltenbrunner

Wir waren während der K2-Nordpfeiler-Expedition, wie so oft zuvor, in regelmäßigem Kontakt mit Charly. Er hatte uns am Satellitentelefon seine Hilfe angeboten, auch in der Nacht. Am K2 ist das besonders wichtig, denn dort ändert sich das Wetter im allerletzten Moment doch immer wieder; dafür ist dieser Berg ja bekannt.

Vor unserem finalen Gipfelversuch kündigte Charly tägliche Wetterbesserung an, am geplanten Gipfeltag sollte es richtig gut werden. Und so sind wir mit einem Tag Reserve vom Basislager aus noch bei schlechtem Wetter bis zum Fuße des Nordpfeilers aufgestiegen. Dort mussten wir einen Tag Pause einlegen, weil die Lawinengefahr zu groß war. Am nächsten Tag kehrten zuerst Ralf und dann auch Tommy um, und wir sind zu viert bei immer noch starkem Schneefall weitergestiegen. Weil uns die Neuschneemengen zu sehr zusetzten, mussten wir spontan ein Zwischenbiwak errichten. Dann endlich erreichten wir 6600 Meter Höhe, dort hatten wir eigentlich schon zwei Tage zuvor sein wollen.

Hier hatten wir wieder Funkkontakt zu Ralf und Tommy, die inzwischen das Basislager erreicht und sofort mit Charly in Innsbruck Kontakt aufgenommen hatten. Charly gab die neuesten Wetterdaten durch, und nun sah es so aus, als würde sich das Schönwetterfenster um einen Tag nach hinten verschieben; zudem sollte schon am Nachmittag der Wind abflauen und er sagte uns eine ruhige Nacht auf 6600 Metern Höhe vorher. Diese Information war ein enormer Motivationsschub, denn sie bedeutete, dass wir wieder genau in unserem Zeitplan lagen. Wie sehr wir uns doch über Charlys Wetterdaten freuten!

Nur leider flaute der Wind zunächst nicht ab, die Nacht war extrem stürmisch, und auch am nächsten Morgen blies noch immer starker Wind. Dennoch spurten wir weiter. Ich wollte nicht glauben, dass sich Charly irrte. Irgendwann rasteten wir kurz, und Vassily fragte mich in seiner typisch ruppigen, aber lieben Art: „Gerlinde, was ist mit deinem Charly? Der kündigt schon die längste Zeit Wetterbesserung an, und es tut sich nicht wirklich was!" Ich beruhigte ihn: „Der Wind wird nachlassen, Charly hat es noch einmal bestätigt. Es verzögert sich halt ein bisserl." Vassily blieb skeptisch, und auch Maxut und Darek waren nicht wirklich überzeugt. Als sich der Wind jedoch um 7 Uhr abends beruhigte, fiel mir eine große Last von den Schultern. Eine wunderbar ruhige Nacht lag vor uns. Es sollte dem Gipfelgang nichts mehr im Wege stehen. Am vermeintlichen Gipfeltag kamen wir dann aber leider kaum vorwärts. Im Gipfelcouloir lag zu viel Schnee, was eine hohe Lawinengefahr bedeutete. Dank Ralf und Tommy, die uns vom Basislager aus beobachten konnten, fanden wir eine Möglichkeit zum Queren.

Den tiefen Wunsch, auf den Gipfel zu kommen, mussten wir aber schweren Herzens loslassen, bis zu dem Zeitpunkt, als Charly uns ein Wetter-Update schickte. Nun sollte auch, wider Erwarten, der 23. August ein perfekter Gipfeltag sein. Wir konnten es kaum glauben, tatsächlich bekamen wir nun noch eine Chance! Und mit Hilfe von Charlys zwar immer wieder wechselnder, jedoch präziser Wettervorhersagen durften wir vier am Abend des 23. August gemeinsam auf dem Gipfel des K2 stehen.

UNGEWÖHNLICHE PROGNOSEN

12. März 2011, ein Samstag, gegen 17 Uhr. Ich saß in meiner Wohnung in St. Anton auf der Couch vor dem Fernseher. Die Fernbedingung in der Hand, informierte ich mich im Teletext über die aktuellen Entwicklungen im japanischen Fukushima.

Was war passiert? Am 11. März 2011 um 14:46 Uhr Ortszeit ereignete sich vor der Küste Japans das mit einer Magnitude von 9,0 stärkste und katastrophalste Beben, das dort jemals registriert worden war. Das Epizentrum lag in 24 Kilometer Tiefe und etwa 370 Kilometer nordöstlich von Tokio. Dieses Beben löste einen Tsunami aus, dessen Welle eine Höhe von bis zu 38 Meter erreichte. Mehrere Kernkraftwerke, vor allem aber das Kernkraftwerk Fukushima-Daiichi, wurden beschädigt. In diesem Kraftwerk wurde aufgrund der Schäden an den Reaktorblöcken radioaktives Material freigesetzt, dessen Menge das Doppelte von jener in Tschernobyl erreichte.

1986 hatte ich in dem vom späteren EU-Kommissar Franz Fischler geleiteten Tschernobyl-Krisenstab mitgearbeitet, den das Land Tirol eingerichtet hatte. Deshalb interessierte ich mich nun besonders für die Entwicklung in Japan.

Ich saß also vor dem Fernseher und stellte mir die Frage, welche Ausmaße die zu diesem Zeitpunkt noch am Beginn stehende Katastrophe annehmen würde. Welche Auswirkungen würde das für die Menschen in der Region haben?

Plötzlich klingelte mein Mobiltelefon. Eine mir unbekannte Nummer schien auf. Die Zahlenreihe zeigte mir nur, dass es ein Anruf aus dem Ausland sein musste. Ich ging dran. Am anderen Ende der Leitung stellte sich ein Mann namens Wolfgang vor und erzählte mir von seinem Anliegen. Er sei Österreicher und betreibe einen Weinhandel im japanischen Kobe. Wegen der Katastrophe in Fukushima und einer möglichen radioaktiven Verstrahlung habe er größte Sorge um seine beiden Kinder und seine Frau, erklärte mir Wolfgang. „Und was soll ich da nun vom Arlberg aus machen?", schoss es mir durch den Kopf. Ich hatte die Frage noch gar nicht gestellt, erklärte er mir schon, warum er aus dem fernen Japan ausgerechnet mich anrufe. Sein

Bruder, ein Chefkoch in einem renommierten Hotel in Lech, habe ihm das empfohlen: Wenn die Bergsteiger weltweit ein meteorologisches Problem hätten, würden sie diesen Karl Gabl anrufen; der müsste doch auch in Japan weiterhelfen können.

Wolfgang hatte schon Erfahrung mit Erdbeben. Beim Erdbeben 1995 in Kobe, bei dem 4500 Menschen starben, wurde sein Geschäft total zerstört. Das Erdbeben im März 2011 hatte in Kobe keine größeren Schäden verursacht, aber es bestand die große Gefahr einer radioaktiven Verseuchung. Und vor dieser Verseuchung wollte der nun verheiratete Wolfgang seine beiden kleinen Kinder und seine Frau fernhalten. Offizielle Informationen zur tatsächlichen Gefahr, die von Fukushima ausging, gab es in Japan aber nur sehr spärlich, und wenn, waren sie sehr allgemein gehalten. Niemand konnte aus ihnen genauere Rückschlüsse auf eine mögliche Gefährdung ziehen. Daher gab ich Wolfgang die Adresse der ZAMG-Homepage, auf der auch für Laien verständlich gezeigt wurde, in welche Richtung die Luftmassen von Fukushima in den nächsten Tagen driften würden. Diese Website war aber für Japan gesperrt worden, Wolfgang konnte deshalb nicht darauf zugreifen. Den Grund der Sperre erklärten mir meine Kollegen von der ZAMG in Wien: Um eine Panik in Japan zu vermeiden, war vom Innenministerium eine entsprechende Anordnung ausgegangen. Mehr als zwei Wochen lang kopierte ich deshalb die auf der ZAMG-Homepage hinterlegten aktuellen Informationen zu den Ereignissen in Fukushima in E-Mails und schickte diese nach Japan, wo sie von Wolfgang, seiner Familie und den Freunden begierig erwartet wurden. Diese Berechnungen zeigten an fast allen Tagen eine westliche Strömung über Fukushima an, sodass die radioaktiven Teilchen nach Osten auf das offene Meer drifteten und die japanischen Inseln kaum erreichten. Wochen später besuchte Wolfgang mich in Innsbruck und bedankte sich im Namen der „großen Leserschaft" in Kobe für meine Informationen.

Der Ausbruch des Vulkans Eyjafjallajökull im Jahr 2010 begann Ende März und setzte sich mit weiteren Ausbrüchen bis zur Eruption des Gipfelkraters Anfang Mai fort. Wie nie zuvor war der Flugverkehr in Europa durch dieses Naturereignis beeinträchtigt. Ab Mitte April wurde er aufgrund der ausgestoßenen Vulkanasche in weiten Regionen Nord- und Mitteleuropas ganz eingestellt. Weil die Quellstärke des Vulkans, die die Mengen der ausgestoßenen Asche in einer Zeiteinheit angibt, nicht gemessen werden konnte, war eine Berechnung der Aschekonzentration über Europa nicht möglich. Jedoch konnte die flächenhafte Ausbreitung der Aschewolke bestimmt werden, was die nationalen meteorologischen Dienste, wie die ZAMG in Wien, mit diversen Modellen auch erfolgreich taten. Viele Reisende konnten ihren Zielflughafen nicht erreichen und strandeten irgendwo auf einem Ausweichziel. So erging es auch Angela Merkel, der deutschen Bundeskanzlerin. Sechzig Stunden brauchte sie wegen der Aschewolke über Europa, um von San Francisco nach Berlin zu kommen. Schon als der Kanzler-Airbus in Kalifornien startete, wussten Merkel und ihre Delegation, dass Berlin nicht mehr das Ziel war. Die Hoffnung, stattdessen in München landen zu können, platzte schnell. Schließlich strandete die besondere Reisegruppe in Lissabon. Nächster Stopp war dann Rom. Mit dem Bus ging es schließlich über die Alpen nach Berlin.

Gleichzeitig mit Angela Merkel war auch der Tiroler Landeshauptmann Günther Platter in den USA. Auch sein Flug von New York nach München entfiel. Als mich sein Sekretariat um einen meteorologischen Rat bat, sah ich mir die Berechnungen der Wetterdienste zur Ausbreitung der Asche vom Eyjafjallajökull an. Die Unterschiede waren nicht gravierend und alle zeigten, dass die Asche infolge der herrschenden Nordwest-Wetterlage den Flugraum von weiten Teilen Nord- und Mitteleuropas in den nächsten zwei Tagen bedecken würde. Der südliche Rand der Wolke lag etwa bei Mailand und Venedig. Mein Ratschlag lautete deshalb, sofort einen Flug nach Rom zu buchen und von dort mit dem Auto oder dem Zug in wenigen Stunden nach Innsbruck zu gelangen. Gesagt, getan. Acht Stunden nach dem Telefonat landete Platter in Rom und wenige Stunden später war er in der Landeshauptstadt. Angela Merkel hingegen saß da noch in Portugal fest.

Eine besondere Empathie hatte ich für die Sorgen und Nöte der Landwirte. Während meiner Kindheit war St. Anton noch stark landwirtschaftlich geprägt. Im Gegensatz zum Zillertal, zum Ötztal und zu vielen anderen Regionen Tirols gibt es aber heute in St. Anton nur noch ganz wenige Bauern. Man kann sie an einer Hand abzählen. Es zeigen sich Anzeichen von Sozialbrache. Die Wiesen werden längst nicht mehr alle gemäht.

Auch meine Großeltern Josef und Kreszenz Gabl waren Landwirte, Nebenerwerbslandwirte. Sie hatten eine Kuh und sieben Kinder. Finanziell sicher lukrativer wäre es andersherum gewesen. Die einzige Kuh war auch der Traktor, mit der die Heuernte auf einem Wagen in den Stadel gebracht wurde.

Meine Großmutter Zenzi, die das beachtliche Alter von 93 Jahren erreichte, war eine ehrliche, grundanständige Frau. Manches Mal auch zu anständig, wie eine überlieferte Begebenheit belegt. Als die Bauern während des Zweiten Weltkrieges Vieh an den Staat abliefern mussten, wurde auch in den kleinen Landwirtschaften der Viehbestand gezählt. Der Zähler, unser Nachbar Adolf, versuchte der Großmutter zu helfen und schrieb laut vor sich hinsprechend auf seinen Zählschein: „eine Kuh und ein Schwein", worauf ihm meine Großmutter entrüstet entgegnete: „Nein, wir haben doch zwei Schweine." Einen Versuch war es wert.

Bei Alberich, dem Vater von Freund Walter Strolz, durfte ich bei Heuarbeiten mit dem kleinen Holder-Traktor dabei sein. Damals musste das Heu aufgrund nicht brauchbarer Wetterprognosen meist zum Trocknen auf hölzernen Stangen aufgehängt werden, die im Tiroler Oberland „Hanza" heißen und im Unterland und im Innsbrucker Raum als „Stiefler" bekannt sind. Wenn es wieder an der Zeit war, gingen Walter und ich also „hanzna".

Dieses Umfeld hat mich geprägt. Für den Tiroler Grauviehverband und seinen Obmann Erich Scheiber aus Obergurgl untersuchte ich für eine Publikation, in der die Eigenheiten des inneralpinen Klimas Tirol beschrieben wurden, das Klima im Grauvieh-Stammzuchtgebiet. Und bei meiner Arbeit als Meteorologe in Innsbruck überlegte ich mir immer wieder, wie ich den Landwirten helfen könnte. Dazu gehörte beispielsweise der Bauernbund-Telefonwetterservice, bei dem die Landwirte zwischen April und September zum Ortstarif – und nicht zu den üblichen Kosten eines Telefonwetterservice von zwei Euro pro Minute oder mehr – eine Wetterprognose für die Landwirtschaft abrufen konnten. Die Kosten dafür zahlte der Bauernbund. Der Telefonservice für die Bauern war ein Erfolg und wurde pro Jahr über 100.000-mal in Anspruch genommen.

Wenn mich Landwirte wegen der Heuernte kontaktierten, war meine erste Frage immer, ob das Heu zu Ballen gepresst würde, ob es eine Trocknungsanlage gebe oder ob mindestens drei Tage für die übliche Trocknung auf dem Feld benötigt würden. Die Qualität der landwirtschaftlichen Prognosen sprach sich herum und auch Bauern in Bayern und im salzburgischen Pinzgau vertrauten darauf. Auch bei unzähligen Live-Radiointerviews habe ich Tipps zur Heuernte gegeben. Einmal unterlief mir ein fast unverzeihlicher Fehler. Großspurig verkündete ich in der Früh: „Wer heute nicht mäht, ist selber schuld!" Anstatt der erwarteten Auflockerung der Bewölkung blieb Tirol aber fast den ganzen Tag unter einer mittelhohen dichten Wolkenschicht. Die Sonne kam kaum zum Vorschein und zudem regnete es im Außerfern, am Achensee und in der Gegend von Kitzbühel am Vormittag etwa drei Millimeter. Das war mir ziemlich peinlich. Man möge mir das verzeihen. Nach den kurzen Regenschauern setzte sich in Tirol jedoch der von mir erwartete Hochdruckeinfluss durch, und in den darauf folgenden vier trockenen und warmen Tagen konnten alle Ernten eingebracht werden. Ich habe daraus gelernt. So weit aus dem Fenster habe ich mich nicht mehr gelehnt. Meinen flapsig dahingesagten Spruch habe ich nie mehr wiederholt.

Mancher Landwirt wollte von mir auch eine persönliche Beratung. Mit dem schon verstorbenen Ökonomierat Norbert Graus, Land- und Gastwirt zum Esterhammer in Rotholz, war ich befreundet, und natürlich habe ich ihn zur Heuernte immer persönlich beraten. Von dem Multiplikationseffekt erzählte er mir später einmal. Seine Nachbarn würden ihn beobachten und seien alle zur Überzeugung gelangt: Wenn der Esterhammer mähte, dann könne man sich darauf verlassen.

Den Obstbauern Ligges in Flaurling und Wammes in Haiming habe ich, wegen der Frostgefahr, manchmal sogar in der Nacht zu helfen versucht. Ich bin deswegen einige Male mitten in der Nacht aufgestanden und zur ZAMG-Dienststelle am Innsbrucker Flughafen gefahren.

Ein Problem bestand in markanten Kaltfronten im Sommer, die durch Starkregen oder Neuschnee die Tiere auf den Almen bedrohten. Oft mussten vor allem Schafe über Hubschrauber mit Heu versorgt werden. Abhilfe schufen wir hier durch ein vom Computer erstelltes Warnsystem, das den Hirten auf über 1500 Almen in Tirol rechtzeitig eine Warnung per SMS zukommen lässt.

Nicht nur im Sommer brauchten die Landwirte unseren Service. Den Maschinenring Tirol versorgten wir mit Prognosen für seinen Winterdienst bei vielen Gebäuden und Plätzen.

Manches Mal wurden aber auch schier unmögliche Anliegen an mich herangetragen, offensichtlich überschätzt man die Möglichkeiten eines Meteorologen. Ich kann das Wetter vorhersagen, machen kann ich es aber nicht. Schon gar nicht Jahre im Voraus. Als Nordtiroler Schützen in Kitzbühel ein großes Treffen planten, sollte ich den Organisatoren sagen, welches Juli-Wochenende vier Jahre später niederschlagsfrei sein würde. Ein unmögliches Unterfangen, denn Prognosen über einen längeren Zeitraum als über vier bis fünf Tage sind nicht machbar.

Aber natürlich wollte ich auch hier helfen. Was also tun? Ich erinnerte mich an die Planung meiner Hochzeit mit Edith im Juni 1978 in Landeck. Damals hatte ich aus den Klimadaten der Station Landeck eruiert, dass es am ersten Wochenende im Juni in der Vergangenheit zu fast 70 Prozent regnete, während das eine Woche später nicht einmal zu 50 Prozent der Fall war. An unserem Hochzeitstag am zweiten Juni-Wochenende 1978 hatten wir dann einen sonnigen und warmen Sommertag ohne Regen.

Für die Schützen wertete ich ebenfalls die Regenwahrscheinlichkeit für bestimmte Tage in Kitzbühel aus. Der Tag mit der geringsten Aussicht auf Niederschlag wurde als Termin für das Fest gewählt. Vier Jahre später versammelten sich dann 6000 Schützen in Kitzbühel. Es war zwar stark bewölkt, aber es regnete den ganzen Tag über nicht. Es hätte aber auch ganz anders kommen können. Glück gehabt.

Für den Direktor der Tiroler Landesmuseen Wolfgang Meighörner untersuchte ich die klimatologischen Bedingungen, unter denen das Tirol Panorama 1896, ursprünglich im Riesenrundgemälde neben der Talstation der Hungerburgbahn untergebracht, gemalt wurde. Fast neunzig Jahre nach der historischen Schlacht am Bergisel wurde dieses riesige, nun am Ort des ursprünglichen Geschehens ausgestellte Gemälde in wenigen Sommermonaten fertiggestellt. Überall auf den höheren Gipfeln und Flanken, von der Nordkette bis zur Serles, waren viele Schneefelder sichtbar. Es wurde vermutet, dass dieser Schnee – im Auftrag der Touristiker – in das Gemälde hineininterpretiert worden war. Ich konnte mit Hilfe relativ einfacher Datensätze des inzwischen verstorbenen Klimaforschers Reinhard Böhm von der ZAMG beweisen, dass der August 1896 ein sehr niederschlagsreicher Monat gewesen war. Zudem war er in einer 150-jährigen Reihe einer der kältesten Augustmonate. Der Schnee auf den Bergen Innsbrucks entspricht also der damaligen Realität und ist keine touristische Fiktion.

EIN LANGER WEG MIT CHARLY

Heinz Zak

„Du weißt gar nicht, wie mich das freut, dass wir heute wieder gemeinsam unterwegs sind", meint Charly zur Begrüßung, als ich zu ihm in seinen komfortablen Allrad-Geländewagen steige. Während der Fahrt zur Kemater Alm erzählt Charly, begeistert wie ein Junge, der eben seine Liebe zu den Bergen entdeckt hat, von der letzten Expedition mit seiner Frau Stephanie. Und doch unterscheidet er sich von einem Jungen, denn in Charlys Worten taucht auch immer wieder der Satz auf: „Ich bin so dankbar, dass ich das noch erleben darf."

Wir kennen uns schon „ewig" und wenn ich darüber nachdenke, was mir spontan zu Charly einfällt, kommt mir vor allem seine bedingungslose Hilfsbereitschaft und allgegenwärtige Freundlichkeit in den Sinn. Mit väterlicher Sorge begleitet er die Bergsteiger und nimmt Anteil an ihren Erfolgen und Misserfolgen.

Seine Anteilnahme ist intensiver als bei anderen Menschen, die ich kenne, und tragische Ereignisse belasten Charly schwer. Der Tod hat in Charlys Leben einen großen Raum. Vielleicht deshalb, weil er bereits 1976 erleben musste, wie seine Cousine Gertrud Gabl bei einem Lawinenunglück ums Leben kam. Besonders durch den frühen Tod seiner ersten Frau Edith ist Charly ein schweres Los auferlegt worden, das ihn bis heute beschäftigt. Ich erinnere mich an unsere Bergtour auf die Pleisenspitze, wo wir lange über dieses Thema geredet haben. Es war eines der Gespräche in meinem Leben, die mir immer in Erinnerung bleiben werden – ein Moment, in dem man sich zufällig auf einer tiefen menschlichen Ebene trifft, wo man offen ist und Worte viel bedeuten und bewirken. Heute hat Charly seinen Frieden gefunden und er ist vielleicht auch gerade wegen diesem tragischen Verlust so dankbar, noch so viel Schönes erleben zu können.

Mittlerweile sind wir am Parkplatz angekommen und spazieren nebeneinander entlang der Forststraße hinauf Richtung Salfeins. Wie immer stellt Charly seine Leistungsfähigkeit gerne etwas unter den Scheffel, sprudelt aber gleichzeitig mit genügend Luft zum Reden über Themen, die ihn beschäftigen. Karl Gabl hat in seinem Leben immer Verantwortung übernommen und diese mit mehr Einsatz getragen, als sich die meisten vorstellen können. Und das bis heute.

Als erfahrener Meteorologe und Bergsteiger kann er sich sehr genau in die Lage von Extrembergsteigern versetzen. Er weiß, wo am Berg die Grenzen sind, und ist deshalb ein glaubwürdiger und zuverlässiger Partner für Entscheidungen, wo es sprichwörtlich um Leben oder Tod geht. In solchen Stunden fiebert Charly dann mit ganzem, manchmal schwerem Herzen mit, denn er weiß, wie groß seine Verantwortung ist. Nicht auszudenken, wenn jemand aufgrund einer falschen Wetterprognose ums Leben käme.

Wir haben die Almhütte bereits hinter uns gelassen und ziehen entlang eines schmalen Steigleins hinauf zu einem unserer Lieblingsplätze: dem kleinen See von Salfeins. Charly erzählt von Gutachten, die er gerade für Seilbahngesellschaften erstellt hat, und vom Erfolg der Alpinmesse in Innsbruck. Er erzählt aber auch von Situationen, in denen er aneckt, auf Unverständnis stößt – und dennoch seinen Weg geht. Es klingt fast so, als ob Charly seinen Oberländer Sturschädel mit einem gewissen Stolz trägt. Dann reden wir wieder über seine Expeditionspläne, sein Buchprojekt und natürlich auch über unsere gemeinsame Leidenschaft: die Fotografie. Und Charly arbeitet auch hier auf hohem Niveau. Diesem bescheidenen Menschen sieht man bei weitem nicht an, was alles in ihm steckt!

Die letzten Meter zum See sind nahezu paradiesisch. „Mei, isch's da schian!", meint Charly voller Euphorie. Wir verbringen Stunden am See, fotografieren, staunen, wie klar sich die Kalkkögel im glatten See spiegeln, und freuen uns gemeinsam über den ruhigen, wunderbaren Sonnenuntergang hier oben.

WEITERE EXPEDITIONEN AN HOHEN BERGEN

Im Herbst 1996, eineinhalb Jahre nach meiner Expedition zum Cho Oyu, war ich wieder mit einer Gruppe im Himalaya unterwegs. Gilbert und Gertrud Hörschläger, Ulrich Walser, Thomas Klimmer – alle aus St. Anton –, Horst Fankhauser sowie Maria Mlynarczyk und Klaus Schönwald, eine Ärztin und ein Arzt aus Deutschland, waren mit von der Partie. Unser Ziel war, die Annapurna IV (7525 m) über die Route des deutschen Bergführers Peter Geyer zu besteigen. Diese steile Route ist eine echte technische Herausforderung.

Das ganze Unternehmen stand unter keinem guten Stern. Schon während der Anreise hörten wir in Pokhara, dass bei einem Neuschneefall von fast zwei Metern Höhe zwei amerikanische Bergsteiger im Lager II durch den enormen Schneedruck vom darüber liegenden Hang in ihrem Zelt erstickt waren. Wir waren Zeugen, wie sie beim Lager I in einer Felsspalte begraben wurden. Drei Tage nach unserer Ankunft, bei der ich mich offensichtlich erkältet hatte, wurde ich im Lager I in 5500 Meter Höhe höhenkrank. Der expeditionserfahrene Klaus Schönwald diagnostizierte, dass sich meine Lunge mit Wasser füllte, und er riet mir, sofort abzusteigen und mich von Manang aus mit dem Hubschrauber nach Kathmandu ausfliegen zu lassen. Nicht besser ging es Thomas, in dessen Gehirn sich eine Zyste gebildet hatte. Anderthalb Stunden nach mir war auch er in Manang. Nachdem wir weg waren, wartete das restliche Team vergebens auf eine Wetterbesserung und schließlich musste es unverrichteter Dinge wieder die Heimreise antreten.

Im Januar 2004 schmiedete ich mit Gertrud Hörschläger wieder große Pläne. Wir wollten einen Achttausender, die Shisha Pangma (8024 m), den niedrigsten aller Gipfel über 8000 Meter, mit Skiern versuchen. Aus St. Anton begleiteten uns noch Erich „Naggy" Schweiger und Reinhard Veider, aus Flirsch war Sepp Falch und aus Großdorf bei Egg waren Martin Sutterlüty

Nächste Seite: Reinhard Veider, Gertrud Hörschläger und Sepp Falch im Basislager der sturmumtobten Shisha Pangma (8027 m) in Tibet

Zum Lager I in 6100 Metern Höhe stiegen wir mit Skiern durch einen Eisbruch auf.

und Josef Felder dabei. Anfänglich hatten wir Tiroler große Verständigungsprobleme mit unseren Kollegen aus dem Bregenzerwald, deren alemannischer Dialekt sogar für mich, der ich acht Jahre in Feldkirch im Gymnasium gewesen war, fremdländisch klang. Doch das legte sich bald. Und wie schon am Baruntse bildete auch diese Gruppe wieder ein starkes und sehr freundschaftliches Team. Wir berieten und beschlossen immer alles gemeinsam und wir lachten viel. Beste Voraussetzungen für eine erfolgreiche Expedition. Einzig mein Alter machte mir Sorgen. Mit meinen 58 Jahren war ich der weitaus Älteste.

Wegen der besseren Akklimatisationsmöglichkeit erfolgte unsere Anreise über Lhasa. Eine Stadt, die durch Beseitigung alter tibetischer Stadtteile und neue chinesische Monoarchitektur verschandelt worden war. Wir besuchten den auf einem Hügel über der Stadt thronenden Potala-Palast, der als eine von nur wenigen Bauten in Tibet die chinesische Kulturrevolution überstanden hatte. Er ist heute ein Museum, aber auch viele buddhistische Tibeter pilgern dorthin. Von Lhasa aus fuhren wir dann 500 Kilometer nach Westen über Shigatse nach Tingri, das ich von meinem Versuch am Cho Oyu

Am Gipfelgrat der Shisha Pangma mit Blick auf den Nebengipfel. Zum Hauptgipfel führt der Weg nach links über den oft lawinengefährdeten Hang.

her kannte. Weiter ging es mit den Geländefahrzeugen in Richtung Shisha Pangma, deren Gipfel fünf Kilometer von der Grenze zu Nepal entfernt ist. Vom Fahrerlager aus erreichten wir flach ansteigend über die tibetische Hochebene das Basislager in 5650 Meter Höhe. Vier Wochen hatten wir nun Zeit, den Gipfel der Shisha Pangma zu erreichen. Noch nie vorher waren wir derart lange in dieser Höhe gewesen.

Der Expeditionsalltag hatte uns wieder. Lager I wurde auf dem Gletscher in 6100 Meter errichtet: nach stundenlangem Hatschen über Moränen, nach der Querung des mit Eistürmen übersäten, flachen Shisha-Pangma-Gletschers und nach einem Anstieg über wenige hundert Meter. Da mehrere Expeditionen unterwegs waren, gab es bald viele Zelte in Lager I. Von diesem Lager aus fuhren wir mit den Skiern in berauschendem Neuschnee ab. Weil es danach keinen Neuschnee mehr gab, verzichteten wir auf dem nun aperen Gletscher weiter auf Ski. Tagelang warteten wir anschließend im Basislager auf besseres Wetter. Die Zeit wurde knapp.

Endlich war es dann so weit. Aufstieg zum Lager I, am nächsten Tag weiter über den Gletscher hinauf zum Lager II, das wir auf einem flachen Teil des Gletschers auf 6600 Meter errichteten. In der Nacht plagte mich eine Diarrhö und mehrmals musste ich aus dem Zelt in die eisige tibetische Nacht hinaus. Am nächsten Tag war ich dann geschwächt und der langsamste von allen Teilnehmern, der auf der zuletzt sehr steilen Flanke das Lager III auf 7300 Meter erreichte. Mit Sepp baute ich danach das Zelt auf. Bald verkrochen wir uns vor der Kälte, denn unsere warmen Schlafsäcke waren bei minus 20 Grad Außentemperatur geradezu kuschelig.

Bei bestem Wetter begannen wir noch in der Dunkelheit den Aufstieg zum Gipfel, ich ging mit Sepp. Nach etwa zweieinhalb Stunden und 250 Höhenmetern fragte ich mich: Bin ich nach weiteren sieben Stunden noch imstande, seilfrei den hier noch harten und 30 bis 40 Grad steilen Gletscher abzusteigen, ohne zu stolpern? Meine Antwort lautete: „Nein". Ich dachte auch an meine Frau Edith, die wusste, dass ich den Gipfel niemals mit aller Gewalt erzwingen würde. Ich teilte Sepp meinen Entschluss mit. Er wollte mit mir umdrehen und auf den Gipfel verzichten. Ich habe nie einen selbstloseren und hilfsbereiteren Höhenbergsteiger getroffen als Sepp. Doch ich wollte nicht, dass er wegen mir umdrehte. Zum ersten und einzigen Mal in unserer jahrelangen Freundschaft schrie ich Sepp an, dass dies nicht in Frage käme und er auf den Gipfel gehen müsse. Vor seinen Augen tanzte ich von einem Fuß auf den anderen, um ihm zu zeigen, dass ich jetzt durchaus noch in der Lage sei, alleine abzusteigen. Es wirkte. Sepp stand einige Stunden später mit den „Bregenzerwäldern" Josef und Martin auf dem Gipfel.

Allein stieg ich zurück zum Lager III. Dort wollte ich meine Frau anrufen, aber ich konnte sie wegen ihres Unterrichts nicht erreichen. So teilte ich Edith auf der Mailbox mit, dass ich umgedreht hätte, und sagte ihr, wie sehr ich sie liebte. Glücklich darüber, spielte sie diese Nachricht dann einer Arbeitskollegin vor, die mir dies nach dem Tod meiner Frau erzählte.

DIE RICHTUNG, AUS DER DAS WETTER KOMMT

Hansjörg Auer

Dass Karl einer der weltweit besten Meteorologen ist und auf vielen hohen Gipfeln der Weltberge stand, das weiß jeder. Dass Karl fast bei jeder großen internationalen Expedition zuhause die Wetterkarten studiert und das Ergebnis an das jeweilige Basecamp weitergibt, auch. Dass Karl dadurch einen großen Bekanntheitsgrad erreicht hat, liegt auf der Hand. Aber dass Karl auch eine große psychologische Stütze während der oft nicht ganz einfachen Zeit an einem großen Berg im Himalaya, in einem entlegenen Fjord auf Baffin Island oder im Basecamp unterhalb der mächtigen Südwestwand des Kunyang Chhish East ist, weiß keiner. Und dass er auch in schwierigen Zeiten Kontakt aufnimmt, etwa wenn man den Verlust eines Freundes ertragen muss, zeichnet ihn ganz besonders aus.

Immer am ersten Tag in einem Basecamp stelle ich an einer exponierten Stelle, vom Essenszelt aus gut sichtbar, eine kleine Windfahne auf. Richtung und Stärke des Windes zeigen meistens an, welches Wetter kommt. Doch es geht mir nicht nur um die Windrichtung und das gute Wetter.

Es gibt oft Momente, da kann ich einfach da sitzen, der Windfahne zusehen und mir vorstellen, wie schnell ich jetzt mit meinem Paragleiter an den Wandfluchten und Gletscherabbrüchen nach oben fliegen könnte. Ich stelle mir aber auch vor, wie stark der Wind gerade im Biwak hoch oben am Gipfelgrat an der Zeltwand rütteln würde. Der Berg lebt, atmet und schickt uns jeden Tag in jeder Minute einen Willkommensgruß.

Diese Windfahne ist es dann auch, die oft den Anstoß gibt, sich bei Karl zu melden. Immer ist er erreichbar und für uns da.

Als ich ihm während der Kunyang-Chhish-Expedition im Sommer 2013 kurz vor dem erfolgreichen Gipfelversuch angerufen habe und er wild schnaufend abnahm, entschuldigte ich mich sofort: Ich hätte zu einem falschen Zeitpunkt angerufen. Er befand sich gerade im Aufstieg zum Brandjoch oberhalb von Innsbruck, gab mir aber zu verstehen, dass er in diesem Fall gleich umdrehen werde und ich mich in zwei Stunden noch einmal melden solle. Ich drückte auf den roten Knopf am Satellitentelefon, setzte mich in die Sonne und betrachtete wieder das kleine Windfähnchen. Karl muss damals schnell gewesen sein und dürfte den Latschenwald förmlich hinuntergesaust sein. Als ich mich dann wie vereinbart meldete, hatte er bereits die Prognosen vorbereitet und wohl auch schon zu Mittag gegessen.

TOUREN IN AFRIKA

Auf dem höchsten Punkt Afrikas, dem 5895 Meter hohen Kilimandscharo, stand ich insgesamt dreimal. Das erste Mal im Februar 1973, das letzte Mal 41 Jahre später, im Dezember 2014.

Nach der Afghanistan-Expedition im Jahr 1970 strebte ich zwei Jahre lang alpine Ziele an. Als Gerhard Markl, mein Gefährte beim Aufstieg zum Gipfel des Noshaq, für den Akademischen Alpinen Verein (AAVI) Innsbruck eine Bergfahrt zum Kilimandscharo und zum Mount Kenia organisierte, konnten auch einige Mitglieder des Akademischen Alpenklubs Innsbruck (AAKI) mitfahren.

Wir waren uns immer bergkameradschaftlich eng verbunden, aber im Winter wurden wir zu Rivalen. Zu dieser Zeit trugen die beiden Klubs oft Skirennen gegeneinander aus. Viele Winter hintereinander trafen wir uns auf der Adolf-Pichler-Hütte in den Kalkkögeln, manchmal auch auf der Alpe Rauz am Arlberg in der Hütte des Akademischen Skiklubs München zu einem Skirennen. Während wir in Stuben auf einer gepflegten Piste beim Skilift um richtige Slalomstangen kurvten, waren es an der Adolf-Pichler-Hütte auf der Sonntagsköpfl-Piste größere Äste von Stauden, die wir in den Schnee steckten. Präpariert wurde die 150 Meter lange Strecke am meist pulvrigen Osthang durch einfaches Treten mit unseren Skiern. Auf der rasanten Naturstrecke bis zum Griesbach hinunter gab es das legendäre AAVI-Loch. Statistisch geradezu unheimlich war die Regelmäßigkeit, mit der die AAVI-ler fast alle an derselben Stelle stürzten. Ich kann mich nicht erinnern, dass der AAKI einmal nicht gewonnen hat. Einige Male gelang mir sogar die beste Zeit.

Die Ziele Kilimandscharo und Mount Kenia vereinten uns 1973. Mehr als 30 Leute flogen deshalb von München preisgünstig mit einer russischen Tupolev-Düsenmaschine, die einer bulgarischen Fluglinie gehörte, über Athen, Kairo und Khartum im Sudan bis Nairobi. In Erinnerung geblieben sind mir von diesem Flug die überaus muskulösen Stewardessen mit ihren dicken Oberarmen. Das hatte durchschlagende Wirkung. Wenn sie an uns vorbeigingen, äußerten wir unsere Bitten voller Demut und Ehrfurcht, am liebsten hätten wir zum eigenen Schutz noch unsere Arme um den Kopf gelegt. Denn wir waren uns nicht sicher, ob unser Wunsch der Stewardess ins Konzept passte. Die Furcht war natürlich unbegründet, der Service war freundlich und bemüht und wir erreichten alle ohne Blessuren die Hauptstadt Kenias.

Nairobi hatte 1973 etwas über eine halbe Million Einwohner. Heute sind es fast 3,5 Millionen, davon lebt mehr als die Hälfte in Slums. Ich habe nur wenige ärmere Stadtviertel in Erinnerung, aufgefallen sind mir außerdem viele Parks und Grünland mit nur wenigen hohen Häusern.

Wir teilten uns in drei Gruppen auf: Die Bergsteiger fuhren zum Mount Kenia nach Norden, die Tierfreunde besuchten verschiedene Nationalparks und die Wasserratten fuhren an den Indischen Ozean. Das erste gemeinsame Ziel unserer Gruppe war aber der Kibo.

Zunächst sah ich auf der Fahrt nach Süden im Tsavo-Nationalpark das Paradies auf Erden. So kam es mir zumindest vor. Unzählige Tiere – Elefanten, Antilopen, Gnus, Löwen und viele andere – ästen friedlich nebeneinander in der Savanne. Adler kreisten, die Aas fressenden Marabus hockten mit ihren spärlich mit Federn bewachsenen Schädeln auf Bäumen. Diesen Ausblick von der Terrasse der Lodge im Tsavo werde ich wohl nie vergessen. Dabei war dieses Paradies nur eine Momentaufnahme, denn im Tierreich gilt: Wer Hunger hat, jagt und frisst. Das habe ich später noch viele Male gesehen.

Der Kilimandscharo liegt in Tansania, einem Staat, der damals nicht die besten Beziehungen zu seinem Nachbar Kenia unterhielt. Für uns war es kein Problem, mit unseren Visa einzureisen. Vor vierzig Jahren versuchten die meisten den „Kili" von Marangu aus, einem Dorf auf 1700 Metern Höhe, zu besteigen. Damals probierten pro Jahr etwa 10.000 Bergsteiger, zumindest zum Kraterrand zu gelangen. Das gilt schon als Besteigung. Nur knapp die Hälfte soll es geschafft haben, wurde uns erzählt. Auch wenn heute viel mehr Leute an dem Berg unterwegs sind, an der Erfolgsquote hat sich nichts geändert.

Von Marangu ging es in Tagesetappen von jeweils rund 1000 Höhenmetern über die verschiedenen Vegetationsstufen zu einfachen, kleinen Unterständen – zur Mandarahütte, zur Horombohütte und schließlich zur Kibohütte in 4700 Meter Seehöhe. Da keine der Hütten groß genug für unsere Gruppe war, übernachteten wir in Zelten.

Eine bessere Kondition als in diesem Jahr hatte ich wahrscheinlich vorher und nachher nie mehr. Den langsam Aufsteigenden rannte ich immer weit voraus und erreichte innerhalb weniger Stunden das Tagesziel. Bis zur Mandara-

Im linken Teil des Fotos sind Nelion und Batian, die zwei Hauptgipfel des Mount Kenia, zu erkennen.

hütte führte der Weg durch den feucht-üppigen tropischen Wald, in dem wir auch standesgemäß vom Regen begleitet wurden. Von der Mandarahütte bis zur Petershütte, die später dann in Horombohütte umbenannt wurde, wanderten wir durch eine Heide- und Moorlandschaft mit den typischen Senezien.

Meinen Solo-Abstecher von der Horombohütte in Richtung Mawenzi habe ich in der Festschrift „80 Jahre Akademischer Alpenklub Innsbruck" so geschildert:

„Zwei Tage gemütlichen Wanderns liegen hinter mir, als ich am 16. Februar um fünf Uhr morgens das Zelt bei der Petershütte auf 3750 m verlasse. In zügigem Tempo steige ich allein dem Mawenzi entgegen, einem fast zur Gänze erodierten Vulkan, dessen innerster basaltischer Kern im Verlauf der Jahrtausende erhalten blieb und nun eine gewaltige Felsmauer von 500 Metern Höhe darstellt. Nach knapp dreiviertel Stunden verlasse ich den zur Kibohütte hinaufführenden Weg und quere zu der noch dunkel und drohend aufragenden Wand. Meine gute körperliche Verfassung, der leichte Rucksack, die beginnende Morgendämmerung und der

herrliche Blick auf den im Westen liegenden Kilimandscharo lassen mich die Sorge um die Routenführung vergessen. Weit unten entdecke ich nach einiger Zeit das helle Dach der Mawenzihütte.

Durch eine steile, mit hartgefrorenem Schnee bedeckte Rinne im oberen Teil des West-Corrie erreiche ich die Felsen unterhalb der bizarren, Pinnacles genannten Felsnadeln. Langsam arbeite ich mich an den zum Teil stark vereisten Felsen empor und umgehe die nach Sektionen des italienischen Alpenvereins C. A. I. benannten Türme auf ihrer Westseite. Ohne Seil oder Reepschnüre beginne ich mit der Überschreitung zum Hauptgipfel. Schon vor Erreichen des Latham Peak tauchen Zweifel in mir auf, ob ich den Übergang zum Klute Peak bewältigen kann. Die Finger im vereisten Fels verkrallt und mit den Füßen kleine Tritte schlagend gelingt es mir, in die Scharte abzusteigen. Die Sonne, die mich wärmt und aufheitert, der Blick zu vegetationsreichen Tälern hinunter, hinaus bis in die Ebenen Kenias, und nicht zuletzt das Gefühl der völligen Einsamkeit versetzen mich in einen Traumzustand. Zielstrebig und sicher erklettere ich den Klute Peak und den Borchers Peak.

Der nächste Abbruch, total vereist und nahezu senkrecht, reißt mich aus meinen Träumen. Zudem fällt noch Nebel ein und kündigt die am Nachmittag auftretenden Tropengewitter an. Ich muss mich beeilen. Auch mache ich mir Vorwürfe, weil bei meinem Ausbleiben die Kameraden auf der Kibohütte eine Suchaktion organisieren würden. Zögernd klettere ich Meter um Meter ab und führe Selbstgespräche, um mich anzuspornen. Ich bitte die Griffe, unter meinem Gewicht nicht nachzugeben. Mit dem Erreichen der Scharte schwindet die Angst vor dem lockeren bröseligen Fels und bald stehe ich auf dem Gipfel des Purtscheller Peak. Mein Höhenmesser zeigt 5120 m. Der Nebel wird immer dichter, und aus Sorge, nicht rechtzeitig zurückzukehren, verzichte ich auf den Hauptgipfel des Mawenzi.

Jetzt gilt es nur noch, einen Abstieg zu finden. Eine dafür geeignete Rippe hört plötzlich auf und beendet die Traverse. Mit größter Vorsicht steige ich in etwas leichterem Gelände ab. Ich kann schon ein Kar unter mir erkennen, als ein 100 Meter hoher Abbruch meinen weiteren Abstieg vereitelt. Ich klettere wieder zurück, aber auch weiter südlich finde ich keinen Durchstieg. Ich bin bedrückt und müde vom langen Suchen, und die Angst beginnt in mir wieder hochzusteigen. Beim dritten Versuch endlich, noch etwas südlicher, sind meine Bemühungen von Erfolg gekrönt. Ich habe eine alte Abseilschlinge entdeckt. Nach wenigen Minuten befinde ich mich in sicherem und leichtem Gelände im obersten Teil des NW-Corries.

Stolz und glücklich über meinen Erfolg wandere ich zu meinen Kameraden auf der Kibohütte."

Im Jahr 1973 überkletterte ich allein den Mawenzi im Massiv des Kilimandscharo von der rechten unteren Scharte bis zum Vorgipfel.

Bei meiner Alleinbegehung im oberen vierten, unteren fünften Schwierigkeitsgrad im kombinierten Gelände habe ich im Mawenzi-Massiv Latham Peak (5066 m), Klute Peak (5094 m), Borchers Peak (5114 m) und Purtscheller Peak (5120 m) überschritten.

Nach einer kurzen Nacht startete die Gruppe gegen 1 Uhr von der Kibohütte. Die 1000 Höhenmeter bis zum Kraterrand, dem Gilmans Point, rannte ich in der Dunkelheit bergauf. Nach nur zwei Stunden war ich am Kraterrand. Es war dunkel und kalt. Ich musste nicht lange warten, bis der zweite der Gruppe, der Dekan Bernhard Praxmarer aus Hall, einer der ältesten Teilnehmer, neben mir stand. Bis zur Morgendämmerung vergingen noch gute zwei Stunden. Nur wenige blieben am Gilmans Point, die meisten wanderten gemeinsam über den relativ flachen Kraterrand über frischen Neuschnee und bei bedecktem Himmel bis zum Hauptgipfel des Kibo, zum Uhuru Peak (5895 m).

Beim Abstieg fing es zu schütten an. Zu fünft hatschten wir in wasserdurchtränkten Schuhen und Kleidern noch am selben Tag ohne Pause zunächst über durchnässten, wüstenhaften Schotter, später über schlammige Pfade 4000 Höhenmeter und eine Horizontaldistanz von über 30 Kilometern bis zum im Kolonialstil erbauten Kibo-Hotel in Marangu. Die heiße Dusche tat mir wohl und das Bier schmeckte mir an diesem Abend besonders gut.

Anschließend fuhr ich mit den Kletterern und Bergsteigern in Richtung Naro Moru River Lodge nördlich von Nairobi. Auf der Fahrt kam es in einem kleinen Dorf, östlich der Bergkette Aberdare-Range, zu einer Situation, in der uns zum Fürchten war. Der Fahrer unseres Kleinbusses hielt auf dem Dorfplatz vor niederen Hütten. Die feindseligen Blicke der Einheimischen spürten wir am ganzen Körper. Auch schienen sich zahlreiche von ihnen zusammenzurotten. Unser einheimischer Chauffeur erkannte den Ernst der Lage und forderte uns auf, sofort wieder in den Bus zu steigen. Dann brauste er davon und erklärte, dass wir uns im Gebiet des Kikuyu-Stammes befänden, der maßgeblich an der Befreiung Kenias von den Briten beteiligt gewesen war. Die Befreiungsbewegung Mau-Mau wehrte sich gegen die von den Briten vorgenommenen Landenteignungen und kämpfte ab den 1950er-Jahren für ein vom Britischen Empire unabhängiges Kenia. Die Briten schlugen die Rebellion aufs Grausamste nieder und internierten einen Großteil der Bevölkerung in Lagern. Über tausend Menschen wurden von den Engländern gehängt. Dieser Pyrrhussieg der Briten verhinderte aber nicht die Unabhängigkeit Kenias im Jahr 1963. Seither waren aber nur zehn Jahre vergangen. Verständlich war daher die immer noch vorhandene Wut der Kikuyu gegenüber allen Weißen.

Es war nicht mehr weit zur Naro Moru River Lodge, einer traumhaft in einem Garten liegenden Anlage. Ihr Park mit vielen Bäumen und Sträuchern war eine Oase für zahlreiche Vogelarten. Sie war der Ausgangspunkt für unsere Besteigung des Mount Kenia. Zuerst genossen wir aber noch zwei Tage lang dieses Ambiente.

Wenn eine Horde von Bergsteigern aus Innsbruck über eine Lodge herfällt, verheißt das nichts Gutes. Ich schämte mich damals für unser Verhalten, amüsiere mich heute aber umso köstlicher darüber. Käse schließt ja bekanntlich den Magen und so wurde am ersten Abend nach dem Essen ein Buffetwagen, mehrstöckig gefüllt mit teurem Käse aus Frankreich und der Schweiz, ins Restaurant gefahren. Wie die Aasgeier stürzte sich die versammelte Mannschaft darauf, und im Nu war nichts mehr davon da. Der ganze Wagen war leer, bis auf den letzten Krümel. Am nächsten Abend erhielt jeder auf einem kleinen Teller ein winziges Stück Käse. Den Käsewagen sahen wir während unseres Aufenthalts in der Lodge nicht mehr wieder.

Der Restaurantleiter wird froh gewesen sein, als wir zum Ausgangspunkt unserer Mount-Kenia-Besteigung, zum meteorologischen Camp in 3200 Metern Höhe, aufbrachen. Auf der Fahrt dorthin saß ich auf einem der mit einer Plane überspannten, aber hinten offenen Jeeps und genoss den Ausblick ins Tiefland. Plötzlich zeigte ein afrikanischer Führer auf eine uns verfolgende kleine Fliege von etwa einem Zentimeter Länge und sagte lapidar „tsetse fly", als sei das das Selbstverständlichste der Welt. Ttsetsefliegen übertragen die Schlafkrankheit. Mir wurde ganz anders. Die Fliege hat uns aber nicht erreicht. Der Jeep war schneller.

Vom Gate stiegen wir zum Mackinders-Camp (4200 m) und am darauf folgenden Tag zur Austrian Hut (4750 m) auf. Der Weg war gesäumt von unzähligen Senezien und Lobelien. Dazwischen zeigten sich Klippschliefer, Murmeltieren ähnliche Tiere, die nach wissenschaftlichen Erkenntnissen angeblich eine – aufgrund der Zähne im Oberkiefer erkennbare – Verwandtschaft zu Elefanten und Seekühen haben sollen.

Von der Austrian Hut kletterten am nächsten Tag zwei der drei Seilschaften auf den Nelion (5189 m), den niedrigeren Zwillingsgipfel des Batian, des höchsten Punktes des Mount Kenia. Auch ich war hier mit von der Partie. Die anspruchsvollste Seillänge hatte die Schwierigkeit V–. Nach wolkenlosem Morgen bildete sich die in der Tropik typische Kumulusbewölkung. Sie hüllte uns während unserer Kletterei die meiste Zeit in Nebel. Nach längerem Abseilen stiegen wir zur Austrian Hut ab, und zurück ging es über Nairobi nach Austria. Meine erste Reise zum Schwarzen Kontinent war ein voller Erfolg.

Bei der zweiten Fahrt nach Afrika 1989 war ich als Bergführer und Reiseleiter für den DAV-Summit-Club in München unterwegs. Bei einem Vortrag hatte ich Günther Härter kennengelernt und er empfahl mich dem damaligen Summit-Club-Leiter Günter Sturm als Bergführer. Diesmal war es August, als ich mit einer Gruppe von 17 Leuten nach Nairobi flog. Die Teilnehmer stammten aus Österreich und vor allem aus Deutschland. Vorgesehen war zunächst die Akklimatisation während der Umrundung des Mount Kenia samt Besteigung des Point Lenana. Danach war der Kilimandscharo auf der Normalroute geplant.

Beim Aufstieg von der Met-Station zum Mackinders-Camp wurde ein durchtrainierter, drahtiger Hobbymarathonläufer aus Berlin in knapp 4000 Metern Höhe immer langsamer, und im Laufe der folgenden Nacht zeigten sich erste Symptome einer Höhenkrankheit. Am nächsten Tag begleitete ihn seine Frau hinunter. Sie sollten in der Naro Moru River Lodge auf uns warten. Mit den übrigen Teilnehmern wanderte ich in einer eindrucksvollen Landschaft um den Mount Kenia. Fantastisch, als am Point Lenana die Sonne blutig rot, etwas elliptisch verzerrt, am Osthimmel aufging.

Zurück in der Naro Moru River Lodge ging ich ins Zimmer des abgestiegenen Berliners. Beim Öffnen der Tür strömte mir ein fauler Geruch entgegen. Diesen besonderen Geruch hatte ich nach dem Lungenödem von Jörg Schmidl am Noshaq noch immer deutlich in Erinnerung. Mir war klar: Mein Gast hatte auch ein Lungenödem. In einer nahegelegenen, von italienischen Schwestern betriebenen Krankenstation verbrachte er eine Woche. Und nach seinem Rückflug nach Berlin folgten dort noch zwei weitere Wochen im Krankenhaus sowie drei Wochen Rehabilitation.

Wir anderen 15 absolvierten unser Programm: Wir besuchten den Nakuru Lake, einen Nationalpark mit Millionen Flamingos, und wir hatten das Glück, in der nördlichen Serengeti, der Masai Mara, eine Safari mit allen nur erdenklichen afrikanischen Tierarten erleben zu dürfen. Nach der Akklimatisation am Mount Kenia stieg meine Gruppe am Kilimandscharo ohne Probleme bis zur Kibohütte auf. Bei wolkenlosem Himmel und Vollmond versuchten wir wieder ab 1 Uhr den Krater des Kibo zu erreichen. Es war sehr kalt bei einem starken Südostwind. Ein Teilnehmer trug noch Knickerbocker aus Schnürlsamt. Er fror und ich gab ihm meine Überhose, damit er vor dem kalten Wind geschützt war. Einem anderen Gast lieh ich meine Walkhandschuhe. Um die Truppe bei dem langsamen Aufstieg bei Laune zu halten, schrie ich etwa alle 20 Minuten zu meiner etwa 50 Meter unter mir gehenden Frau Edith auf Tirolerisch: „Schatzli, magscht mi no?" Mit dem Effekt, dass alle Gruppenmitglieder lachten und auf meine nächste Frage warteten. So waren sie von den Strapazen abgelenkt und schafften die lange Strecke bis zum Krater ohne Probleme.

Zum Abschluss dieser wunderbaren Reise besuchten wir den Ngorongorokrater, einen weltweit bekannten Nationalpark. Unvergesslich war schließlich beim Rückflug der Start vom Flughafen in Arusha. Beim Steigflug umkreiste der Pilot den Kilimandscharo und wir sahen neben unserer Aufstiegsroute auch den gesamten Vulkan mit seinem riesigen Krater und den damals noch relativ großen Gletschern.

Meine dritte Afrika-Reise führte mich um Silvester 1990 mit dem DAV-Summit-Club zum Ruwenzori in Uganda. Zu meinem Erstaunen hatte ich zwei illustre Teilnehmer in der Gruppe, die ich führen sollte. Den Notar Gerhard Schmatz aus Ulm und den Tischler und Bergführer Hans Engl aus Waakirchen im Landkreis Miesbach.

Gerhard Schmatz war der erste Deutsche, der alle Seven Summits (Mount Everest, Aconcagua, Denali, Kibo, Elbrus, Mount Vinson, Mount Kosciuszko) und zudem die höchsten Berge der sieben größten Inseln der Erde bestiegen hatte. Seine Frau Hannelore erreichte als erste Deutsche den Gipfel des Mount Everest. Beim Abstieg starb sie im Oktober 1979 in einer Höhe von 8300 Metern an Erschöpfung.

Hans Engl war fast nur Insidern bekannt. Dabei hatte auch er bergsteigerisch einiges vorzuweisen. Er war im Oktober 1978 nach Reinhold Messner und Peter Habeler der dritte Bergsteiger und erste Deutsche, der ohne Verwendung von Flaschensauerstoff auf dem Everest stand. Vor diesen Kapazundern hatte ich Respekt. Ich fühlte mich als deren Bergführer unsicher, aber beide betonten, dass sie eine Gruppen- und keine Individualreise gebucht hätten und keine Extra-Behandlung erwarten würden. Beide trugen maßgeblich zum Erfolg der ganzen Gruppe bei. An steilen und gefährlichen Stellen brachten sie beispielsweise die Fixseile für unser Team an.

In Uganda war die Schreckensherrschaft von Idi Amin erst gute zehn Jahre vorher beendet worden. Der Tourismus war jahrelang zum Erliegen gekommen und deswegen war außerhalb der Hauptstadt Kampala kaum touristische Infrastruktur vorhanden. Die Geldentwertung war außerordentlich. Mir wurde geraten, schon am Flughafen 1000 Dollar in Uganda-Schilling zu wechseln. Gesagt, getan. Zu meinem großen Schrecken häufte der Bankbeamte vor mir einen riesigen Haufen, mit Schnüren eng zu 100.000 Uganda-Schilling gebündelte Banknoten auf. Es war ein so hoher Berg Geld, dass es ein Leichtes war, einen großen Seesack bis zur Hälfte damit zu füllen. Dementsprechend umfangreich verliefen auch die Zahlungen. In den Restaurants erreichten die Stapel für ein Abendessen der Gruppe ein beträchtliches, nicht zu übersehendes Ausmaß.

Das Ruwenzori-Massiv mit seinem höchsten Gipfel, dem Margherita Peak (5109 m), ist das dritthöchste Gebirge Afrikas. Aufgrund des Klimawandels wurde die vergletscherte Fläche stark dezimiert. In der Tropik gelegen, ist es eine sehr feuchte Region mit Niederschlagsmengen bei 2500 Millimeter. Die mehr als 300 Regentage im Jahr schaffen sumpfige, schlammige Wege, die wir manchmal nur bewältigen konnten, weil wir von Pflanzenstrunk zu

Bei meinen Reisen nach Afrika begeisterten mich immer wieder die wilden Tiere, wie dieser Löwe neben der Straße zum Ngorongorokrater.

Pflanzenstrunk hüpften. Ungewollte Landungen im Morast blieben aber nicht aus. Vor allem Wolfgang, ein älterer Rechtsanwalt und Bergführer aus München, der gegen Ende der Reise noch eine wichtige Funktion übernehmen sollte, landete zu unser aller Gaudium mehrmals im braunen Schlamm. Am Beginn prophezeite ich großspurig: „It never rains on Ruwenzori", und tatsächlich hatten wir an den Tagen im Nationalpark keinen einzigen nennenswerten Regentag. Aber die sehr hohe Luftfeuchtigkeit ließ keine gute Fernsicht zu und meist steckten die hohen Gipfel in Wolken. Landschaftlich gesehen ist das Ruwenzori-Massiv das interessanteste der hohen Gebirge Afrikas. Wälder aus Senezien, ungezählte Lobelien, dazwischen Bergseen, traumhafte Einblicke in eine tropische Landschaft. Soweit ich mich erinnern kann, erreichten alle Teilnehmer den höchsten Punkt.

Für die letzten beiden Tage war noch ein Badeurlaub am Indischen Ozean in der Nähe von Mombasa in Kenia vorgesehen. Es schien keine Sonne, der Strand war teils unangenehm felsig und in der architektonisch schön gestalteten Lodge gab es Probleme mit der Wasserversorgung. Wir hatten daher keine Lust, auch nur einen Tag länger zu bleiben als nötig. Da informierte mich der lokale Manager unserer Fluglinie, der Ethiopian Airlines, dass eine

Beim Abstieg vom Kilimandscharo im Jahr 2014. Seit meiner ersten Besteigung im Februar 1973 ist der Gletscher am Kraterrand gravierend zurückgegangen.

zu kleine Maschine gekommen sei und wir noch zwei Tage länger am Strand verbringen sollten. Ich erzählte das meiner Gruppe, und wir entwarfen einen Schlachtplan. Trotz der Ankündigung fuhren wir in dunkler Nacht zum Flughafen. Als er um 5 Uhr in der Früh öffnete, besetzte meine Gruppe alle drei Abfertigungsschalter. Wenig später erschien der Manager. Auf seine Beteuerungen hin, keinen Platz für uns zu haben, erklärte ich ihm: Wir alle hätten in den nächsten Tagen wichtige Termine in der Heimat. Dann deutete ich auf Wolfgang, den Rechtsanwalt, und fast unangenehm laut stellte ich dem Manager in Aussicht, dass wir die Fluglinie auf 100.000 Dollar Schadenersatz klagen würden: „And you are responsible." Das gab den Ausschlag. Plötzlich war doch Platz für uns. Die gesamte Gruppe bekam eine Bordkarte.

Im Dezember 2014 stand ich das letzte Mal auf dem Kibo. Vorerst zumindest. Diesmal wählten wir nicht den Normalweg von Marangu, die sogenannte Coca-Cola-Route, sondern den Anstieg von Norden her über die Rongai-Route. Drei Freunde vom Akademischen Alpenklub Innsbruck waren auch dabei: Günter Daxenbichler, Werner Fuchsberger und Georg Thurner. Meine Frau Stephanie klärte mit Günther Härter, der zwischenzeitlich vom DAV-Summit-Club weggegangen war und sein eigenes Unternehmen

Auch am Kilimandscharo schlossen wir schnell Freundschaft mit den Einheimischen. Bei meinen Reisen in ferne Länder ist es mir immer ein wichtiges Anliegen, dass die Leistung und das Können unserer Begleiter gebührend honoriert werden.

Top Mountain Tours gegründet hatte, die Rahmenbedingungen. Günther organisierte schließlich die Reise mit Kibo-Besteigung und Safari. Alles klappte bestens. Auch wegen Toni Tschank, einem mit einer Massai verheirateten Österreicher. Er sorgte an zwölf Tagen für einen reibungslosen Ablauf. Tüchtige, von Toni gute bezahlte Träger und umsichtige Führer ließen alle zum Uhuru Peak kommen. Das ist deshalb so respektabel, weil drei Teilnehmer die „70er-Schallmauer" längst überschritten hatten und zwei weitere kurz davor standen.

Dankbar und gleichzeitig doch wehmütig war ich, als ich 41 Jahre nach meiner ersten Besteigung wieder auf dem höchsten Punkt Afrikas stand. Ob mir das noch ein weiteres Mal gelingen würde? Mit fortschreitendem Alter muss man auch bei der Höhe der Berge Abstriche machen. Aber ganz ausschließen will ich es nicht.

EIN GRUNDKURS IN WETTERPROGNOSE

Ines Papert

Vor meiner Abreise nach Patagonien besuchte ich Charly und seine Frau Stephanie am Staffelsee. Ich war neugierig, wie er zu seinen Prognosen kam, und wollte aus seinen Erfahrungen lernen. Doch es wurde ein langer Abend. Bei Brotzeit und Wein tauschten wir unsere Erlebnisse aus und lachten viel. Überall im Haus verteilt hängen und liegen Erinnerungen an Bergfahrten und Mitbringsel von Expeditionen, die Charly beraten hat. Zu jedem einzelnen Stück kann er eine Geschichte erzählen. Er ist in Gedanken mit uns am Berg, das spüre ich. Er weiß genau, wie entscheidend seine Prognose für unseren Erfolg und auch unser Leben ist.

Am nächsten Morgen war Charly früh aufgestanden, um den versäumten Prognose-Grundkurs mit mir nachzuholen. Gerade hatten wir die erste Wetterseite am Computer geöffnet, als er eine SMS erhielt. Thomas Huber und Stephan „Steff" Siegrist warteten in Patagonien auf ihr Schönwetterfenster. Und so setzten wir uns gemeinsam an die Prognose. Ich war überrascht, wie aufwendig und zeitintensiv diese Arbeit für ihn ist. Er will nichts dem Zufall überlassen. Ich machte mir Notizen und saugte seine Informationen förmlich in mich auf, war aber doch schnell überfordert. Nach einer knappen Stunde stand die Prognose. Für Thomas und Steff war sie wenig erfreulich, aber umso zutreffender, wie die beiden Bergsteiger später feststellen sollten.

Ich berichtete Charly von meiner geplanten Expedition zu den Torres del Paine im südlichen Teil Patagoniens und der geplanten Wiederholung der Route Riders on the Storm. Er war wenig erfreut über unser Ziel und stellte schnell fest, dass er in dieser Region die meisten Fehlprognosen gemacht hatte. Dennoch sagte er zu, uns zu beraten.

Einige Wochen später: Aus dem Portaledge 500 Meter über Grund tippe ich Charlys Handynummer ins Satlitentelefon ein. Wir müssen schnell sprechen, denn die Verbindung ist hier nur ganz schwach und wird ständig unterbrochen. Charly gibt mir den Tipp, das Telefon ganz ruhig zu halten, dann würde ich ihn besser verstehen. Und was ich verstehe, ist erfreulich. Wir können die Gipfelbesteigung planen und verschieben unser Freiklettervorhaben. Gipfeltage bekommt man nicht geschenkt. Am 6. Februar stehen wir gegen Mittag auf meinem ersten patagonischen Gipfel, bei exakt vorausgesagten 30 km/h Wind aus West und wolkenlosem Himmel.

MIT 66 JAHREN

Wir kannten uns kaum, da fragte ich Stephanie im Juli 2011 auf dem Weg zum Klettersteig Stuibenfall in Umhausen im Ötztal, ob sie einmal einen höheren Berg, einen Siebentausender, besteigen wolle. Wenige Wochen vorher war sie mit Skiern auf dem Ararat gewesen, gerade bereitete sie sich auf den Stok Kangri (6153 m) in Ladakh vor und wenig später wollte sie ein Trekking durch das Dolpo machen, eine abgelegene Region in Nepal. Ohne zu zögern, sagte sie, dass sie sich das durchaus einmal vorstellen könne. So kam es, dass sich aus einer Plauderei das erste gemeinsame Projekt von Stephanie und mir entwickelte.

Da ich auch auf hohen Bergen kein großes Risiko eingehen will, war die Auswahl an möglichen Zielen relativ klein. Der Siebentausender sollte wegen der Lawinengefahr keine langen, steilen Hänge und wegen der Höhe keine allzu großen technischen Schwierigkeiten aufweisen. Ganz wichtig war auch eine gute Akklimatisation, die ja das Um und Auf beim Höhenbergsteigen ist. Meine Wahl fiel auf den Putha Hiunchuli, auch Dhaulagiri VII genannt, der westlichste Hauptgipfel des Dhaulagiri. Die Erstbesteigung war 1954 über die Nordwestseite von Jimmy Roberts und Sherpa Ang Nyima erfolgt. In späteren Jahren war Günter Sturm mit einer Gruppe des Summit-Club auf einer Route von Süden erfolgreich. Da Expeditionen auf der Südseite immer wieder mit Lawinen Probleme hatten – es gab sogar zwei Tote –, fiel unsere Wahl auf die ziemlich flache, spaltenarme Nordseite.

Zu sechst, Sepp Falch aus Flirsch, Rainer Pieber aus Innsbruck, Helmut Triendl aus Oberperfuss und Irene Wolf aus Flirsch, flogen wir im September 2012 nach Kathmandu. Dort trafen wir die legendäre, damals 88-jährige Elizabeth Hawley, die seit Jahrzehnten die Expeditionen statistisch erfasst. Ich kannte sie von meinen früheren Unternehmungen. Aber Miss Hawley sieht jedes Jahr hunderte Bergsteiger. Deshalb habe ich mich sehr geehrt gefühlt, als sie zu mir bei der Begrüßung sagte: „It's nice to see a familiar face."

Anschließend mussten wir im Tourismusministerium vorsprechen. Dort sollten wir das Permit bekommen. Es war der Tag der Lawine, bei der am Manaslu zwölf Bergsteiger ums Leben kamen. Unsere Zeit im Amt verging

Erst waren wir mit Pferden unterwegs. Auf den beiden letzten Etappen transportierten schließlich Yaks unsere Ausrüstung hinauf zum Basislager des Putha Hiunchuli.

sinnlos, ohne dass ein Fortschritt in unserer Sache feststellbar gewesen wäre. Von Minute zu Minute wurde ich ungeduldiger. Ich wollte durch die Straßen Kathmandus streifen. So viele Jahre war ich schon nicht mehr hier gewesen. Was ich nicht wollte: Stunde um Stunde im stickigen Ministerium verbringen. Also erklärte ich einem Beamten, der durch die Tür lugte, dass ich österreichischer Beamter sei und die Ministerien bei uns viel besser organisiert seien. Die Folge war, dass ich als letzter die offizielle Erlaubnis in die Hand gedrückt bekam.

Mit dem Expeditionspermit im Gepäck flogen wir am späten Nachmittag des nächsten Tages in das tropisch heiße Nepalgunj und am Tag darauf dann hinauf ins Gebirge nach Juphal. Das schotterige Flugfeld war von seiner Lage her durchaus mit Lukla im Solukhumbu zu vergleichen. Der Unterschied war aber, dass Lukla seit vielen Jahren eine geteerte Landebahn hatte, wir in Juphal aber auf einer Piste landeten. Stephanie hatte uns zwar schon darauf vorbereitet, weil sie im Herbst vorher schon in der Gegend war und den Flugplatz kannte, eine Überraschung war die holprige Landung aber trotzdem.

Eine wunderschöne Wanderung durch das Dolpo, bei der wir nur am ersten Tag französischen Touristen begegneten, dann aber alleine unterwegs

Nach der Puja, einer rituellen buddhistischen Andacht, die Lama Sherpa für uns betete, brachen wir Richtung Gipfel auf.

waren, führte uns in acht Tagen immer wieder an kleinen Dörfern und Siedlungen vorbei zum Basislager. Bis zum Basislager legten wir durchschnittlich nur etwa 400 Höhenmeter pro Tag zurück, was der Akklimatisation sehr zuträglich war. An den ersten sechs Tagen trugen kleine, zähe Mulis unsere Lasten, an den letzten beiden Tagen musste unser umfangreiches Gepäck wegen der Höhe und des schwierigen, unwegsamen Geländes auf Yaks umgeladen werden. Die Besitzer der Grunzochsen waren Tibeter, deren Vorfahren sich vor Jahrhunderten im Dorf Kakkot auf 3200 Metern im hinteren Dolpo angesiedelt hatten. Nachfrage bestimmt den Preis, und so zahlte unser Sirdar Chuldim Sherpa eine horrende Summe für den Transport zum Basislager. Unser Basislager in 4980 Meter Höhe war am Rande einer Moräne auf einer paradiesischen Blumenwiese am Fuß des Churen Himal (7385 m) und des Putha Hiunchuli. Wir trafen auf eine kleine Expedition aus Niederösterreich, die auf die Hochlager-Kette verzichtete und ohne große Akklimatisation auf den Gipfel wollte. Letztlich schafften es von ihnen nur zwei.

In einer berührenden Puja brachte einer unserer Sherpas, Karma Lama, Gaben dar und betete für eine erfolgreiche, unfallfreie Expedition. Nun begann für uns der gewohnte Expeditionsalltag. Lasten tragen, Lager aufbauen.

Die steilen Eisflanken des Churen Himal waren auf unserem Weg zum Gipfel des Putha Hiunchuli immer in Sichtweite.

Lager I auf 5400 Meter, Lager II auf 6060 Metern. Inzwischen hatte es stark abgekühlt und der kleine Bach, der durch unser Basislager plätscherte, fror zu.

Nach zwei Rasttagen brachen wir alle sechs zum Gipfel auf. Begleitet wurden wir von drei Climbing Sherpas – Chuldim, Pemba und Karma Lama. Der Weg zum Lager I war eine nicht enden wollende Strecke über zum Teil große Moränenblöcke, und nur am Anfang gab es Steigspuren. Ein stürmischer Wind mit riesigen Schneefahnen am Churen Himal und einem Staubsturm auf der Moräne begleitete uns zum kalten, schon mittags im Schatten liegenden, auf Granitblöcken auf dem Gletscher aufgebauten Lager I. Relativ flach über Blockwerk, ebene, vom Gletscher abgeschliffene Felsplatten und einen mäßig steilen Firnhang verlief der Weg zum Lager II. Es war deutlich kälter als bei unserem ersten Anstieg zum Lager II, das unterhalb einer großen Séraczone auf dem flachen Gletscher lag. Von dort ging es am nächsten Tag meist über den mäßig geneigten Gletscher zu unserem letzten Lager III auf 6600 Metern. Ich war froh, dass wir keine Ski mitgenommen hatten, denn der harte, teilweise vereiste Schnee mit vielen Sastrugis (Rillen) hätte

Das Lager II stellten wir auf einem kleinen Plateau mit Blick zu einem beeindruckenden Eisbruch auf.

keine Schwünge zugelassen, und die Abfahrt wäre zu einer Tortur geworden. Im Lager III angekommen, wurde Schnee geschmolzen. Der Früchtetee schmeckte vorzüglich, nur das Wasser in den Beuteln der Trockennahrung – es könnte Chili con Carne gewesen sein – war in dieser Höhe nicht heiß genug, um das Fett zu emulgieren. Stephanie entwickelte einen großen Appetit, mich selbst würgte es mehr, als dass ich auch nur einen Bissen hinuntergebracht hätte.

Es war stürmisch in der Nacht, die Zeltplane unseres gelben Expeditionszeltes knatterte im Wind, und es war saukalt. Ein Gang zur im Schnee ausgeschaufelten Toilette bei minus 27 Grad war eine Herausforderung, ebenso das Anziehen der Steigeisen mit bloßen Fingern in der Früh. Bei den herrschenden Windstärken entsprach dies einer gefühlten Temperatur von etwa minus 43 Grad, die man ohne Handschuhe nicht länger als fünf Minuten überstehen kann, ohne Kälteschäden zu erleiden. Bei meinen älteren Dreifach-Expeditionshandschuhen hatte sich ein Innenhandschuh verschoben. Ich wurde nervös. Mir gelang es nicht, den Handschuh anzuziehen. Chuldim gab mir geistesgegenwärtig seine Reservehandschuhe und rettete damit meinen weiteren

Der Aufstieg zum Lager III (6600 m) bereitete Stephanie große Mühe. Am nächsten Tag war sie die Erste auf dem Gipfel.

Aufstieg. Irene fror fürchterlich und beschloss, nochmals kurz zu den Zelten abzusteigen. Wie kalt es tatsächlich war, sollten wir erst hinterher wirklich erfahren: Beim Abstieg vom Gipfel trafen wir Rainer auf 7000 Meter Höhe an. Beim Trinken aus seiner Flasche sahen wir, dass seine vorderen Fingerglieder weiß schimmerten. Sie waren erfroren. Der kalte Putha Hiunchuli forderte seinen Tribut. Neben Rainer erwischte es auch Sepp. Er verlor beide großen Zehen.

Beim Aufstieg zum Gipfel teilte ich mir mit Stephanie einen Rucksack, den zunächst ich trug. Als ich sah, dass sie wesentlich leistungsfähiger war, gab ich den Rucksack an sie ab. Sehr langsam stiegen wir, immer wieder von Sturmböen erfasst und in Schneefahnen eingehüllt, in Richtung Gipfel. Mittlerweile hatte uns die konditionsstarke Irene leicht wieder eingeholt. Meine Gesichtsmaske vereiste. Meinen Wangen bot ein Stirnband nur unzulänglichen Kälteschutz. Ich war fast so weit, wieder abzusteigen, doch Stephanie war fest entschlossen, trotz der Kälte und des Windes die letzten Meter zum Gipfel aufzusteigen. Deshalb ging auch ich weiter mit ihr auf den Gipfel.

Nach Stephanie erreichten Irene, Sepp, Helmut und ich den höchsten Punkt. Rainer war noch weiter unten. Wir umarmten und beglückwünsch-

Mit Stephanie im Oktober 2012 auf dem Gipfel des Putha Hiunchuli. Ich war stolz, dass ich mit fast 66 Jahren noch einmal auf einem Siebentausender stand.

ten uns. Fast nebenbei fragte ich Stephanie, ob wir nicht zusammen bleiben könnten. „Willst Du immer bei mir bleiben?", soll ich sie gefragt haben, hat sie mir erst kürzlich wieder erzählt. Sie bejahte. Aber entweder konnte ich mir nicht vorstellen, dass sie das wirklich so gemeint hatte, oder ich wollte es nicht glauben, deshalb fragte ich sie im Lager II sicherheitshalber noch einmal, ob sie sich an meine Frage am Gipfel erinnern könne. „Natürlich", sagte sie. „Erinnerst Du Dich denn nicht mehr, dass ich ja gesagt habe?"

Dass ich mit fast 66 Jahren noch einmal auf einem Siebentausender stehen würde, habe ich mir in den kühnsten Träumen nicht vorstellen können. Wie recht Udo Jürgens doch hatte: „Mit 66 ist noch lange nicht Schluss."

3. Auflage 2018
© 2016 Verlagsanstalt Tyrolia, Innsbruck
Umschlaggestaltung: Roberto Baldissera, Agentur für Grafik, Innsbruck
Layout und digitale Gestaltung: Tyrolia-Verlag
Bildnachweis: Umschlagvorderseite und Umschlagrückseite oben sowie S. 4, 198, 229, 230 Stephanie Geiger; Umschlagrückseite unten (2) und S. 135 Jochen Stark; S. 30 Walter Strolz; S. 49 Paul Tschol; S. 86, 124, 125 Thomas Klimmer; S. 95 Jörg Schmidl; S. 196 Ralf Dujmovits; S. 109, 110, 111 Archiv Raimund Mayr; S. 199 Archiv ORF. Alle anderen Abb. © Archiv Karl Gabl
Lithografie: Artilitho, Lavis
Druck und Bindung: Theiss, St. Stefan
ISBN 978-3-7022-3545-1 (gedrucktes Buch)
ISBN 978-3-7022-3566-6 (E-Buch)
www.tyrolia-verlag.at
E-Mail: buchverlag@tyrolia.at